宗教・地政学から読むロシア

「第三のローマ」をめざすプーチン

下斗米伸夫
Nobuo Shimotomai

日本経済新聞出版社

はじめに

ソ連崩壊後の世界の混迷

冷戦終焉とソ連崩壊から四半世紀、歴史は終焉しなかった。それどころか世界はますます混沌とし、不可解にすら見えてくる。グローバル政治は岐路に立っている。

啓蒙と世俗化の流れの中、20世紀ロシアは社会主義と無神論の先頭を走った。このことにより、ソビエト連邦という体制は世紀最大の挑戦者ともなった。しかしいざ1980年代後半、ペレストロイカで改革の道をとったとたん、ソ連は崩壊した。

これに対し、冷戦の「勝利者」としてグローバル化する世界を金融・軍事と安全保障で指導的な役割を演じてきたのが米国だった。なかでも旧社会主義国に対して新しいモデルを提示、また「世界の警察官」としてグローバルな国際公共財を提供すると言いはじめた。ユーゴ紛争やNATO（北大西洋条約機構）東方拡大を通じて、旧大陸にも積極的に関与した。

とりわけ2001年9月11日のニューヨーク同時多発テロは、安全保障環境を基本的に変えた。対テロ戦争が新たな世界のキーワードとなった。なかでも2003年の米国ブッシュ政権によるイラク介入では、サダム・フセイン体制が「大量破壊兵器」を開発しているということを口実として武力介入に踏み切った。

ヨーロッパやロシアには懐疑的な声もあったが、英国ブレア政権なども積極的に追従した。日本も自衛隊を派遣した。こうしてフセイン体制は崩壊したものの、しかし、喧伝された肝心の大量破壊兵器はどこにもなかった。

ここから世界政治の混迷は始まった。中東ではその後「アラブの春」という「民主化」が始まったが、実はさらなる混乱への序曲でしかなかった。2014年までに「イスラム国」(IS)といったようなイスラム急進主義潮流が台頭、中でもシリアをめぐって大量難民がヨーロッパへと流入しはじめ、世界大でテロが猖獗を極めている。

世界はどこへ行くのか。国際関係が根本的再編成を迎えている。しかしその行方、方向は決して明らかとはいえない。むしろ混沌が支配している。米国のオバマ政権が「世界の警察官」をやめると宣言した。今度はトランプ現象に見られるように、孤立主義の流れが強まっている。2016年6月の国民投票で世界を驚かせた英国のEU離脱もまた、このような世界が揺らいでいることを指し示している。

そもそものきっかけは、イラク、リビア、シリアなど中東でのひ弱な国家が民主化の名目で解体され、難民が世界中にあふれ出したことであった。英国の離脱によってEU自体が機能不全に陥る、最悪の場合は崩壊するのではないかといった危惧すら表面化している。

それだけでなく、連合王国自体もまたスコットランドをはじめとする分離・独立運動により亀裂が深まっている。パックス・ブリタニカ、あるいは第一次産業革命以降の「西欧」文明自体が揺らいでいるのかもしれない。

だが、欧米に代わってアジアの時代となり、中国が新たな「ヘゲモン」（覇権国）となるといった代案を主張する人々もいるものの、イデオロギーもなくなったかに見える中国共産党の統治の正統性がそもそも持続可能なのかといった意見も聞こえる。

イスラム世界では人口増が顕著であるが、それがいかなる秩序をめざしているのか、7世紀の神政政治をめざすかのようなＩＳのテロなど非国家主体の台頭が世界秩序を脅かしている。地球規模での潮流の転換が起きているかのようだ。

しかしこれに代わるグローバル統治のモデルは見えてこない。こうしたことも手伝って、世界の各地域だけでなく世界全般のメルトダウンと混沌とでもいうべき状況がいっそう明確に表れている。

プーチン・ロシアをどう理解すればよいのか

こうした新たなグローバル秩序の再編成を促す要因として躍り出ている国がプーチン大統領のロシアである。なかでも２０１４年2月のウクライナ危機、そして同年3月のロシアによるクリミア併合は、冷戦後の世界秩序を揺るがした。国境線を力によって変更するものであるという批判の声も高まった。この結果、ロシアは先進国クラブＧ８から追放された。

そもそもこのようなグローバル・システムの崩壊危機は、四半世紀前のソ連崩壊がきっかけだった。ゴルバチョフ大統領に対するクーデターが失敗、これがウクライナの独立を促し、ソ連崩壊へと至った。

しかしいったん独立してみると、ロシアもウクライナも、「国民」も「国家」も未熟なままノメンクラトゥーラやマフィアの、そしてそれぞれにつながる諸外国の利益の草刈り場となった。それでもロシアは21世紀になってプーチン体制という形態で新たなモデルを提示している。

他方、事実上はじめて「ネーション」となったウクライナだが、独立から23年後に行き着いた先が国内危機の再発であった。しかも、その国内での紛争に欧米もロシアも関与し、内戦と国家崩壊を促した。

それを「新冷戦」と言うかは別として、欧米とロシアとの関係に鋭い緊張をもたらした。このウクライナ危機が結果的には引き金となってEUの亀裂、そして連合王国の分解の危機というか、再編成の玉突き現象を引き起こしている。

そうでなくとも、ロシアは外からの視点と内側の視点とが焦点を結ぶのに難しい国である。自画像と外部からの観察とが交差することのない断層となっている。ソ連崩壊から四半世紀、ロシアはそれなりに変容しているはずなのに、外部世界からは、依然として固定観念のままでしか見られてこなかった。

G7など「西側」から見て、2014年のクリミア併合は、戦後国連秩序の国際ルールに対する挑戦だと見られがちであるし、実際ロシアがG8から追放された理由もそうだ。

ところがロシアから見ると、異なって見えてくる。現代世界の基本が形づくられた1945年2月のヤルタはクリミア半島にあるが、そのときクリミアはウクライナではなく、ロシアに属していた。崩壊に至るソ連期を通じてキエフの政府が黒海艦隊などを統制していた事実はまったくなかった。クリミアはロシアの固有の領土とまでいえるかは別として、19世紀半ばのクリミア戦争に見るようにロシアの運命の地である。

しかし、スターリン死後、新独裁者となったフルシチョフは１９５４年、手続きを踏むことなくこの半島をウクライナ共和国へと形式的に帰属替えした。１６５４年のウクライナとロシアとの合邦３００周年ということであったが、以降、ロシアでもクリミアでもその帰属問題がくすぶっていた。

こういった冷戦後の東西間での最大の争点は、ロシアから見ればＮＡＴＯの東方拡大であった。冷戦終焉時に東西間で約された軍事同盟の不拡大という了解が、「西側」によってないがしろにされた。そうでなくとも、ロシアは冷戦後に非対称となった東西関係を不満に思った。冷戦後の安全保障論議では、ロシアの意見が無視されたとロシアは感じる。

もっとも東欧や旧ソ連の諸国もまた、この不安定なロシアへの不安が高まっていたことも事実である。バルト諸国などロシアに近い地域での安全保障の不安を国際社会は効果的に防ぐはずであった。だが、この東西間の齟齬こそ、ウクライナ危機の淵源でもあった。

ウクライナ危機と宗教問題

ところで、その危機の最大の要因は、実は宗教である。２０１４年2月にウクライナ危機が起きたとき、多くのコメンテーターは、宗教や文化といった側面をまったく無視して、安全保障やプーチン政権の権威主義化といった側面から問題を捉えがちであった。

これに対し筆者は、１０００年にわたるこの地での歴史的・宗教的経緯を抜きに、つまり文化論的接近抜きで議論すれば、一方的な結論に至る危険があることを主張してきた。文明論・宗教的アプローチ抜きに今のロシア、あるいはウクライナとの特殊な関係は理解できない。

実際、ウクライナ危機は、重大である。米ロ間、東西間の緊張がロシアにとり歴史的には兄弟関係のようなウクライナに及ぶからだ。つまり1世紀前まではロシア帝国の一部だったウクライナは東半分がロシア語と正教の世界、これに対し西側がハプスブルク帝国内のウクライナ語とカトリック世界だったからだ。つまりスラブ世界のキリスト教分裂が絡む。

はたして、プーチンの対ウクライナ政策は既存の体制への現状変更を求める挑戦なのか。これまで西側が決めてきた国際ルールに対抗する勢力を糾合して別の、もうひとつの世界をつくろうとしているのだろうか。つまり再度ソ連を再建しようとしているのか。それとも没落しつつある帝国が、断末魔のような絶望的行動を表現しているにすぎないのか。つまりはそのあげくには、ソ連崩壊のように再びロシアも崩壊することになるのか。

この問題は、以上見てきたようにどちらの立場から見るかによって、「自画像」と外からの「観察」との落差が顕著となってくる。このようなモスクワをめぐる「論争」について、筆者はいつも歴史的、文明論的な視点が必要であることを説いてきた。ウクライナ危機に際して、コメントを求められたときは、カトリックと正教との1000年間にわたる宗教的差異こそが現代ウクライナ危機を理解するカギだと強調してきた。

その意味では、2016年2月のローマ教皇フランシスコとロシア正教会総主教キリルのキューバにおける歴史的会見は宗教的和解の試みであって、筆者の見解が必ずしも的外れでないことを示しているようだ。

それでも問題は残る。現代ロシアは何をめざすのか。かつてあったような「帝国」と「国民国家」のいずれをめざしているのか。G8から外れたとしても、G20の中でいかなる位置を占めるのか。BRICSの中での役割は何なのか。

いま、ソ連崩壊前後に浮上した二大潮流、つまり大西洋主義とユーラシア主義とをめぐる葛藤が再燃している。つまりメドベージェフ首相やラブロフ外相の唱えるようにヨーロッパ的キリスト教文明、つまりロシアは「西側志向」なのか、それとも「東方シフト」でアジアを志向するのか。それとも、いずれからも一線を画した独自の道を行くのか。

「モスクワは第三のローマ」という世界観

そうしたなかで、今のロシアを理解するカギとなるのは「モスクワは第三のローマ」といわれる世界観かもしれない。この言い方は16世紀ごろからモスクワが自らの存在を定義するのに使われ出した。チンギス・ハンなど東からの脅威、いわゆる「タタールの軛《くびき》」から自由となり、また「ビザンチン」帝国への従属的地位から最終的に解放され、モスクワが独自の存在感を高めたときの表現である。

正確に言うと、15世紀にプスコフのフィロフェイという修道士が提唱したが、東ローマ帝国の崩壊後、その皇女と婚姻することでモスクワの大公がツァーリ、つまりローマ帝国の継承者を名乗ったことに由来する。

実際、エイゼンシュテイン監督の名作『イワン雷帝』の中で、イワン雷帝が、ポーランドなど西側のカトリック世界や東方のハン、モスクワ内外の大貴族を前に「二つのローマ（ローマとコンスタンチノープル）は斃《たお》れ、第三のローマは立ち、第四のローマは存在しない」と言った映像を想起する人がいるかもしれない。

この「第三のローマ」という表現は、ユーラシアの中でのロシアの立ち位置を自己主張したときの表象だ。ロシアでは、国家の公式の教義となったことは一度もなかった。それでもロシア人の世界での役割、自己表象を確立するに際しての意義があったのだといえよう。

第一に、ロシアはもちろん「第一のローマ」ではない。つまりはローマ帝国か、最近までの米国のような世界の超大国、ヘゲモンとはなりえない。金融などの経済、軍事、科学技術、言語、市場や人口といったパラメーターからみても、ロシアは現在そのような地位にあるわけではまったくない。

それでもプーチンのもとでソ連崩壊後の零落した位置から復活し、国際政治の中でも影響力を行使し、存在感をいっそう増している。中国やインドといった「新興国」という名で呼ばれている歴史大国とともにＢＲＩＣＳとして世界経済の一翼を担う。とはいっても、エネルギー輸出に依存する経済構造に大きな変化はないし、２０１４年以降は他の産油国同様、その価格低下に悩むことも事実だ。

第二に、比喩的にいえば冷戦期のソ連のような、「第二のローマ」をめざすわけでもない。つまり既成の「西側」秩序に対する対抗的な理念と比重を示すこともない。ロシアに対するそのような懸念の議論は、クリミア併合後は特にありうるし、今でもマスコミや政治的に消費されている。だがよく考えると、もはやそのようなイデオロギー、対抗象徴はいまのロシアにはない。

ウクライナ危機後の東西関係について「新冷戦」という言い方に筆者が批判的であるのは、ロシアには確かに反欧米の感情はあるとしても、他者を結集して同盟関係を構築するようなイデオロギーはないからだ。現実に冷戦のもとでは米ソそれぞれの指導下で新しい同盟関係が生じ、世界は二極化した。しかし今、世界で起きているのはそれとは正反対の崩壊現象、筆者の言うメルトダウンでしかない。

もちろん、ハードな同盟関係以外にも、現在、世界にはさまざまなソフトなパートナーシップや協力機構といった存在がある。また、経済や貿易・関税をめぐる関係が疑似同盟的な問題を生み出すことは、ほかならぬウクライナ危機が、ＥＵとの「連携」か、それともガス代金をめぐる関係かといった争いが高じたなかで生じたことにも見える。

そうでなくともロシアは、ソ連崩壊後いくつかの国と集団安全保障条約を含む重畳的な関係を構築してきたし、ベラルーシとは国家連合的関係でもある。そしてこれらの関係をめぐる争いが、あるいは解釈が問題となることは、たとえば英国王立研究所のボボ・ローの『ロシアと新世界無秩序』(Bobo Lo15) あたりに詳しい。

むしろ日本の45倍という、ユーラシアに跨る特異な地理的な位置こそが、東西南北におけるロシアの存在をおのずと自己主張している。そうでなくとも世界最大という地理的環境は、膨大な自然資源とも相まって地政学的、そして地経学的なあり方を意識させる。太陽が昇るアジアからそれが沈むヨーロッパまで、ローマ帝国の特質は東西を睥睨する存在であった。そのような意味ではロシアは「第三のローマ」なのかもしれない。

ロシア帝国を東西南北の軸で見てみよう。南では、アラブ、イスラム世界と接したロシアは南の勢力のヨーロッパへの北上を防ぎ、あわよくば、とくにオスマン・トルコ支配下のコンスタンチノープルをキリスト教徒に取り戻すといった意味があった。クリミア半島がその拠点とみなされた。西では、カトリックやプロテスタントとの間で、キリスト教的価値をめぐる東方正教の中心とみなされた。

ロシアの北部の地域は、とくにキエフ・ルーシの滅亡後はそのような正教の厳しい教義や儀式を守る中心であった。白海などでは修道院が厳しい戒律を守った。ここから「古儀式派」とよばれるロシア風の正教原理派が出てきた事情については後で触れよう。今は、世界のエネルギー資源の2割以上を有する北極海が新しいエネルギーと交通、そして軍事面でも新たなフロンティアとなっている。

そして東の世界は、ロシアにとって憧れと同時に「タタールの軛」のような脅威の源泉ともみなされた。それでもウクライナ危機後の今、この東の窓は、ほかの地域と比較するとロシアにとって開かれた開拓地といえよう。

ロシア中世史の研究者、三浦清美は、この「第三のローマ」を拡張主義と見ることは適切ではないとしつつ、東西のはざまで生きるロシアの地政学的桎梏としてこの概念を見ている。それはソ連崩壊後、エリツィンのもとでも解体過程がとどまらなかったというなかで、プーチン・ロシアの国家形成の理解にも役立ちそうだ（三浦）。

本書がとくに「第三のローマ」という角度から現代ロシアを読み解きたいと主張するのは、ロシアが、超大国、つまり大帝国ではありえないとしても、国民国家という枠だけで理解するのには狭すぎるからでもある。いわば歴史的な帝国というには不十分だが、しかし「国民国家」以上の存在としてのロシアである。ちなみに「モスクワは第三のローマ」という教義の主導者は、ロシア自身がオスマン・トルコから帝都コンスタンチノープル、つまり「第二のローマ」をキリスト教徒の手に取り戻す、という考えには反対であった。

つまり、モスクワにはそれとしての固有の国家の価値と矜恃とがある、という考えに通底する。拡張主義的なニュアンスは、主観的には「第三のローマ」にはない。この考えは基本的にはモスクワを中心とするロシアが独自の価値と秩序を保つという意味で、孤立主義とは紙一重、もとはといえば国民国家をめざすという概念でもあった。

したがってよく誤解する人がいるが、この「第三のローマ」という考えは本来的には正教帝国としての「ロシア帝国」の理念とは鋭く対立した。あるいは当時の帝国の近代化とは一線を画した。実際、この「第三のローマ」という概念を当初支持したのは、ピョートル大帝の近代化に至る帝国への道を拒否した保守的な人々であった。彼らは分離派（ラスコリニキ）とか古儀式派といわれた人々であった。

「第三のローマ」という考えは彼らの国民国家的な指導理念となったと、ロシアの政治学者ズーボフが指摘したことがある。ちなみにこの歴史学者は、２０１４年にプーチンのクリミア併合に反対したことでも有名な人物だ。とくに彼ら古儀式派は、19世紀になって帝国への最大の反対派として次第に台頭、20世紀の日露戦争後に活躍し、初期のロシア革命にも、そしてソ連崩壊にも絡んだことが今ようやく自覚されはじめている。

「第三のローマ」という言説は、実はロシアとウクライナとの関係を理解する点でも重要である。なぜ、ウクライナとロシアの関係がソ連崩壊後25年もたって問題化したのか。ウクライナの分裂がロシアの歴史的な「固有」層を浮き彫りにしはじめた。こうして、ロシアにとってのウクライナ問題の存在が、「第三のローマ」的なロシアの存在を照らし出す。ロシアとウクライナとの宗教的・政治的アイデンティティを、そしてロシアの世界観を示すことにもなる。いずれもウクライナの自己認識が、ロシアの自己認識と絡む。

プーチン政権とロシア正教

先にも指摘したように、このような「第三のローマ」とでもいうべき角度からプーチン・ロシアを見るのに最適な歴史的事件が２０１６年２月のキューバで起きた。ローマ教皇フランシスコとロシア正教会のキリル総主教とがはじめて会見、１０００年近くにわたるカトリック教会と東方正教の中の最有力教会であるロシア正教会の対立の終焉を宣言したからである。いわば「第一のローマ」としての教皇と「第三のローマ」としてのモスクワの宗教権力との和解、これらはＩＳ、シリアなどをめぐって緊張する中東やウクライナでの現実的紛争を解決する梃子ともなっている。「第三のローマ」としてのソフト・パワーを行使することにもつながる。

筆者も、ウクライナ紛争が生じたときからカトリックと正教会との宗教対話の必要性を主張したが、2年後にそのような会見が実現するとは想像しなかった。中南米で唯一の共産党権力があるキューバがオバマ政権と和解し、またコロンビアで半世紀もの内戦が終結したように、世界的な和解が起きていることも象徴的である。世界は分裂と並んで新しい統合の徴表にも満ちている。

しかしこのように説いていくと、読者から当然、次のような問いが出るかもしれない。つまり、四半世紀前はソ連期の「無神論」を体現したロシアがどうして一転し、伝統や宗教的価値のチャンピオンを自任するのだろうか、と。少なくとも1990年代は欧米に倣った市場と民主化をめざしたのではないのか。それとも、われわれのロシア理解に何か「見えない次元」があったのか。

このような問いは当然である。ソ連という国家は宗教、とくに神という価値を原理的に否定する無神論国家であった、といわれてきた。あるいは信じられてきた。この間のロシアのような無神論から伝統的宗教への回帰といった変容には、説明が必要となろう。

筆者がはじめて留学していた1970年代半ばのモスクワで、教会や信仰が事実上、黙認されていて驚いた経験がある。ロシアは案外、保守的で伝統的な社会なのではないか。このような疑問が、とくにペレストロイカでの目まぐるしい変化とともに広がっていった。

なかでも1988年は、ルーシ国家が受洗した1000年祭に当たり、これがペレストロイカからソ連崩壊の転機とされている。それ以降、保守的なウクライナでも独立運動が始まることになった。それから3年後、ソ連は誰も予想しない形で崩壊した。

ソ連崩壊後ロシアは宗教を解禁したが、21世紀になってロシアではますます宗教の比重が増加している。世俗化は歴史の運命だ、と言ったのは20世紀の初めの社会学者マックス・ウェーバーであった。このような世俗化の動きは一見、現代の欧米世界では当然のようにも見えた。

しかし今や、21世紀の旧社会主義国ではドイツの政治学者ユルゲン・ハーバーマスも指摘したように脱世俗化が時代の趨勢となってきた。とりわけ、プーチン政権のロシアでは、このような保守的傾向がますます強まっているかのようだ。しかし宗教を含む価値の自由化が、なぜ反欧米的潮流と重なるのか。

共産主義を育むことになったのもまた宗教（正教）だと言ったのは、ほかならぬプーチンである。モスクワは「第三のローマ」から、ロシア革命後には「第三インターナショナル」を名乗って世界の共産主義運動の中心となったこともある。その共産主義の命題は基本的に「聖書」に由来する、とプーチンが20世紀の哲学者ベルジャーエフに倣って言ったことがある。世界を揺るがした共産主義といった20世紀的問題の中心的な揺籃の地は、いうまでもなくロシアであった。

マキャベリズム的な冷厳な政治計算と紙一重で、とてつもない思考回路で世界を見てきたプーチン・ロシア。その地で現れる政治現象にこそ、現代世界の当面する危機を解くカギがあるのではないか。ロシアを宗教や地政学という角度を通じて理解することの中にこそ、中東から拡散する「イスラム国」などのテロやシリアの難民問題、ウクライナ危機といった世界が直面するグローバル危機への処方箋があるかもしれない。

ロシアにとってウクライナ問題は、単に外国との関係の問題としては処理しきれない、ロシアとはそもそも何か、という根本的な問いの要素を含んでいる。ウクライナ問題は、ロシアの歴史的アイデンティティの問題とも深く絡み合っているのである。プーチンは、ロシアとウクライナとは同一民族だと言って欧米からの批判を招いたが、この二つの兄弟国家がどこまで同根であるかはロシアの自己認識とも絡む問題であるだけに、容易な解答はない。

プーチンのロシアはどこへ行くのか。ロシアは、いうまでもなくユーラシア大陸の中心に位置する大国である。政治的にいえばロシアは常にグローバル政治の中心プレーヤーであったし、今でもそうである。ロシアは強すぎても、また弱すぎても世界に大きな影響を与えずにはおかない。そのような宗教と文明をも見据えた、「第三のローマ」としてのロシアへの新しい見方が必要だ。本書はそのような角度からの新しいロシア政治入門でもある。

2016年9月

下斗米伸夫

宗教・地政学から読むロシア ＊「第三のローマ」をめざすプーチン——目次

はじめに　i

序　章◇宗教と地政学からロシアを読み解く……23

1　クリミア半島、セバストーポリの断想　24
2　ロシア正教という謎　33
3　ウェストファリア体制の背理　41
4　「神は死んだ」のか？　51
5　ウクライナ危機以降の新しい見方　54

第1章◇「モスクワは第三のローマ」——ロシアの歴史と現代……63

1　ロシア国家と宗教　64

2 宗教と無神論のあいだ――ソ連と宗教 75
3 ソ連崩壊、国家の再生と宗教 90
4 ロシアの「民族」と「宗教」 95
5 脱世俗化とロシア 103

第2章◇現代ロシアの政治と宗教 …… 119

1 ロシア正教会の復権と政治の確執 120
2 現代ロシアの体制と宗教 126
3 プーチンと正教 132
4 台頭するイスラム 152
5 ユダヤ教・仏教など 166

第3章◇プーチンと保守的ロシア …… 175

1 レーニンとプーチンを結ぶもの 177
2 プーチン一族の出自 184
3 プーチンの政治的キャリア 191

4　高まる正教ナショナリズム　207
5　保守主義とベルジャーエフの復権　214

第4章◇ロシアとウクライナ……221

1　ウクライナ問題とは何か　222
2　宗教と紛争　233
3　ソ連崩壊とウクライナ　245
4　オレンジ革命からマイダン革命へ　258
5　ウクライナ問題の未来　277

第5章◇プーチンがめざす世界秩序の形成……295

1　パックス・アメリカーナの終焉とプーチン外交　299
2　プーチンと正教外交　307
3　「イスラム国」とロシアの中東政策　317

第6章◇東を向くロシア……333
1　ロシアの「東方シフト」　335
2　「東方重視」の戦略的背景　340
3　ウクライナ危機後のアジア・シフト　347
4　日ロ関係への含意　352
終　章◇揺れ動く世界を読み解く基盤としての宗教……365
参照文献　373
人名索引　385

装幀　山口鷹雄
DTP　マーリンクレイン

宗教・地政学から読むロシア——「第三のローマ」をめざすプーチン

序章

宗教と地政学からロシアを読み解く

1　クリミア半島、セバストーポリの断想

ロシアのルーツ

黒海艦隊の基地でもあるセバストーポリという地は、古くは文豪トルストイが1850年代クリミア戦争に従軍した場所である。そのクリミアは1945年2月に、同地のヤルタで、米国のルーズベルト大統領、英国のチャーチル首相を招いて、スターリンが戦後世界の新たな構図を決めた場所、つまり国際連合に象徴される戦後政治、現代の国際政治が誕生した場所でもある。

それから70年近くたった2014年3月、ウクライナでのマイダン革命時にプーチン大統領がこの地をロシアに併合したことは世界を震撼させた。戦後国際秩序の根本が、再度この地を震源として揺れはじめた。この現象は、現在が冷戦後という時代になった象徴なのか、それとも「新冷戦」の顕在化なのか。

そのような問いを考えながら、セバストーポリ軍事基地をよく見てみる。すると、この歴史的な軍事的拠点の隣にはヘルソネスという場所があることがわかる。1000年以上前はギリシャ植民地であったというが、なによりキエフ・ルーシのウラジーミル（ウクライナ風の読みではヴォロジーミル）大公が988年に受洗したことを記念するウラジーミル教会が位置している。正式には聖使徒ウラジーミル大寺院という。

この「ルーシ」という言葉はなかなか難しい言葉だ。ルーシは現在のロシア国家の歴史的起源とされている。その後「ベリコ（偉大な）・ルーシ」とか「北東ルーシ」、「マロ（小）・ルーシ」、「ベラ（白）・ルーシ」といった形で広がった。なかには「赤いルーシ」（ガリツィア）のように、18世紀に形成されるロシア帝国とは無関係な地域もまた、歴史的にはルーシと呼ばれてきたこともある。「ルーシ」とは、もとはといえばキエフを中心に出現し、1991年末に独立したウクライナ国家の起源でもある。ドニエプル川に面するこの都市は、この河川を通じて当時ノルマン系バルト海と黒海とを通じる交易の拠点でもあって、当時の地中海やイスラム世界とノルマン世界とを結ぶ、河川を通じた貿易の中心でもあった。このドニエプル川と「母なる」ボルガ川との間が、古くからアラブなどで「ルーシ」の地といわれたという。

つまり「ルーシ」とは、今のウクライナとロシア連邦の共通の宗教的ルーツでもあることになる。現在のクリミアには、このルーシ国家のキリスト教化を象徴する聖地と、ロシア帝国以来今日に至るまでのロシア連邦の軍事的拠点とが並存している。クリミアは、したがって単なる帝政期の軍事拠点であるだけでなく、むしろ「ロシア世界」という価値の源泉でもある、とロシア人は考えがちである。ルーシのウラジーミル大公が受洗したことがロシア史の出発点であると考えられるからだ。ロシア国家の正統性、アイデンティティがかかわっている。

単に歴史的な価値だけではない。現実の軍事や安全保障にも、この地は深くかかわる。第二次世界大戦時の作家コンスタンチン・シーモノフは「クリミア半島を支配するものは黒海を支配する」と言ったことがある。第二次世界大戦でもっとも多くの戦闘が繰り広げられ、犠牲者を生んだのもこの地周辺であった。なぜロシア国家の聖俗両方の象徴的存在がクリミア半島にあるのか。そして、それがなぜロシアと世界にかかわるのか。

それは黒海の先、ボスフォラス海峡を隔てたところにトルコのイスタンブールがあるからでもある。その旧名はラテン系でコンスタンチノポリス、英語読みだとコンスタンチノープルだ。この都市はローマ帝国のコンスタンチヌス帝が330年に旧ギリシャ植民地につくった都市であった。その後、ローマ帝国が東西に分かれた395年以降は東ローマ帝国の首都となった。

つまり「第二のローマ」とも呼ばれ、1453年にイスラム教徒によって東ローマ帝国が滅ぶまで1000年以上にわたって帝国のツァーリグラド、つまり帝国の政治指導者、皇帝の住む都市でもあった。東ローマ帝国はビザンチン帝国とも呼ばれ、西ローマ帝国が滅んだ後はキリスト教を国教とする「帝国」でもあった。

その管轄下には、ユダヤのエルサレムやエジプトのアレクサンドリア、シリアのアンティオキアといった初期のキリスト教教会の中心があって「総主教」座がおかれていた。やがて16世紀にはモスクワにも総主教座がおかれるなど、東方正教会では教会の権威は多中心的で、分権的でもあった。

それでも「第二のローマ」は別格であった。そもそもイエス・キリストという歴史的人物の聖地やその言行を記録した福音書、『新約聖書』が書かれたギリシャ語世界をも管轄した。したがってキリストとその聖地を管轄するその地を、とくに台頭するイスラム世界から防衛し保持することは、東西ローマ帝国が分裂し、またキリスト教がカトリックと正教とに分裂した1054年以後も、東西ローマ共通の悲願でもあった。

話をルーシに戻す。その正教国家としてのキエフ・ルーシはモンゴルの軍団によって滅びる。こうしたなかスラブ系ルーシ世界の中でも、北東ルーシでは正教の主流が北部に移り、極北の白海などの沿岸にできた修道院などの影響が強まった。他方、イスラム教徒の攻勢にもなお生きながらえた「第二のローマ」のコンスタンチノポリスだったが、１４５３年に最終的にイスラム教徒の手に落ち、オスマン・トルコの首都イスタンブールとなった。これ以降、その地をキリスト教世界の手により、いつか取り戻すことはキリスト教世界全体の歴史的にして宗教的な課題ともなった。

ロシア帝国と「第三のローマ」

しかし当時の世界を見渡すと、キリスト教世界や、特に他の東方教会の影響下にはこのような政治的・軍事的でもある課題を遂行する「力のセンター」は、台頭しつつあったモスクワ（モスコービア）以外にはなかった。こうした課題を遂行するにあたり頼りにされたのは、ユーラシアの中原に台頭し、キプチャク・ハン国による「タタールの軛《くびき》」から解放されつつあった新興勢力の北東ルーシを統べるモスクワであった。リャザンやノブゴロドといった西ルーシまでもがカトリック系リトアニアの影響下に入った。

このころプスコフの聖職者フィロフェイが「モスクワは第三のローマ」なる説まで唱えた。こうして東ローマ帝国最後の皇帝の娘が、新興勢力として台頭しつつあったモスコービアの大公イワン３世と結婚、帝国の遺産の継承者として「ツァーリ（シーザーのロシア語読み）」を名乗る。イワン３世はキプチャク・ハン国からの独立と全ルーシの統一を事実上達成した。その孫イワン４世（雷帝）になると全ルーシの代表として、正教の帝国建設をかかげるにいたった。こうしてモスクワは崩壊前のコンスタンチノープルとは異なってローマ教皇との「統一」を拒否、全正教徒から信頼を得た（Zenkovskii,27）。これに伴って、モスクワは聖都、ルーシの民は聖なる選ばれた民であるという議論が出てくる。モスクワは「新しいエルサレム」なのだ。

この「ルーシ」から「全ルーシ」を経て「ロシア帝国」への転換は、当時は宗教＝政治的転換を意味したが、実は現代ロシアを理解する最大の難問の一つともなっている。ロシアとは何か、キエフとモスクワとの関係はどうか、ロシアとははたして「ルーシ」の後継国家なのか。プーチン大統領はクリミア危機以降、ウクライナ人とロシア人とは同じだと言ってキエフからの批判を浴びた。なぜ現代のウクライナ民族主義者はこの同質性を否定するのか。その根拠は何か。

現代のロシアと世界、とくにウクライナや黒海を囲む地域、中東イスラム世界とのかかわりを見るカギがこのモスクワから「ロシア帝国」へ、という変化に潜んでいるのかもしれない。この時代と主題をどう理解するべきか、あるいはロシア人がどう見ているのか。そういった問題を解き明かしている新旧の歴史書も多いが、何よりロシアの作曲家や演出家が描く映画や小説、オペラもまたこの謎多き時代を描いている。スターリン批判を含意したともいわれるエイゼンシュテイン監督の『イワン雷帝』、ポーランドやカトリックとモスクワの関係を描いたプーシキンの作品、ムソルグスキーがオペラにした「ボリス・ゴドゥノフ」、それに続く「大動乱時代」、ロマノフ王朝の興隆という時期はロシア史でのもっとも興味深い頁でもある。

そして、その後に続くのはニーコン総主教の宗教改革という17世紀半ばからの「聖なるロシア」

の分裂と、分離主義（古儀式派）をめぐる闘争だった。ウクライナ問題やロシアのアイデンティティといった現代的問題の源流となるこのニーコンの儀式改革をめぐる対立である。その背景にはウクライナとロシアの合邦による帝国への道といった、はなはだ世俗的な動機もあった。しかし、今までのロシア論では宗教史と政治史や国際関係史を有機的に結び付けて見てこなかったために、ニーコン改革以降の分裂の意義は無視されてきた。あるいは、そのインパクトは明らかに過小評価されてきた。

しかし21世紀に入って、そして今回のウクライナ危機が起きたことにより新しく焦点が当たってきた。「第三のローマ」を唱えた宗教潮流は古儀式派ともいわれた。この宗教的な問題とは、政治的角度から見るとロシアとウクライナ、つまりモスクワとキエフとの関係の問題でもある。そしてそれは、間接的であるが２０１７年に１００年目を迎えるロシア革命の解明にも、あるいはソ連崩壊の理解にとっても重要な要素となる。いずれもロシアとウクライナとの関係にかかわったからだ。

その理由とはこうだ。ギリシャ人聖職者の仲介でカトリック的要素を正教に取り入れようとした１６５２年のニーコン総主教による儀式改革は単なる「儀式」改革だけではなかった。というのも、カトリック的要素を取り入れることを通じてウクライナ・コサックとロシアとの和解と統一をめざすという、大きな、宗教的にして政治的企図が潜んでいたからである。実際、その2年後に東ウクライナとモスクワとの合併の協定（１６５４年のペレヤスラブ協定、３００年後にフルシチョフがクリミアを引き渡す口実となる）が結ばれたのは偶然ではない。当時ドイツでは、新旧宗派対立から発展した30年戦争が終わりウェストファリア条約が結ばれたころであるが、もちろん正教世界では、まだ政教分離の考えはありようもない。

この儀式改革をめぐっては、モスクワを「第三のローマ」と信じたアバクーム長司祭を支持する伝統的保守派が当然にも反発する。この流れは総主教派から「分離派」（ラスコリニキ）とけなされたが、儀式改革は、相当広範な信徒たちからの反発を招いただけでなく、同派教徒の集団自死からソロフキ修道院や近衛師団の反乱といった武装抵抗まで招いた。この抵抗をめぐってはオペラにも描かれた「ホバンシチーナ」やボルガでのプガチョフの乱が生じた。実はこの争いは、ウクライナを含めた帝国への道か、それとも伝統への回帰による「聖なる」ルーシ国家か、という歴史的闘争の一部でもあった。つまりモスクワとロシアの将来をめぐる分岐点ともなった。

隠されてきた「古儀式派」の存在

だがこの宗教論争、とくにその地政学的背景とその後のロシア社会の分断については、今まで二つの「帝国」が、この対立の結果生まれた「古儀式派」の存在をひた隠しにしてきた。ニーコン流の正教を国教とするロシア帝国と、無神論のソ連国家のことである。ロシア帝国とは正教帝国である。したがって、ウクライナと呼ばれたキエフ・ルーシと、モスクワなどロシアとの合邦なくしてはありえない。

こうした経緯を経て、サンクト・ペテルブルクを首都とするロシア帝国が18世紀初めに誕生することになる。「第三のローマ」であるモスクワが首都では、保守派の拠点である以上都合が悪い。「第三のローマ」であるモスクワから「サンクト・ペテルブルク」への遷都という18世紀初めの事態の中に、この新旧勢力の抵抗の激しさが垣間見える。こうして「近代化」の首都サンクト・ペテルブルクがピョートル大帝によって作られる。ピョートルは古儀式派系の多くの教徒の抵抗を排してこの改革を強行する。しばしばスターリンの「上からの革命」の先駆と呼ばれるゆえんだ。

このロシアとウクライナとの複雑な関係は、ちょうどロシア帝国（１７２１年）形成直前の連合王国（１７０７年）におけるイングランドとスコットランドの関係にも似る。「ベリコ・ルーシ（ロシア）」と「マロ・ルーシ（小ロシア、つまりウクライナ）」の関係には、どうしても宗教的次元が絡む。もしウクライナが半カトリック的な自己主張をすれば、モスクワもまた独自性を求め、「第三のローマ」としてのアイデンティティがより浮かび上がる。ウクライナができるかどうかは別にして「西」、そしてヨーロッパに回帰しようとするとき、ロシアは自立的な「第三のローマ」にこだわる。つまりは「北東ルーシ」＝ロシアといわれた固有性への回帰だ。

今から考えれば皮肉であるが、このような「帝国」への転換に、いわば産婆役を務めたのが、実は17世紀後半のキエフの聖職者たちであった。彼らは新興のモスクワのロシア語の「ツァーリ」を新しい正教帝国のラテン語で呼ぶ皇帝（インペラートル）へと転換するという壮大なロシア帝国建設の構想を描いた。なかでも１６７４年にキエフの聖職者が執筆した「シノプシス」という文章は、現在のウクライナとロシアとの合邦を通じてキエフ・ルーシから始まる全ルーシ国家の統一、帝政ロシアをキリスト教正教の名で正統化することにもなった。ちなみに、この文章には「ウクライナ」という言葉は一度も出てこない。誇り高いキエフの聖職者は「辺境」というこの言葉の本来のニュアンスを嫌ったからだろう。もっともこのような歴史は、今まで専門家以外にはあまり研究されなかった。

ロシア帝国はロシア人国家ではなかったと書いたが、はたして帝国のエリートたちは、モスコービアの「ロシア」人だけではなかった。むしろ今の言葉でいうウクライナ人、ドイツ人などの混交でもあった。もちろん軍事などをつかさどったタタール系正教徒も重要な要素となった。ロマノフ王朝とはロシア的存在に見えて、実はエカテリーナ女帝などドイツ系、ホルシュタイン家の支配者も包み込んだ正教の帝国、それがロシア帝国であった。

そして、その正教帝国の究極の目的には「第二のローマ」であるコンスタンチノープルをキリスト教の手で奪還し、キリスト教の聖地を保護するという、壮大な、しかしいささか時代がかった課題があった。ドイツ人のエカテリーナ女帝が黒海にある「クリム汗国」を滅ぼし、この半島を「キリスト教」受洗の地にして帝国の軍事拠点に作り替えた。それを助けたのはロシア人というよりはグリゴリー・ポチョムキン公爵のようなモルドワ人だったり、ユスーポフ公爵のようなタタール系だったりした。こうして1783年にこの女帝のもとで帝政ロシアに併合されたクリミアは、帝国の黒海艦隊の出撃基地となった。のちには、帝国の同盟者は陸軍と海軍と言ってはばからない軍事国家が誕生した。

これらの歴史的背景には、ツァーリグラードをめぐるイスラム教とキリスト教という「二つの宗教」、帝政ロシアとオスマン・トルコという「二つの帝国」によるイスタンブールをめぐる攻防があった。このこともあって露土戦争は第一次世界大戦まで十数回も繰り返された。考え方によっては、その後の第二次世界大戦や冷戦期においても露土戦争が続いたといえなくもない。

2　ロシア正教という謎

ウクライナ紛争に表れた17世紀の宗教的亀裂――ユニエイトと古儀式派

ロシアの政治文化を形づくってきた正教を含む東方正教というのは日本人には分かりにくい。実は、ヨーロッパのキリスト教徒にもなかなか分かりにくいらしい。政治学者サミュエル・ハンチントンの『文明の衝突』は、この二つのキリスト教の間にある深淵を垣間見せている。その体現する伝統的保守性について、正教徒のウェア司祭も指摘するが、西側のキリスト教徒からすると自らの「過去」を体現しているように見えるという（Ware,5）。ローマ帝国という神政政治、つまり宗教国家としての歴史のことだろう。しかしこの保守的にして新しい「道」である信仰を理解する必要がある、というのがハンチントンの説である。この角度からロシアという国のあり方、それを取り囲む国家や関連する宗教を考えることなしには、ロシア、ユーラシア、そして世界の政治は、とくに現在は理解できにくい。

そこにはキリスト教が国教となったローマ帝国の残影があろう。東方正教にはこの国家との関係を重視するという教義がある。このことが国家に寄り添う宗教という正教の特徴をもたらした。つまり正教会と国家とは「交響」する関係だ、というのが長い伝統であった。しかも西のローマ教会とは違って、正教会には唯一の権威、「第一のローマ」の教皇のような存在はない（Ware,7）。

東方正教会はこのような「地域連邦的」な性格もあって、民族ごとに教会ができた。だからといって教会と国家との関係が必ずしも調和的であったわけではない。それどころか、そのような関係の解釈をめぐって対立や分裂、その結果生じた分離や抑圧の長い歴史があった。なかでも「第二のローマ」であったコンスタンチノポリスがイスラム教徒の手に落ちた頃（１４５３年）から、ロシア帝国ができる18世紀初めにかけて、ロシア政治はこのような宗教的分裂や対立の影響を強く受けた。というよりも当時、宗教は政治そのものであった。

現代ウクライナの有力な宗教集団に「ユニエイト」という潮流がある。正教徒の中でも１５９６年のブレスト・リトフスクの公会議の結果生まれた、ローマ教皇との和解を図ったギリシャ・カトリックと呼ばれる潮流である（Ware,164）。西ルーシを中心に広がった潮流だが、正教の儀式を踏襲するものの人事権はローマ教皇が保持する。もとはと言えば、１４５３年に終焉する「第二のローマ」＝コンスタンチノポリスの危機に際し、東西ローマ教会が和解をめざした潮流に由来する。「第二のローマ」がイスラム教徒の手に落ちたあと、同じスラブ民族でもポーランド、もとは印欧系のリトアニアとともに、「第一のローマ」の強い宗教的な影響下にあった。ちなみに第二次世界大戦期にはナチス＝ドイツに協力したかどで１９４６年にロシア正教会に吸収された。３５０万人とも呼ばれた信徒は、ゴルバチョフ時代の自由化に至るまでソ連期には影の存在であった。

これに対してモスクワを中心とする古くからの正教徒のあいだでは、先の皇女との婚姻関係を通じてモスクワを聖都とみる潮流が生じる。彼らは「モスクワは第三のローマ」と信じた。そうでなくともロシア、とくに北部は寒い。キエフがモンゴルの軍団の手に落ちたのち、正教会の聖職者などは白海やボルガ沿岸などの北方に移動、そこで信仰を守ってきた。北東ルーシの厳しい自然環境下で、ロシア正教徒の中ではカトリック世界になびいた潮流とは異なった厳格な潮流が育っていった。

しかしこのような伝統層に対し、「第二のローマ」奪還を願い、そのためにも正教とカトリックとの和解を画策する国際的な潮流が当時強い影響を持ったギリシャ聖職者を通じて広まる。当時、ギリシャ聖職者の間ではカトリックとの和解の潮流が強まっていた。1653年からの総主教ニーコンによる儀式改革がその表れであった。ニーコン自身、自分はロシア人だけれども「信仰はギリシャ人だ」と言って、当時なりの「グローバル化」、近代化を推し進めた（Ware,110）。

両派の対立は儀式をめぐってであって、教義上のそれではなかったことに注意したい。正統派と古儀式派との違いが儀式を中心に生じた。十字を三本指で切るか（古儀式派）、それとも二本指（ニーコン派主流）か、救世主をIIsusというか（主流）、それともIsus（古儀式）と書くか、また教会での十字行を時計回りに回るか（主流）、太陽＝キリストとともにという意味で太陽回りに行くか（古儀式）、ハレルヤ（アリルイヤ）を3回唱えるか、それとも2回か、また十字架を四端十字架とするか、それとも八端十字架とするか（古儀式派）、などが論点であった。

ウェアらは、もう少しニーコン総主教が戦術的に慎重に事を運んでいれば、この改革はうまくいったかもしれないと主張する（Ware,111）。だが、歴史に「もし」はない。逆に言うと、この決別こそが、ロシア革命からソ連崩壊に至るロシア史上の亀裂の始まりとなった（下斗米13、Grinchkova; Pyzhikov16）。もっとも、ソ連時代の無神論の影響が強かったロシア史研究では宗教史と政治史とを結びつけることが極度に弱い。このこともあって古儀式派論争がロシアとウクライナとの関係とも緊密に絡んでいたことの重要性に、研究者はあまり気づいてこなかった。

その意味では2014年のウクライナ紛争が、この17世紀半ばの隠れた宗教的亀裂を、一挙に現代のグローバル問題へと結びつけつつあるかのようだ。古儀式派問題はウクライナとロシアとの関係抜きには存在しないからだ。この儀式改革をめぐる論争が、「マロ・ルーシ（小ロシア）」と呼ばれたコサック国家と「偉大な（ベリコ）ルーシ」と呼ばれたモスクワとの合邦（1654年）と、単に時期的にだけでなく、目的の点でも軌を一にすることに注目したい。この地域では政治と宗教とは「交響」する関係だからである。

この点こそ、宗教改革とその影響をめぐって、ヨーロッパとロシアとの歴史的相違をもたらしたといってもいい。西ヨーロッパでは、1648年のウェストファリア体制が30年にわたった宗教戦争を終わらせたが、この体制は新しい国際関係の基礎を主権国家と政教分離とにおいていた。主権国家が国際関係の中心となったのである。西欧では、このとき現れたプロテスタンティズムが個人主義をはぐくんだ。しかし東方世界では、まさにそのとき、政教融合という体制構築の動きが強まった。

正教は帝国の国教となった。ただし、政治権力が常に大きな役割を演じた。この動きは実は反対派にも及んだ。ロシア正教のプロテスタントとでも言うべき古儀式派は隠れた集団主義を生み出していた（Grinchkova）。聖俗双方での権力に対するには、なるべく目立たないようにするか、あるいはウラルやシベリアといった辺境に逃れるしかない。抵抗は集団的だった。

その経緯とはこうだ。ロシア正教会は分裂の危機に瀕した。モスクワなど北東部ではとりわけ厳格な伝統的信仰、「聖なるルーシ」という伝統的潮流が存在した。そこには純朴な正教信仰とアニミズムなどとが混在したともいわれるが、それだけ民衆には深く受け入れられた。この潮流はカトリックとの儀式やテクストなどでの和解には否定的で、彼らとの和解という1650年代のニーコン儀式改革には反対であった。同時に半カトリック的なウクライナとの合邦にも当然反対であった。モスクワはそれ自体が「聖なる、第三のローマ」なのであって、ウクライナのカトリックに媚びてまで「第二のローマ」を取り戻す事業に参加するいわれはない、というのが「聖なるロシア」の理念である。

「ラスコリニキ」の抵抗

このロシア固有の「国民国家」をめざす可能性も持った潮流は、ツァーリ・アレクセイ・ミハイロビッチなど当局の抑圧に対抗して1666年の宗教論争を頂点として戦った。しかし、結局は敗北する。それだけでなく、これら潮流はラスコリニキ（分離派）として厳しく弾圧された。この過程では支持者は集団自殺やソロフキ修道院の乱、銃兵隊（ストレリツォフ）の乱、プガチョフの乱といった武装反乱を含め強い抵抗運動を行った。しかし最終的にはかれらは弾圧されるか逃亡した。

この潮流はニーコン改革から生まれたロシア帝国と、それを推進したピョートル大帝につながるものすべてを「反キリスト」であるとして宗教上拒否した。このような帝国に対抗する正教異論派は、政治的には弾圧され、経済的にも重税を課せられた。いわゆる古儀式派特有の髭に課税する髭税である。

しかし「モスクワは第三のローマ」であると信じる人々は、新首都を「反キリスト」の所産、ピョートル大帝も宗教敵であると見た。この国家と関連するすべてのものを原理的には拒んだ。こういう異端的正教とされた潮流は旧教徒とかラスコリニキ、あるいは古儀式派として、沈黙するかたちで生き延びた。一部はベラルーシに追放されたり、シベリアやボルガ、ウラルに逃れた。中にはイスラムのトルコにまで至ったネクラソフ派のような反対派もいた。異端より異教のほうが寛容だった。その数は推定では帝国人口の3分の1にも達したという。

それはともかく抵抗に手を焼いた当局はしばらくしてこの分離派への差別をやめ、「古儀式派」という名で懐柔しようとするが、この潮流は、ロシアの北部を中心に、実は18～19世紀を通じて脈々と生きていた。もちろん、キリスト教徒は原則的には教会なくして生きられない。正教会から追放された彼らは、別個に教会を作るか（司祭派）、それとも無教会的な長老によるネットワークを作るか（無司祭派）、それとも江戸時代の隠れキリシタンさながらに正教会内でひそかに儀式を守るか（統一派）した。いずれにしても、帝国ロシアはこうして巨大な拒否権集団を、しかも文字どおり、ロシアの中核に抱え込んだ。ウクライナの現代の歴史家セルゲイ・タラネツは古儀式派がロシア最大の反対派勢力だったという（北海道大学研究会２０１６年5月28日）。

ちなみに、首都ペテルブルクでラスコリニキ（分離派）にあやかった名の主人公（ラスコリニコフ）が殺人を犯すものの最終的には改悛する、というドストエフスキーの小説『罪と罰』（１８６６年発行）は、この宗教分裂（１６６６年）の２００周年を記念した出版であることに注目したい。ドストエフスキーも、元革命家から転向後は正教思想家となった。

ロシア革命の「ソビエト」は古儀式派に由来する

これらの潮流は正教「帝国」の揺らぎとともに、危機（ナポレオン戦争、1855年のクリミア戦争や1904年の日露戦争）に際して姿を現す。あるいは、宗務院などの当局も彼らと対峙することで調査をしたり、あるいは1905年の政教分離の勅令で許容するしかなくなる。やや極端にいえば、1917年の革命を押し上げた勢力は実はこの部分である。

ちなみに、1905年にロシア史に忽然と姿を現す「ソビエト」なる組織は、20世紀世界のマルクス主義者が信じたようなパリ・コミューンの再来というよりも、とくに教会を持たなかった無司祭派のネットワークが行政機能をもって浮上したものと思われる。世紀初めの抵抗が生まれたボルガ沿岸、トゥーラ、イワノボ・ボズネセンスク、シベリア、ウラル、ドンといった地で「ソビエト」が生まれたが、そこには古儀式派の集団主義がひそかに根付いていた。そうでないと「ヨハネ昇天」（イワノボ・ボズネセンスク）といった呼称を持つ土地で1905年、しかも土地持ち織維工のような「遅れた」プロレタリアートのあいだで、最初にこのような「先進的」組織が生まれた理由が説明できない（下斗米13）。これを1917年の革命のさなかに「国家と革命」の中で、レーニンがパリ・コミューンに擬したのは、あくまで後付けの解釈であったにすぎない。

もっとも、このような「帝国」と、いわば「影の国民国家」のようなこの古儀式派ネットワークとの対峙という特異な二重構造は、正教帝国ロシアと無神論国家ソ連の教義や歴史書でもあまり正面から議論されることはなかった。正確にいえば、ソ連初期の歴史家、たとえばミハイル・ポクロフスキーや、『ロシア教会史』の著者N・M・ニコリスキーなどのような初期のマルクス主義歴史家が書いたこの時代の歴史書を注意深く読み直すと、20世紀初めの革命運動に、実は宗教的要素、とくに古儀式派の影響が絡んでいたことを示す記述にぶつかる。

なかでもポクロフスキーは20世紀初めの「商人」と呼ばれる人々が実は古儀式派産業家であり、ロシアの「禁欲的」な民衆信仰が下からの「商業資本」を生み出したと主張した（ポクロフスキー）。あたかもドイツのマックス・ウェーバーが唱えたプロテスタンティズムを想起させるような記述である。実はウェーバー自身も、この潮流を研究するためロシア語まで学んだほどである（ポクロフスキー、110、下斗米13）。しかしその後、このような研究は無神論が猖獗《しょうけつ》をきわめたスターリン時代に抑圧されたことはよく知られるとおりである。

その意味では、戦争と革命の世紀だった20世紀以前を含め、ロシア史をめぐる新しい見方が必要になっている。その後の混乱的な革命情勢のなか、この異端潮流の一部はレーニン共産党の中核、とくに反対派だけでなく体制派にも存在し続けた。この潮流の代表人物に関する謎解きは本書の後でも触れるが、ソビエト国家の歴代国家元首ミハイル・カリーニンやシュベルニク、ボロシーロフ、外相モロトフやグロムイコも古儀式派の関係者である。ロシア出身の共産党員、国家の幹部にはこの痕跡をうかがわせる人たちが多い。レーニン後のルイコフ、モロトフ、ブルガーニンといった首相クラス、ボロシーロフ、ブブノフ、ワシレフスキー、ウスチノフといった軍指導者、それにジダーノフ、スースロフ、アンドロポフのような党エリートに見られる（下斗米13）。レーニンにも抵抗したシュリャプニコフ、ミャスニコフといった党内反対派、労働者反対派などはこの人々が中核を占めた。

もちろん、これら共産党の頑固な担い手と見られてきた人物が、同様に頑固な宗教的な異端潮流とも絡むという主張は、感覚的にはともかく、理論的にはなかなかわかりにくいかもしれない。これらの人々の行動は宗教がそのまま表出するというよりも、そのような宗教に由来する思考様式や倫理、習慣といった形で表れたと考えられる。それだけでなく、ソ連崩壊後の政治エリートにも反共産党のエリツィンなどのように、このような潮流の人材の姿が見え隠れする。ちなみに、ウラル古儀式派の末裔のエリツィンはタバコには禁欲を強いたという（Minaev; Colton）。どうやらプーチン大統領もこの流れにあると言ったほうがいいようだ。モスクワ郊外トゥベーリが起源のプーチン大統領には、第3章2節で見るように、ボルガやウラルに流れた古儀式派の縁戚がある。少し飛躍してあらかじめ言っておけば、ロシア革命を遂行したのも、ソ連崩壊の原動力となったのも、もとはといえば正教異論派に由来するこのロシアの「見えない」構造的な問題でもあった。

3　ウェストファリア体制の背理

宗教と世俗国家との分離

ロシアはヨーロッパなのか？　この問いは今日まで多くの専門家、思想家、そして政治家を悩ませてきた難問である。かつてソ連のミハイル・ゴルバチョフ書記長はウラルから西を「ヨーロッパ共通の家」であると主張した。メドベージェフ現首相やラブロフ外相らも、ロシアがヨーロッパ文明に属すると言う。しかしポーランド系知識人や、とくにウクライナの民族派などは、ロシアはアジア、モスクワはキプチャク・ハン国の分流であると主張している。

そしてそのような問いの重要な要素として、東方正教と西欧キリスト教との関係があろう。古くはニコライ・ベルジャーエフやサミュエル・ハンチントンも指摘するように、ロシアを西欧と別の文明に分類した最大の論拠はこの正教の独自性であった。たしかに18世紀にロシア帝国が生まれる前までに、つまりは17世紀中葉にヨーロッパでは30年間にわたる宗教戦争への反省から、世俗権力が台頭し、その下で国際関係は世俗化、つまりは脱宗教化していった。ドイツを中心に、それまでの宗教から国家関係が解放されたウェストファリア体制が成立し、主権国家が基本となった現代国際関係の基礎が作られたのである。

ウェストファリア体制のもとでは、領邦国家が主権国家として国際政治の新しい主体に躍り出る。国家間の関係を律するのは教会法とか「神の法」ではなく、「国際法」であることが宣言され、確立していく。国際関係の主体となったのは主権国家であった。この主体となった国家はその後の試練、とくに戦争を通じて強大化する。経済と科学技術、何よりも戦争の性格が変わる。戦争が国家を作った。国家は戦争を通じて強大化し、帝国という主体になっていく。この点では、東ローマ帝国後のオスマン帝国をはじめ、大英帝国もロシア帝国も同じであった。

この過程で脱宗教という近代化の政治力学は、それまで宗教の軛にとらわれていたロシアをも取り込んでいく。ロシアがウクライナと合邦して最終的にロシア帝国になったのは1721年、イングランドがスコットランドとのユニオンにより帝国となった1707年から14年後であることは「はじめに」でも指摘した。こうして海の帝国と陸の帝国とが軍事力を中心に近代化をはかり、ヘゲモニーをめぐって相争う時代が到来するかに思われた。とくに18世紀初めに現れた大英帝国とロシア帝国とは、そのときまでにウィーンからモロッコ、アゼルバイジャンあたりまで最大の版図を得ていたイスラム教徒のオスマン・トルコ帝国に対峙していくことになった。これらの帝国はお互い聖俗両面で当時の「世界」の覇権を争った。

ロシアは暖かい海を求める、という言い方がかつてあった。北極海が新しい覇権争いの場になりかけている今日も、そのような言い方がなされることには驚かされる。もとはといえば、宗教上の目的からのロシア帝国のイスタンブール奪還、「イスラム教徒の軛」からの解放をめざす露土戦争(「第二のローマ」であったコンスタンチノポリスの回復)を、脱宗教化した英国がバランス論から牽制し、地政学的観点からロシアの対外行動を説明した表現である。歴史上、露土戦争は十数度も戦われたが、それをウェストファリア的な世俗的戦争とみることは当を得ないだろう。

ちなみに2014年のクリミア併合は、この隠れた宗教紛争の次元を明るみに出したかもしれない。2015年末、世界はシリア紛争と関係してこのトルコ＝ロシア紛争の激化を目撃した。シリアのロシア機をトルコ機が国境侵犯の理由で打ち落とした。ちなみにそのことを正当化したエルドアン・トルコ大統領であるが、2012年にトルコ機をシリア機が打ち落としたときには、多少の国境侵犯で撃墜することを非難したばかりであった。もっともプーチン大統領などロシア、トルコ双方の指導者はリアリストであり、2016年6月末に両者は和解した。だが、そのとき、IS系と思われるロシア・中央アジア系の「自爆テロ」がイスタンブールの空港で炸裂した。

冷戦期の最強の闘士でもあったヘンリー・キッシンジャーは近著『世界秩序』の中で、350年以上前に成立したウェストファリア体制という主権国家からなる世界秩序が、⑴中国、⑵イスラム、⑶ヨーロッパ、そして⑷米国での変容、によって転換期を迎えたと主張する（Kissinger）。たしかに、ウェストファリア体制では、宗教的要素を棚上げして、世界秩序を「主権国家」が織りなすパワー・ゲームとして新たに構想した。つまり政治は宗教から一本立ちし、政治は「権力」をベースとし、国家は「国益」を優先する外交と安全保障の枠組みとして構想されてきた。つまり、先進国同士は「宗教戦争」は戦わないことを合意した。その際、紛争処理の形式としてはあくまでも国際法が採用された。当時の英国の政治学者ホッブスが描いた「リバイアサン」こそ、欧米流の国家像の見本であった。国際関係は本来アナーキーであり、国益と、そして最終的には暴力が決済する、という解である。

このウェストファリア体制は、やがて域外の非西欧国家や帝国に対して圧倒的な「文明的」な強制力を発揮しだした。19世紀のパックス・ブリタニカこそ、世界に対する近代化モデルの模範とされた。なかでもクリミア戦争では、いまだ「聖地管理権」などといって宗教を呼号するロシア帝国を敗北に追い込むことで、ロシアの「近代化」を促した。この「西欧の衝撃」こそ、日本やロシア、トルコなどをして「近代化」ゲームへの燭光ともなったことは周知の事実である。他方、19世紀には、クリミア戦争（1853〜1856）を除けば、英露関係は実は悪くなかった。ナポレオン戦争後のウィーン会議から始まり、1914年の第一次世界大戦まで約100年間続くパックス・ブリタニカを支えたのは、実は帝国ロシアとの絶妙なバランス感覚であった。

ちなみにロシアでは、帝国の敗北は、この日を待ちわびていた古儀式派など「反帝国」勢力を鼓舞した。とりわけ１８５６年のクリミア戦争の敗北は、このような好機であった。ナロードニキの祖である、もとはといえばドイツ系知識人のゲルツェンは、ロンドンから発行した『鐘』を通じて変革を訴える。このため帝国側も一定の宗教寛容策など「大改革」を演出せざるをえなくなる。無神論者のマルクスが19世紀末のロシアで、ナロードニキの「テロ」に疲れた朝野ともに受け入れられた。１８９８年に形成されたロシア社会民主労働党には、穏健派も急進派も革命派も体制内改革派も、呉越同舟で参加した。その中には20年後の１９１７年革命ではバリケードの反対側に位置することになる共産党のウラジーミル・レーニンも、立憲民主党（リベラル派）のピョートル・ストルーベもいた。

この20世紀の大変動の片隅で宗教は置き去りにされたかに見えた。二つの帝国、つまりイスラム系のトルコも正教のロシアという二つの帝国も、崩壊という運命をたどった（Raynols）。トルコもまた青年トルコ党のもとで世俗化し、共和国の革命を迎えた。遅れたロシアにいたっては、「近代化の挫折」の末に、無神論的社会主義国家ソ連をつくるという「先進的」役割すら演じた。

ロシアの国際観には、西欧に「包囲された要塞」といったコンプレックスが付きまとう。レーニンや、とくにスターリンの「一国社会主義」という考え方は、包囲されたとき、相手の矛盾を突く、という考え方につながる。ヨーロッパでいえば、英独仏の「矛盾」や、アジアでの「日米」離間というのはスターリン外交の常道であった。この観点は同時に「大国」との関係重視といった発想に流れがちだ。プーチン外交が「主権」にこだわる、ヨーロッパや日本には「主権」がないという言い方は、この大国主義が裏返しになっている。

見直されることになった国家と宗教の関係

冷戦もまた、ウェストファリア体制の継続であった。問われたのはロシアや中国など非西欧国のイデオロギー的関係であって、宗教ではなかった。体制間競争は、近代化をめぐる「ソ連型社会主義」モデルと、先進国のリベラル・モデル、あるいは途上国の開発独裁モデルとの競争であった。いずれも世俗的価値を問う課題であって「宗教」などは後景に退いた。こうして戦争、あるいは紛争を議論するのに、これまで政治学は宗教との関連を議論することを避けてきた。政教分離、それがウェストファリア体制の前提でもあったからである。

しかし皮肉にも、冷戦の終焉がこの問題を新たな局面に押し出した。イデオロギーに代わる新たな政治の基軸として宗教の役割が見直されることになった。それも、宗教を表向きは「卒業」したはずのポスト社会主義国で、ドイツの政治学者ハーバーマスも言う「脱世俗化」が起きた。「神は生きていた」。そして、中東のようなところで宗教が復活、世界中の元マルクス主義者も含め、知識人がこの問題にかかわるようになる。

このような状況下で政治学者、とくに国際政治の専門家は宗教をいかに議論してきたのだろうか。米国を議論するとき「例外主義」という言い方があるが、たしかに清教徒によって作られた米国の、きわめて特殊な環境のもとでの宗教経験、そしてそれを背景とした「民主主義」を、しかも意識せずに、国際政治のモデルとして一般化してこなかっただろうか？

このことを著者自身が実感したのは、1990年代のユーゴスラビア紛争を調査したときだった。今から考えれば、この紛争はその後続く一連の中東、旧ソ連東欧を結ぶ紛争の原点でもあった。旧ユーゴスラビアという国家自体、今から考えれば、第二次世界大戦後キリスト教、とくに正教とカトリック、そして同じ啓示宗教であるイスラム教との「文明の衝突」を防ぐ冷戦的メカニズムでもあったといえよう。しかも、ユーゴスラビアは冷戦開始直後の1948年には脱モスクワ化することによって、その後のソ連と東欧、西欧との絶妙なバランスを保った国でもあった。あるジャーナリストはこの実験を「社会主義と資本主義、ユートピアニズムとバルカンのアナキズムとの結合」という「世界でもっとも素晴らしいイデオロギー的陰謀」（Doder,94）と評した。

その意味では、ソ連崩壊に先立ってこの地での絶妙なバランスを見事にまで突き崩したのは、実はドイツ統一であった。「自主管理」はいつの間にか「社会主義」の間の格差を顕在化させていた。考えればドイツの統一の夢の実現に浮かれたコール政権、とくにゲンシャー外相が、かつて存在したこともない行政単位にすぎなかったスロベニアという共和国を、カトリック系が大多数のクロアチアとともに尚早にも独立させた。このことでユーゴスラビア崩壊という引き金を引いた。

これに対し、国際社会での当初の反応は、国連の集団安全保障を強化することだった。なかでも冷戦後の国連を率いていたブトロス・ガリ事務総長は、コプト教というエジプトの正教徒でもあったが、明石康特別代表とともに冷戦後最初のこの国際紛争を国連の枠内で解決しようと試みようとした。日本は超党派でボスニア紛争でのファクト・ファインディング・ミッションを送ったが、筆者もこれに参加した。そこで目撃したのは、ゲンシャー外相などが主導した性急なユーゴスラビア解体がもたらした玉突き現象であった。日本では冷戦期に非同盟の社会主義といわれたユーゴスラビアだが、それ以前の宗教や、それにまつわる民族紛争という岩盤が露頭しだしたのである。民族浄化というおぞましい表現が示したものは、一神教に起源を持つ宗教的、そして民族的亀裂の拡大であった。

とりわけボスニアこそ、このクロアチアのカトリック、セルビアの正教、そしてムスリム系という三つ巴の対立が内在された地域である。その意味では、20年後のウクライナと似た分裂構造を持っていた。それが宗教的・政治的、そして民族的内紛へと発展した。この中で首都のムスリム系政権をCNNが支持、カトリック系などのメディアが報じる中で、セルビア正教系は情報も宣伝も劣位にあった。それでも、日本などのメディアは比較的公正であったといえる。いまで言う「情報戦」が「国際社会」という次元で戦わされ、国連の平和構築は無能であると批判された。統一しつつあるかに見えたヨーロッパもまた、自己の領域内で生じた宗教＝民族紛争を解決する点では無力であった。

このときは結局、米国主導によるNATO（北大西洋条約機構）の関与策、つまり1996年のデイトン合意で紛争を収拾したことは、国連というメカニズムよりも、米国が主導で「文明の衝突」を解決するというその後の国際紛争の予兆でもあった。月村太郎も指摘するように、1995年にはクリントン政権、とくにホルブルック特使らが、国連による多民族和解というよりはNATOが表に出てムスリム人と組んで、セルビア叩きで解決しようとする（月村）。事実、冷戦後の国連を中心とした平和維持を期待されたガリ事務総長だったが、結局米国と折り合わず一期で事実上解任された。NATOとイスラム、他方で正教徒という構図が見え隠れする。デイトン合意は、こうして未完のユーゴスラビア解体の里程標となった。

　このことがコソボ紛争をも生み出す遠因ともなった。今度は、オスマン帝国からキリスト教を守るため、正教のセルビア王国が戦ったことで有名なコソボ（1380年）でのアルバニア系住民の独立をめぐる動きに発展した。第二次大戦時はセルビア系とイスラム系の人口比は均衡していたが、やがて多産系イスラム人口が圧倒しだした。ユーゴのミロシェビッチがその保持を訴えたことがあるが、なかでもこのセルビア民族主義と、独立を求めるアルバニア系テロリストともいわれたコソボ解放軍との対立に際してNATOが後者に加担した。

　当時、米国のクリントン政権は自らテロ集団であると認めたコソボ解放軍をそうと承知しながら支援した。その中にジハード主義者たちが入っていたことは重要かもしれない。現在もまたこの旧ユーゴスラビアが「イスラム国」（IS）などイスラム急進主義の拠点となっていることも、考えれば当然であった。

　この1999年3月からの空爆に際してロシアは実力行使を行った。この危機に際しユーゴスラビアの首都を空爆したことは1999年6月のロシア首相で訪米途上であったプリマコフを怒らせ、機中から訪米をキャンセルさせた。この紛争で安全保障会議書記だったプーチンが中心になり、ボスニアの平和維持部隊に参加していたロシア軍の空挺部隊が「平和維持」を名目に一時コソボ空港を占拠したことは、今では注目されるべきかもしれない（朝日新聞国際報道部、209）。ちなみに2008年2月コソボは独立を宣言したが、英米独などがこれを支持する一方、ロシア、キプロスなどの正教徒の多い国家やルーマニア、スペインなどがこれを承認していない。

考えてみるとボスニアやコソボ紛争こそ、実は冷戦後に経験した宗教間、宗派間の違いが背景になった紛争でもあった。空爆を行って、その独立を認めさせるという戦術は国連加盟の主権国家に対する攻撃だ、と当時のロシアは批判的立場を示していた。当時の、という限定を付したのは、その後ロシアは２０１４年の危機に際して今度はクリミアの独立と編入を認めよ、という立場に移ったからである。ここでは大国のご都合主義はともかく、紛争の奥にある宗教的背景を確認すれば足りる。

先のキッシンジャーも、かつて「アラブ民族」による国民国家として灯台のような存在であったシリアとイラクとが、いずれもウェストファリア的な統一国家としての可能性をますます失っていることを嘆いている（Kissinger）。つまりアラブの優等生だった国家がますます破綻、崩壊し、そして「部族」と「宗派」とに分解しているというのである。そのような現象を促したのが皮肉にもブッシュ政権など欧米政府による民主化であった。イスラム世界での「国民国家」の崩壊は、ますます顕著な現象となってきた。ウェストファリア体制に基づいたガバナンスが崩れ、代わりに7世紀の神政政治に基づいたテロを加速させているのが現状だ。

復活する宗教

イスラム世界だけではない。宗教の復活とでも言うべき現象が政治的含意を持ちはじめたことに筆者が注目したのは２０００年、イスラエルのエルサレムを訪問したときだった。ちょうど、エリツィンが大統領を辞した後、この国を訪れた直後でもあった。キリストの墓である聖墳墓教会を訪れたとき、ギリシャ、セルビア、ブルガリア、そしてロシアといった正教関係教会がコプト教やアルメニア教会と並んで墓を取り囲んでいることに驚いた。しかも、その教会の鍵はイスラム教徒が所有しているという。ユダヤ教、キリスト教、そしてイスラムの三大宗教が併存していることに改めて印象を深くしたが、同時にその共存の難しさも実感した。

4 「神は死んだ」のか？

19世紀に神の死を宣言したニーチェやマルクスではないが、そのころまでに顕著となった世俗化の進行は、20世紀のロシア革命と、その結果生まれた無神論国家ソ連や中国など共産主義の台頭でいっそう拍車がかかったかに思われた。戦後日本でも、宗教と政治学との問題はタブーではないものの、比較的後景に退いた。冷戦後もしばらくは、せいぜいテロに走る新興宗派の問題としてしか扱われてこなかった。その結果、宗教そのものへの関心も、とくに国際政治学者のあいだで失われた。むしろ戦後世界では、ソ連や中国、北朝鮮での無神論的な個人「崇拝」のほうが大きな関心を呼んできた。

ところが、冷戦の終焉とソ連崩壊後のユーラシアでは真逆の過程がひそかに進行しはじめていた。これらの地域のキリスト教は、主として東方正教であった。東方正教の特色は、東ローマ帝国の影響もあって教会と国家とが密接に関連していたことである。正教世界は国ごとに独立した教会の緩やかな連合組織である。いきおい、国家と教会の関係では前者の力が強まる。そうでなくとも民族主義などとのつながりが深まる。

旧ユーゴスラビア紛争、そして今回のウクライナ紛争の背後にあるのは、この正教的世界での民族主義、国家主義との結びつきである。他方、こういった地域のカトリック教徒は世界大でのカトリック世論を背景とすることができるから国際情報発信の点では有利となる。とくに世界最大の情報ネットワーク市場である米国世論においては、正教とカトリック系の紛争は、正教系が圧倒的に不利となる。米国のロシア正教会の信徒は、19世紀にはロシアであったアラスカを含めても10万人に届かない。ボスニア紛争以来現れたこのような宗教的背景を持つ紛争で正教系の支持者が欧米メディアの「二重基準」や差別を論じても、この情報格差は欧米メディアではそもそも気づかれもしない（高木）。

ましてや、この問題にさらにイスラム世界との関わりが絡む場合には余計深刻となる。ユーゴ紛争の第一幕と言うべきボスニア紛争では、CNNのカメラが置かれていたサラエボにあったのは、実質はボスニアのモスレム政府であった。イゼトベゴビッチ首相はイスラム教徒であり、政府も急進派ではないもののその系譜にあった。またスンニー派のカタールに本拠を置くメディア、アルジャジーラは欧米での発信こそこの数年動きが目立ったが、高木によればイスラム系は欧米PR会社を「舌を巻くほど」うまく使って、多民族国家ボスニアがセルビア人勢力によって脅かされるという話へと転換したという（同）。同紛争の後半に生じたコソボ紛争でも、この傾向は欧米政府とメディアによって強化されても弱まることはなかった。

文明論的な観点からの分析が必要

冷戦後の正教世界でのこの特徴は、これらの地域での宗教復活がしばしば国家の変容とあいまって進行したことである。ソ連崩壊後の市場導入と、民主化という名の混乱に続いたのは、この宗教、とくに正教会の振興と、関連した保守化であった。そしてロシアで宗教が復活すれば、それにともなって民族や言語といったカテゴリーもまた変容していく。こうして宗教は容易になくならなかった。しかし日本では、ロシア研究者や政治学者たちにとっても正教は、ごく一部の専門家を除きほとんど未知の領域でもある。

むしろ文明論、歴史と宗教の視点が必要であろう。その点で英国の歴史学者ドミニク・リーベンや、米国でも歴史に通じるキッシンジャーらのほうが、19世紀の国際関係との対比をすることによって、より多極的な文明論的関係史を展開している。筆者自身、今回のウクライナ紛争でハンチントンの『文明の衝突』論を見直しているが、その後のロシアとトルコのシリアをめぐる争いなどを見ると、より広い宗教をも含めた次元で見直す必要があると考える。というのも、ロシアとトルコの戦争は、もともとはイスタンブール（ビザンチン、コンスタンチノポリス）の500年間にわたる宗教的争いが背景にあることが想起されるからだ。むしろ文明間の紛争というか、宗教・政治的紛争ともいえそうだ。イスラム世界といえばロシア国内にも約2割のイスラム教徒を抱える。

冷戦後の国際紛争においてロシアと欧米諸国とが解決方法で一致しなかったボスニアやコソボ、

さらにシリアやジョージア、ウクライナといった紛争すべてにかかわるのは、この「宗教」という要素である。とくに正教とヨーロッパのキリスト教の差異が際立ちはじめた。これにイスラム問題が微妙に絡む。ボスニアやコソボのようなイスラム世界と欧米との関係が良好となる一方で、正教系との差異が広がってきたことは否めない。

こういった時代において、国際関係の再編成に関するヒントを提供しているのが、プーチン・ロシアであるように思われる。ビャチャスラフ・ニコノフだとか、セルゲイ・カラムルザといったロシアの政治学者が「文明」を題材とした著作をものしている。かつて「ロシア世界」を広めようとしたスターリン期のモロトフ・ソ連外相の孫、ニコノフが『文明のコード』を書いたのはその代表例だ（Nikonov15）。そこではイデオロギーに代わる新たな「差異＝デバイド」の国際政治学が展開されている。このような観点からシリア紛争を眺めれば、ロシアが正教とイスラム世界にかかわる宗教紛争に関与しているといえる。とくにプーチン・ロシアの評価を新たな角度から試みようとするならば、歴史と現代、世界とロシアとを結ぶような議論が必要になっている。

5　ウクライナ危機以降の新しい見方

「新冷戦論」など、従来の枠組みではとらえられない

ウクライナ危機以降の米ロ、米欧とロシアとの関係の緊張だけに焦点を合わせると、現在の危機

は「新冷戦」といわれるのにも一理あろう。たしかに、かつての冷戦期のような緊張、いな核戦争の危機まで取り沙汰される。しかしよく考えると、ロシアにこの問題で同盟国があるわけではない。何よりもイデオロギーという単純な分断線が世界地図上で引けるわけでもない。むしろウクライナ紛争が示したのは、旧ソ連地域でもベラルーシやカザフスタンのようなロシアとの関係が深い国でもロシア離れが続いている、ということである。

とくにウクライナ自体の東西分裂といった構造的問題が次第に明らかになると、世界政治の焦点は、再び現れた中東危機、IS問題や難民問題の背景にある宗教に移っているかのようである。より幅広い歴史的パースペクティブが求められているのかもしれない。かつてユダヤ教やキリスト教、イスラム教といった世界宗教が発生した地域が、いな、その地域だからこそ紛争が起きている。しかも現在、グローバル紛争の焦点にもなっている。

2016年2月12日、その場もカトリック系でもある革命体制のキューバで、ローマ教皇、モスクワの正教会総主教が、歴史的な和解をした。なぜ「第一のローマ」と「第三のローマ」とが和解したのだろうか。それは簡単に言えば「第二のローマ」が問題だからであろう。東ローマ帝国、つまりキリスト教時代にはコンスタンチノポリス、つまり「第二のローマ」と呼ばれた都が滅亡、1453年にイスラム系オスマン・トルコ支配下の首都イスタンブールとなって以降、キリスト教、とくに正教とイスラム教とは競合関係にあった。そして、ロシア帝国とトルコ帝国との対立の遠因となった。つまりは「二つの宗教」、二つの帝国による露土戦争を十数回繰り返した。

このときルーシがキリスト教を受洗した地ヘルソネスがあるクリミアは、その後ロシア帝国の黒海艦隊の出撃基地でもあった。そのクリミア半島は、いうまでもなく19世紀半ばの世界戦争の地でもある。もとはといえばクリム・ハンというチンギス・ハンの末裔、そしてイスラム系タタール人の地でもあって、それ以前から何世紀にもわたる宗教上の対立、「文明の衝突」の地であった。

さらにクリミアは１９４５年、第二次世界大戦から冷戦への転換を象徴する英米ソの最高首脳によるヤルタ会談が開かれた地でもある。実はナチス・ドイツに抑圧されたユダヤ人からなる入植地、つまり「新イスラエル」をこの地に作る計画まで当時はあったほどである。

この地を１９５４年にフルシチョフ政権が地域住民の意思を無視してロシアからウクライナ共和国へと行政区分を変えたことに端を発するクリミア問題は、ソ連末期から自治共和国問題としてロシア系を中心とする住民の抵抗を招いていた。１９９１年8月、この地で軟禁されたゴルバチョフ大統領へのクーデターに端を発するソ連崩壊の過程が進行した。ほとんど棚ぼたでこの地を領有することになったウクライナに対して、ロシア人などが不満を表明、新興ウクライナでの国家形成をめぐる少数民族問題になっていた。

20世紀のイデオロギーの時代には、左右という便利な尺度があった。フランス革命時の議会の区分け（デバイド）に由来するこの尺度は、近代化と工業化といった土台の上に、さらに政治的位置を測る便利な尺度だった。しかし、ソ連崩壊前後から「改革」に対する態度をめぐって、次第に改革に消極的な「保守派」と、改革を求める急進派、さらには革命派といった図式が登場すると、これまでの尺度は急速に有効性を失っていった。

ソ連崩壊後、民主化と市場化が進み、東西間の対立も次第に収斂していくといった楽観的想定は、１９９０年代後半にはすでに現実とは合わなくなっていた。ロシア政治やポスト・ソ連の比較政治学者たちの多くは、そのような傾向を「権威主義」と理解した。そして民族抑圧とか、旧ＫＧＢとプーチンの台頭といった枠組みで議論してきた。それでも１９９０年代には「改革派」と「保守派」とか、市場改革をめざす「右派」と旧社会主義に未練ある「左派」といった、「左右」といった尺度でロシア政治を理解することが日本を含む欧米では流行った。市場改革を図るエリツィンのブレーンは右で改革派、それに対しゴルバチョフやプリマコフといった人々は左派で保守派、といった具合だ。

しかし21世紀になると、共産党のジュガーノフ党首やプーチンまでが宗教を称揚、保守を主張するようになる。東ウクライナで独立を図るグループは政治的には右なのか、左なのか。聖書を掲げてゲリラ闘争を図る集団の多くがスターリンをも支持している。これに対抗するウクライナの「右派集団」は、テロも革命もいとわなかった。とても左右軸では区別できそうにない。シリアで戦っているといわれる親ロシア系チェチェン人とサウジアラビアあたりから支援を受けている（らしい）ジハード系のチェチェン人とは世界観でどう違うのか。

「ロシアは常に理論の予測を裏切る」というテーゼを筆者は15年前から提起してきたが、ソ連崩壊後のロシアが民主化し世俗化した市民社会をめざすという想定は、現実により見事に裏切られたといえよう。むしろ１９９３年に政治学者ハンチントンが予測した「文明の衝突」のような、欧米とは一線を画す文明をロシアはめざしはじめたという理解のほうが正鵠を射ていたといえる。ただ、反面では、これもまた宿命論に陥りがちだ。

冷戦終焉に際してNATOなど軍事同盟を拡大しないという東西間で存在した了解は、1990年代にクリントン政権が再選に際して国内のポーランド系など東欧移民票を得るためにNATO東方拡大を約束したことにより反故になった。1990年代からの世界政治は米国の国内動向の影響が大きくなっているが、周知のように米国においては、ユダヤ系やポーランド系カトリックといった米国内で組織票を持つ移民集団が大きな役割を果たす。

最初はポーランドなど東欧にはじまり、そしてバルト諸国や最終的にはウクライナ、ジョージアのような旧ソ連諸国までNATOを東方に拡大する問題が、冷戦後安全保障の重要問題となった。しかしこの問題は、本来は米ロや欧州の安全保障をめぐる議論の結果として生じたものではなかった。このことはウクライナ紛争を経た現在、再度想起する必要があろう。

当初1990年代半ばの議論を振り返れば、冷戦期の大御所G・ケナンから冷戦史のJ・ギャデス教授、またウィリアム・ペリー国防長官やマクナマラといった経験者を含め、安全保障専門家はNATO拡大が軍事同盟不拡大という東西合意に反し、ロシアの安全を無視すると指摘していた。しかし「戦争を知らない世代」のクリントン大統領が1996年第二期再選に際し、もっぱらポーランドやチェコの「エスニック票を得るため」、拡大をアピールしたということが大きかったといわれる。[*1] つまりヨーロッパの安全保障問題ではなく、米国の内政要因が大きな理由であった（下斗米99、268）。

カリフォルニア大学バークレイ校の専門家エドワード・ウォカーらが「クリントンの原罪」と言うこのNATO東方拡大という内政的要因として、ポーランド系の移民票が1000万人存在するとも、その影響は全有権者の約10％とも評価される。[*2] この票が民主党に流れたことが以降のNATO拡大を運命づけた。ウクライナ移民票もカナダを含めて大きい。これに対し米国国内で、特にロシア正教系の選挙民は10万人ともいわれる。このような米国国内でのエスニック、宗教的要因が安全保障より優先された。なぜ米国政治が中東欧で過度にNATOに関与しがちであるのか、冷戦後の国際政治を規定してきた米国の宗教政治的な要因もまた考える必要があるかもしれない。

他方NATO加盟まで考えた「大西洋主義」のエリツィン、コーズイレフ外交から「現実主義」のプリマコフを経て、「ユーラシア主義」のプーチンに至るまで、この欧米との関係は、ロシアの国内政治を規定した。

復活したロシアとプーチン政権は、1990年代エリツィン時代の民主主義よりも、むしろ保守主義を新たなロシア政治の結集軸にしはじめた。プーチンとそのイデオローグは、宗教や伝統、家族という価値を重視したのである。これは必ずしも新しい論調ではなく、それまでの政治論争でもよく見ていると保守志向は感得できたが、それが第二期に入ってからは表面に浮上してきたかに見える。

なかでも重視すべきは、プーチンと宗教との関係である。彼がロシアと宗教、とくに正教についてはじめて触れたのは、米国の研究者ニコライ・ペトロによれば、2005年に彼が東方正教の総本山、ギリシャのアトス修道院に行ったときだという。[*3] この地は男子の正教徒しか巡礼が許されないが、ちょうどイスラム教徒がメッカ詣をするハッジ（巡礼）に似ていなくもない。ちなみにエリツィンは大統領職からの辞意を表明した直後の2000年1月初め、聖地エルサレムに巡礼に出ている。

プーチンは大統領に再選されると、この正教とロシアのミッションについて語ることがより顕著になった。つまり欧米国家ですら放棄しかかっているキリスト教的な価値をロシアが体現するというのである。とりわけ「正教大国」という表現をプーチンが使ったのは2015年になってからであった。

ローマ・カトリックとの和解はその成功例の一つといえよう。この「第一のローマ」と「第三のローマ」との和解は、「第二のローマ」となった現代のイスラム世界が問題であったから、と言えるかもしれない。この中近東にもエジプトにはコプト教信者が、そしてシリアにも少数派だが正教の信者がいる。いまやシリア紛争から発したある種の中東宗教戦争の懸念がある。そしてロシアの宗教的スタンスは、この面でも有効である。

同時に、ローマ教皇と、ロシア総主教との和解は、混迷に陥っているウクライナ紛争、とくにミンスクなど停戦合意にも影響しはじめている。というのも、マイダン革命の夢から覚めたあと、混沌だけが残ったからである。それは、西側が西ウクライナ民族派を誤解した側面にも由来する。ユニエイトという、儀式は正教だが人事権はローマ教皇が管轄する集団は、現在でもウクライナ民族急進派の支えとなっている。同様なことは、ロシア正教右派グループが支援する東ウクライナ民族派にもいえる。

こうしてウクライナ問題の根源を考えると、改めてソ連崩壊だけでなく、幾重にも折り重なったロシア史の断層とでもいうべき問題にぶつかる。歴史は進歩史観が想定したように一定の方向に進歩するのではなく、むしろ循環したり停滞したり中座している。このような角度から、ロシアの政治と宗教との関わりをも再考してみたい。

注

＊1　http://www.nytimes.com/1996/10/23/us/clinton-urges-nato-expansion-in-1999.html

＊2　https://eurasiangeopolitics.com/2015/01/02/original-sin-the-clintons-administrations-commitment-to-nato-enlargement/

＊3　http://www.carnegiecouncil.org/studio/multimedia/20151105b/index.html

第1章

「モスクワは第三のローマ」——ロシアの歴史と現代

1　ロシア国家と宗教

２０１３年7月末、プーチン大統領はクレムリンにロシア正教のキリル総主教を受け入れ、「ルーシ受洗１０２５年」を祝った。９８８年にロシアの前身、ルーシのキリスト教を受け入れた記念である。再選後はとみに保守色を強めるプーチンだが、なかでも宗教、とくにロシア正教を重視する現大統領は「キリスト教の受容はロシアの運命と文明的選択の必要条件となり、ロシア国家の宗教的・世俗的歴史にとっての転換となった」と述べた。ちなみに、その四半世紀前の１９８８年に無神論国家ソ連の壁を破って「受洗１０００年祭」を祝ったのは、ゴルバチョフソ連共産党書記長であった。ソ連政府はこのときはじめて信仰だけでなく、布教の自由をも公認した。

その後の２０１４年ウクライナ紛争でクリミア半島を併合したプーチン大統領は、年末の恒例大統領教書演説でルーシ（ロシア）のキリスト教受洗の地がモスクワに戻ったことを誇示した。クリミア半島は、その先にかつての東ローマ帝国の首都だったコンスタンチノポリスを睥睨する位置にある。この地を併合したことはロシアの正教的過去、歴史的復権に連なると、プーチンは力説した。

正教世界

帝国が滅びて世俗権力と完全に離れて以降、ローマ教皇の宗教的権威が確立した西ローマとは異なって、東ローマ（ビザンチン）の東方正教世界では、正教が国家の支配と深く結びついてきた。正教専門家のティモシー・ウェアの『正教会』によれば、正教はカトリックといった地中海の西側、つまりラテン語のキリスト教圏とは明確に異なる東側、つまりギリシャ語世界でのキリスト教のことである。ちなみにカトリックとは「普遍性」を意味する。キリスト教研究者の山我哲雄は、カトリックと正教との違いを、前者が教義と教会の「普遍性」を強調するのに対し、東方正教は「正統性」を主張するということからくる差異だという（山我、122）。つまり「普遍」教会と「正統」教会との争い、ということになる。なかでも4世紀にコンスタンチヌス大帝が東ローマ帝国を建設、キリスト教を国教として以来、正教は東方世界に深く根付きはじめた（Ware）。

キリスト教を国教化して以降、東方世界では権力と宗教とは相互に関係し、浸透し、そして利用しあってきた。この伝統を強くひくスラブ、ロシア世界でもまた国家権力と正教のヒエラルヒーとは互いに「交響」、「調和」して支配するというメカニズムが政教関係の規準となってきた。つまり東方正教世界では西方でのローマ教皇のような、世俗的権力を超えた超越的な宗教的地位は存在しなかった。かわりに古くから総主教座（コンスタンチノポリス、アレクサンドリア、アンティオキア、エルサレム）が四つ作られ、その相互関係の中で東方正教は運営されてきた。その枠組みは緩やかな連合体であった。その意味で、正教では国家と宗教とは不即不離である。

なかでも4世紀以降、東ローマ帝国でのコンスタチノポリス総主教の地位は、教皇の指導的な権威を有するローマとは違って、「同輩者中の第一人者」ではあったものの依然として高かった。当時、正教の総主教座があったのはエジプト（アレクサンドリア）、シリア（アンティオキア）、それにイスラエルであったことは、21世紀のこの地域をめぐる宗教政治の複雑さを考える前提として触れる必要があろう。１４５３年にこれら地域がイスラム教徒の手に落ちるまで、１０００年を超える帝国支配を通じ、正教の秩序がスラブ社会を含む東方の地域に根付いていた。「第二のローマ」の世界ではキリスト教は国教となった。

その東方正教は、９世紀末にスラブ系の宣教師の兄弟、キリルとメフォディによって北方、つまりセルビア、ブルガリア、そしてルーシ（ロシア）に伝わった。それ以後スラブ世界は正教の深い影響下に入った。なかでもキリルとメフォディは、同時にギリシャ語をもとにしたキリル文字を発明、それでもって聖典などのテクストを教会スラブ語に訳した、とされる。学者の中にはこの点で疑念もあるようだが、正教という宗教にともなって文化、言語、各種のテクストがスラブ世界に入ってきた。当初はキリスト教のための文字もまた布教の手段となった。つまり「ルーシ」とか「ロシア」という観念の基礎にあるのは宗教、ことに正教である。

その東方キリスト教がロシアの古名とされるルーシにやってきたのは、すでに指摘したように10世紀末であった。９８８年にルーシの大公ウラジーミルがクリミア半島で正教に受洗し、キエフ・ルーシがキリスト教化した。このことをもって、ルーシの後継、ロシア国家の歴史の出発点となるという物語が始まる。スラブ世界にキリスト教が入り込むと、ルーシの世界も東ローマ帝国の政治的・宗教的な影響下に入った。

このような歴史的な経緯は、ロシア革命で誕生した無神論国家ソ連での認識にも深く浸透した。事実、「宗教はアヘン」と考えたソ連共産党書記長スターリンから、ソ連共産党の後継組織である現ロシア共産党のジュガーノフまで、ロシア国家の起源は「ルーシが受洗」したときであると述べているほどだ。なかでも、一時は神学校にありながらロシア革命後に共産党書記長となったスターリンは、ルーシが洗礼を受けたことにはむしろ進歩的意義があるとすら書いた。こうしてルーシがキリスト教化したことをもってロシア国家の起源になった。ロシア国家の起源に正教という宗教があり、民族や言語までもがそこに淵源している、あるいはそう信じられている。このことを理解しておかないと、現代ロシアやウクライナをめぐる問題も理解しがたい。

実際、そのキエフが13世紀になってモンゴル軍に席捲されたあとも、正教の修道院や教会がロシアの北方に移動し、そこでキリスト教正教の信仰を維持した。つまりキエフ・ルーシが陥落したあとも、ロシアでの「国家性」を維持したのはこうした「正教」の教会や修道院であった。東方キリスト教、正教では、国家と宗教（キリスト教）とが密接に結びあっている。正教の世界では、国家が人間を管理し、宗教が魂を担当する。両者の関係は「シンフォニー（交響）」のような調和的な関係であるはずであった。正教 orthodox という言い方の中に、自らの宗教が東ローマ帝国とともに歩んできて「正統」で「正しい道」であることの強烈な主張がある。その配下に最初にギリシャ語で書かれた聖書を守ってきたギリシャ正教が存在し、またエルサレムなど原始キリスト教の史跡が存在することもまた、この潮流の強みであった。

もっとも、世俗権力と教会とが常にこのような予定調和となるとは限らない。少なくともロシア史の文脈で考えるとき、宗教と権力との関係は、正教が予定するような調和的関係どころか、大変動をこうむってきた。正確にいえば、当時はまだ「ロシア」という表現すらなく、ようやく15世紀末あたりに北東ルーシから現在の「ロシア」という呼称が現れたと考えられる（下斗米16）。あるいはそれまでは北東ルーシともいわれたが、それらの地をモスクワが統括するようになる。

とりわけモスクワの宗教的権威が、その政治的・軍事的地位の向上と権力の統一よりも先に確立していたことは重要かもしれない。「モスクワ府主教」が「全ルーシ」の代表となったとき、まだモスクワの「大公」は全ロシアを統べる立場にはなかったのである（Milyukov, t.3, 31）。それはイワン3世（1462〜1505）になってはじめて実現した。そのことによって権力の宗教的権威が高まる手段となった。ツァーリのイデオロギー的権威づけは二世紀後にはロシアのヨーロッパ的な「外套」をも正当化することになった。

それでも、ロシアを含めた東方正教が常に国家権力との関係で宗教のあり方を考えてきたという性格は重要である。逆にいえば、教会が国家と切り離され、世俗国家は宗教とは無関係に存在するという西欧の市民社会の宗教的伝統とはかなり異なった位置にあった。正教にはカトリックのように単一の中央集権的な宗教的・教会的な権威があるわけではない。このことが正教世界における「国家」と教会、政治と宗教の関係に独自のダイナミズムを与えた。

西欧では宗教改革によってキリスト教の原点に回帰することを通じて神と個人とを直接つなげることが可能になったが、正教では国家との関わりが重要となる。国家と社会と宗教のシンフォニーという発想はあっても、国家抜きの市民社会と（正）教会との関係という主題は立ちにくい。ロシアで市民社会とは「ゼラチン状」であると言ったのはイタリアの教会史にも詳しかったA・グラムシであるが、あたかも半熟卵のような存在でもあった。ロシア2月革命のときに外務大臣を務めた歴史家ミリュコフ（1859〜1943）も言ったように、ヨーロッパでは社会組織が国家体制を制約したとすれば、ロシアは国家が社会組織に巨大な影響を与えた（Milyukov, 134）。

ニーコン改革とナショナリズム

正教はこうして、性格的に国家宗教であった。このことから国家との関係は不可分である。ということは、宗教論争がロシアの国家とのあり方とも直接に関わることになる。もちろん「想像の共同体」としてのナショナリズムが当時存在したわけではない。それでも、その議論の核となるプロト・ナショナリズムが存在した。17世紀ロシアには、こうして当時三つの選択肢が現れた。

第一は、それまでの北東ルーシ、「ベリコ・ルーシ」、つまり「偉大な」ロシア人（これは拡大ロシアの意味では必ずしもない）の信仰を守る孤立主義の道（アバクーム長司祭ら古儀式派）、第二は、東方正教会の帝国への道（ニーコン総主教）、そして第三がカトリックやヨーロッパ大国との協調、というピョートル大帝の道である。カトリックとはスラブ系ではポーランド、印欧系のリトアニアもそうである。この三つの選択肢をめぐる宗教的争いがその後のロシア、ウクライナなどユーラシアの政治やアイデンティティを決める歴史的分岐点だった。

この分裂の発端となったのは、17世紀半ばに総主教となったニーコンが行った儀式改革であった。しかし、このことが伝統的モスクワの大分裂を招くことになった。ニーコンはギリシャのキリスト教の崇拝者であった。「私はロシア人でその息子だが……私の信条と信仰はギリシャだ」と言った。同時に当時のイスラム、とくにオスマン・トルコの台頭を目の当たりにして東西のローマは接近し、とくに儀式上での協調を図ろうとした。だが、これは伝統的なビザンチン的儀式の信奉者とぶつかった（下斗米99）。

後者は「モスクワは第三のローマ」の信奉者、「聖なるルーシ」としてロシア人は神に選ばれたというメシアニズム（救世主思想）をいだく古くからの信仰と儀式の信奉者であった。この潮流は当時のグローバリゼーションというべきニーコン改革との対立を通じて、より原理主義的な潮流へと純化していく。西欧での宗教改革と同様、古いものに回帰することによって変化を促したという点では同じであったが、古儀式派は宗務院など帝国の宗教弾圧によって歴史の表層からは消え、19世紀まで歴史の後景に退く。この状況は無神論のソ連期でも同様だった。ロシアの、とくに公式歴史書に古儀式派のことがほとんど出てこないのはそのためである。このいわゆる古儀式派、分裂（ラスコル）をめぐる紛争、最近の研究についてはその結論だけを指摘しておこう（下斗米13）。

第一に、ニーコン総主教による当時のキリスト教のグローバル基準の導入をめぐる「改革」が生じた。この改革は、政治的にはベリコ〔大〕・ルーシ、ベラ〔白〕・ルーシ、そしてマロ〔小〕・ルーシという三つのルーシ国家を統一、全ロッシースキーな帝国、つまり正教帝国という、宗教的にして地政学的な帝国への道を開いた。ニーコンは「モスクワと全ルーシ」の総主教となったからである。ここで全ルーシ、つまり、全ロッシースキーという言い方が登場していることに注目したい。

とくに重要なのは、キエフ・ルーシの末裔、コサック国家であるマロ・ルーシと一体化したことである。ニーコンは広くモスクワ以外のルーシの正教徒を支持、積極的に「マロ・ルーシ」つまりコサックの頭領、ボフダン・フメリニツキーを援助した（Zenkovskii,198）。実際、ニーコン改革の時期にベリコ・ルーシとマロ・ルーシの合邦、ペレヤスラブ協定が1654年に成立した。このことは、宗教書ではまず触れられていないし、逆に政治外交史ではその宗教的な意味がほとんど記述されない。

だが、この一致は決して偶然ではない。ちなみにフルシチョフがクリミアをウクライナ共和国に譲渡した1954年は、そのペレヤスラブ協定（1654年）の300周年を記念したものだ。この意味で、ニーコン改革は宗教帝国への道を準備した。これが18世紀はじめに正式にロシア帝国となる。つまりロシア帝国とは、ややカトリック的な側面をも取り込んだ正教帝国であった。

ベリコ・ルーシとは大ルーシ（ロシア）としばしば訳されるが、正確には偉大なルーシということである。レーニンが「いわゆる大ロシア主義」について批判したために、拡張主義的ロシアという意訳、むしろ意図的な誤訳すらなされてきた。実際にはむしろモスクワなど狭義のロシア、北東ルーシという意味であったことに注目したい。そしてモスクワを中心とするロシアは政治的には、ポーランドからの自立をめざしていたボフダン・フメリニツキーらコサックが東部ウクライナに当たるドニエプル川左岸地域を基盤としていたマロ・ルーシと合邦したのである（ペレヤスラブ協定）。

このときモスクワのツァーリ、アレクセイ・ミハイロビッチは「モスクワと全ルーシ、つまりベリコ、マロ、ベラのルーシ」の「ツァーリ、大公」という呼称を得た。ルーシ全体の民衆を統治するツァーリ、つまり正教を統一した政治権力となるということであった。

それから20年後になってキエフのイノケンチー・ギゼリという聖職者が「シノプシス」という文書を執筆、そこでキエフ・ルーシの後を継ぐベリコ・ルーシとマロ・ルーシの宗教的統一による国家像を歴史的に位置づけた（Mechta）。このシノプシスはベリコ・ルーシとマロ・ルーシの正教による統一を主張したものである。全ロッシースキーという国家構想は、古くはイワン雷帝の「モスクワ、およびベリコ・ルーシ、ベラ・ルーシ、およびマロ・ルーシ」からなる国家という構想を継ぐことになる。「シノプシス」は、１６５４年のペレヤスラブ協定によるベリコ・ルーシとマロ・ルーシとの統一を受け、ウクライナとロシアが統一する宗教的根拠を提供することでロシア帝国論を基礎づけた。同時に、この頃からモスクワの宗教界でもキエフ出身者の影響が増した。

モスクワこそがキエフ、つまり最初のルーシの後継国家であり、やがて正教の「全ルーシ」を統一する国家になる、というこのシノプシスの宗教的歴史観は、後のロシア歴史学、とくに国家学派のカラムジンからクリュチェフスキーにいたるロシア史家の基本枠となったことに注目すべきである。最終的には１７２１年に三つのルーシが統一して帝国ロシアとなる。

実際、19世紀から20世紀初めのもっとも評価の高いロシア史家クリュチェフスキー（１８４１～１９１１）は、このルーシというわかりにくい言葉について、当初は北方のバリャーグ系の氏族、そしてその王族、やがて彼らが住み着いたキエフあたりの土地を意味したという（Klyu.1,167）。そしてスラブ系住民と交わることで最後には政治的な意味となった。さらに９８８年にウラジーミル大公が東方正教に帰依したことでルーシは宗教的＝国家的アイデンティティをも持つようになる。この宗教的・政治的単位は、時代に応じて、⑴（キエフなど）ドニエプル川、⑵ボルガ上流、⑶大ロシア、そして⑷全ロシアの住民集団を表すものとなった（Klyu.1,34）。ロシアの歴史は、こうして正教を中心として体系的に構成されることになったのである。

つまりニーコン改革を受け、宗教的にはギゼリが定礎した国家像は、政治的には17世紀半ばのアレクセイ・ミハイロビッチ皇帝がその政治的な路線を敷き、ピョートル大帝が「帝国」としてそれを完成させた。その宗教的・国家的目的には、「第二のローマ」であるイスタンブールのキリスト教による解放もあった。

もっとも、教会と国家といった「両剣」が並び立つことはない。神政政治をめざしたニーコン総主教は、ツァーリ、アレクセイ・ミハイロビッチ帝との世俗的紛争に敗退する。このことも手伝って帝政ロシア期には、宗教は補助的支配機構に成り下がる。一方、対外的にロシアはオスマン・トルコ帝国と1569年のアストラハン国をめぐる対立を皮切りに、イスタンブールの帰属を争って十数度にわたる露土戦争を戦うことにもなった。ちなみにアストラハンは、ルーシの統治以前はハザール王国、つまりユダヤ教系のトルコ遊牧民族がいたといわれる。

古儀式派とロシア

ロシアでは西欧的な宗教改革が起こらなかったとよくいわれる。これは現在の研究からいえば不正確といえよう。17世紀半ばのニーコン総主教による儀式改革をめぐってロシアでも深刻な宗教分裂が起き、そのとき現れた古儀式派など各反対派のその後の政治的・宗教的影響を無視しているからだ。アバクームら古儀式派の「古いテクスト」にもとづく民族的・宗教的抵抗はミリュコフも指摘したが、本来は社会的・民族的抵抗を目的としたものではなかった。しかし結果としてはロシアの民族主義的性格を帯びることになった（Milyukov, t.2, 168）。

つまりニーコン総主教派がロシア帝国のイデオロギーを準備したとすれば、アバクームらの古儀式派がロシア民族主義の抵抗を正当化した。とくにその影響が強かった東北ロシアでは正教のプロテスタントというべき古儀式派が生じた。これが19世紀末までに資本主義の台頭と、20世紀初めの宗教復活、それに共産主義の台頭にまで関係していたことが、ソ連崩壊とともに次第に明らかになっている（下斗米13、Pyzhikov13）。

古儀式派にとっては、モスクワこそ「第三のローマ」、真の宗教的国家であるのだ。だから別に宗教解放戦争のためにイスタンブールに南下する必要はないし、ウクライナの半カトリックと和解する必要もない、という論理になる。第一、第二のローマはもはや倒れたのだ。そのうえ帝国の抑圧があったこともあいまって、孤立した「聖なる」ロシア国家を標榜する反戦派となった。モスクワこそこの宗派の人にとっての聖都であって、帝国のサンクト・ペテルブルクは「アンチ・クリストの町」となる。

また、原始キリスト教では「神のものは神に、シーザーのものはシーザーに」という聖俗の分離があった。このシーザーのロシア読みであるツァーリ、つまり皇帝であるアレクセイ・ミハイロビッチは次第に神政政治を主張するニーコン総主教と距離を置き、対立しはじめる。結局、ニーコンもツァーリの権力の前に敗れた。

こうしてピョートル大帝の時期に「帝政ロシア」が出現し、帝国に従属するかたちでロシア正教会が制度化された。教会を統制する国家機関である宗務院が作られたが、その主目的は古儀式派の監督であった。ついには正教の最高聖職者である総主教すら廃止され、ロシアでは宗教は政治の僕、国家統治の装置の一部となった。マックス・ウェーバーも言う「皇帝教皇主義」のもとで教会は住民支配の柱となり、正教イデオロギーは国家機関、つまり軍や教育機関を包含した。とくに軍隊との関係も重要であった。

こうして生まれた「近代化をめざす正教帝国」となったロシアだが、1917年2月革命によって崩壊した。各共和国が自立し、ウクライナも革命ロシアとは一時分離する。レーニンのソビエト政権は政教分離を掲げたが、これは何も社会主義の政策というよりは民主主義革命の要請であった。ちなみにスターリンの故郷ジョージア（グルジア）もまた、帝国から自立した。1917年10月の権力奪取後、レーニンの率いるソビエト権力はモスクワに遷都した。実はこれは皮肉にも「第三のローマ」の復活といえなくもない。事実、このソビエト政府はブレスト・リトフスク条約で、一時的とはいえウクライナの多くを放棄した。これもまたソビエトと同様に古儀式派の「国民国家的」ユートピアと重なる。20世紀のロシア革命には、この古儀式派の影が深く宿しているのである。

2　宗教と無神論のあいだ――ソ連と宗教

抑圧されてきた古儀式派

ソ連だけでなく現代中国を含む世界の社会主義国、そして20世紀のグローバル政治にも巨大な影響を与えることになったレーニンの無神論への傾斜の背景には何があったのか。もちろんマルクス以来、社会主義者・共産主義者は総じて無神論を信じている。もともとウェストファリア体制の定着と啓蒙主義の台頭以来、宗教的価値は低落傾向にあった。19世紀のロシアでも、この傾向は革命思想に影響した。さらに世界の共産党を作ることになったウラジーミル・レーニンには個人的事情もあった。英国の歴史家キャサリン・メリデールのように、ナロードニキ革命家であった兄の処刑の衝撃で白髪になって戻ってきた母親を見たことのトラウマを指摘する論者もいる（Merridale）。

だが、無神論への傾斜は、レーニンの個人的問題にとどまらなかった。彼は新しい革命党を作るとき、党規約で党員の要件として無神論者であるべきことを当時の社会民主労働党内での強い反対を押し切って採択した（下斗米13）。実は20世紀になってロシアでは、宗教リバイバルが改革派、革命派にも広がっていたことがある。こうして無神論的な科学的社会主義への「信仰」は、当時の左派世界のグローバル・スタンダードとなった。ちなみに、無神論の「信仰」とか指導者「崇拝」という問題を最初に見抜いたのは、合法マルクス主義者から観念論へ傾斜したニコライ・ベルジャーエフである。

それでもロシア革命後、国家の基礎に宗教があったことをソ連当局は無視できなかった。ジョージアの神学生のときに革命家となったスターリンは、無神論者の師であるレーニンと同様、宗教をシニカルに政治利用した点では天才的でもあった。スターリンは１９３０年代半ばのソ連教科書の編集にあたって、当初の「キリスト教の導入」という箇所で、「９８８年にキエフにあった古スラブの神々を破壊」というところに自ら手を加え、「古スラブの異教的神々」とし、「異教」を加えることにより正教を歴史的に肯定したのである。

ちなみに現在、一部のロシア民族主義者の中には、プーチンまでもがルーシが正教化したことを称揚していることに異を唱える潮流もある。彼らロシア民族派の一部は、キリスト教を受洗することによってウラジーミル大公が本来のスラブの神々を裏切った、と主張する。キリスト教受洗前のスラブ系の主神ペルーンにとっては受洗の日こそ、服喪の日であるのだ（NG5/08/15）。

これまでロシアでは古儀式派という宗教的異論派の存在は、それを宗教敵と見たロシア帝国、そして無神論国家を標榜したソ連邦により、それぞれ抑圧されてきた。またロシア帝国の宗教警察である宗務院の伝統は、ソ連期にも継承された。非常委員会、のちの内務人民委員部（ＮＫＶＤ）＝ＫＧＢといった秘密警察の第６課が早くから宗教監視を担当していた。直接の契機は、１９２１年の革命の拠点であったクロンシュタットの水兵反乱だったが、それ以来、ソビエト国家は宗教を含めた異端の動きを厳しく監視したのである。こうしたこともあって、古儀式派などの動きは抑圧されてきた。正確にいえばドストエフスキーやトルストイ、20世紀のシンボリズムの影響で文学や宗教史の専門家たちのあいだでのみ、わずかに議論されてきた程度だ。

共産党の中核に影響を与えた古儀式派

しかしソ連崩壊前後から宗教が解禁され、これにともなって17世紀後半に起きたニーコン派という正統派と古儀式派との分裂などが次第に明らかになってきた。ロシア社会の深刻な分裂をもたらすことになった17世紀の宗教分裂以降、その独自なダイナミズムが、政治と宗教、国家と教会、宗派と経済との関係を動かしてきた事情が研究されるようになってきている。

とくに21世紀までにロシアでも宗教学者だけでなく、哲学者、歴史学者や政治学者によっても、正教とその反対派といった存在が新しく注目をあびている。なかでも古儀式派について新しい考察を行っている現代ロシアの哲学者A・グリンチコバは、近代化をめざした17世紀半ばのニーコン宗教改革に対抗した古儀式派こそ、もともとは伝統主義的立場から帝政に対抗した存在であったものの、抵抗運動が純化されることを通じて、むしろ改革的な性向を育んだという逆説を指摘している(Grinchkova)。

つまり簡単にいえば、正教でのプロテスタントだろう。政治学者アレクサンドル・ピジコフも、この教会を持たないロシアの正教徒が、20世紀初めからロシア革命期の社会変動、つまり資本主義の発達と労働運動などの双方に関係したという逆説を解明している。この潮流が経済的には20世紀初めに台頭し、事実上2月革命のスポンサーとなりながら、とくに一部がボリシェビキ派、つまり共産党とも関係したことを『スターリン主義ボリシェビズムの根源』（２０１６）で描く(Pyzhikov16)。彼は、古儀式派こそ抵抗運動での集団主義的性格を生み出した原因とみる。

西欧のプロテスタントはドイツ、オランダなど寒冷地域から出てきたが、ロシアの古儀式派も北部ロシアから現れてきた。20世紀初め、正確には日露戦争がもたらした政教分離から2月革命までの10年ほどが、この古儀式派の黄金時代であった。とくに無司祭派とよばれる潮流は自己の教会を持つことが禁止されたなかで長老による非公式の組織を有していた。当初、日露戦争のさなかに出現し、１９１７年のロシア革命で大規模に現れたソビエトといった組織もその起源は謎であった。しかし、最近の研究によれば、教会を持つことを許されなかった古儀式派の潮流が組織したネットワークこそがソビエトの起源であったと考えられている（下斗米13）。

もっとも宗教としての古儀式派は、総じて無神論者の革命には否定的であった。大衆的自治組織としてのソビエトの活動はロシア革命のシンボリズムとして重要な役割を演じた。最初のソビエト国家元首となったミハイル・カリーニンは、モスクワ近郊トヴェーリ生まれの古儀式派出のボリシェビキであったし、同様な立場のモスクワ・ソビエト議長のノギンなどは、繊維など古儀式派資本と関係が深く、ソビエト活動を政治利用するだけのレーニンらと比較して、重視した。

ソ連政治体制の中では、共産党書記長職をめぐってはスターリン以外にも候補があったといわれるが（フルンゼ、トムスキーなど）、首相職（人民委員会議議長、閣僚会議議長）はレーニン以降、1920年代のA・ルイコフ、1930年代のV・モロトフ、1950年代のN・ブルガーニンなど、古儀式派関係者で経済に強い人材が登用された。

赤軍幹部にもこの影響が見て取れる。最初のソビエトが生まれた古儀式派の拠点イワノボ・ボズネセンスクは、同時に赤軍幹部が生まれたことでも知られる。1905年にこの地の党指導者M・フルンゼはルーマニア系で同派との関係はないが、1920年代の党内反対派で、政治教育から教育人民委員となったA・ブブノフ、あるいは元帥となるワシレフスキーはこの地の古儀式派出身である。古儀式派の影響があったドネツクなどウクライナ東部からはボロシーロフ国防相も出ている。

こうして古儀式派的性格は共産党の中核にも影響した。反レーニンの「労働者反対派」のシュリャプニコフら、1940年代のジダーノフやマレンコフといった政治家がその環境から出てきたことが明らかになっている。なかでも南部ウクライナの主流であるフルシチョフ、ブレジネフに対抗する政治家、イデオロギー的枢機卿スースロフ、アンドロポフ書記長をはじめ、外務大臣グロムイコ、軍産複合体のウスチノフ国防相がこの派の出身ないし関係者である。ソ連崩壊後のエリツィンやプーチンもこの環境下にあった、とピジコフは推測している。ロシア革命とソ連崩壊の双方に古儀式派的な要素が作用したといえよう。

ロシア革命で首都がペトログラードからなぜモスクワに遷都（1918年3月）したのか。ここにも宗教の影響は明らかに出ていたと考えるべきだろう。「モスクワは第三のローマ」と信じた古くからの正教徒、つまり古儀式派はピョートル大帝とロシア帝国を宗教敵と考えた。したがって、帝国崩壊でモスクワに遷都することは当然と考えた。この遷都を実行したのはソビエト政府の初代官房長官となったレーニンの秘書ボンチ・ブルエビッチであった。彼は旧軍幹部から赤軍創設に向かった兄のミハイルとともに、この遷都を推進した張本人であった。このブルエビッチこそ党内きっての古儀式派専門家であって、「第三のローマ」に遷都することがロシアの革命にふさわしいことと考えた（下斗米13、213）。「第三のローマ」という選民主義が「第三インターナショナル」といった前衛革命思想にも伝播した。

スターリンとロシア正教

それでは書記長スターリンの宗教観はどうか。ロシア帝国の辺境ジョージアの神学生だったスターリンは在学中の19世紀末から革命運動に飛び込んだ。そのような経験から宗教の意義がより分かるという意味で、宗教を政治的に徹底的に利用した。スターリンはレーニン、トロツキーやブハーリンのような徹底した無神論者ではなかった。このような経歴は同時期のアルメニア人革命家A・ミコヤンなども共通している。ちなみにスターリンが、1923年前後、世界革命を支持したトロツキーやジノビエフに対抗して「一国社会主義」を唱えたが、これはカリーニンやルイコフなど共産党右派と呼ばれた古儀式派系革命家の「第三のローマ」的、ロシア中心主義的選民思想をかきたてたとしても不思議ではない。

この論争以降はスターリン周辺の政治局員たちでは、ユダヤ系が失脚、無神論者も減少した。彼にもっとも忠実なモロトフ首相は、祖父が古儀式派の企業主、母も熱心な信者であった。モロトフの非公式回想録によれば、スターリンの別荘で開かれた指導者のパーティーではスターリンの前でモロトフからボロシーロフまで皆聖歌を歌ったという（Chuev）。この二人に代表されるロシア人革命家は多くが古儀式派的過去を有していたとすれば、このことは当然でもあった。

それでも農民との戦争が繰り広げられた1930年代を通じて宗教は徹底的に弾圧され、教会は解体された。宗教に寛容であった党内右派の首相ルイコフらが解任されると教会を閉鎖し、その鐘を鋳つぶして工業化に使った。17世紀末にニーコン総主教らが異端派信徒を弾圧したソロフキ修道院のような施設が農民や知識人などの収容所となった。1930年代こそ歴史上まれに見る宗教弾圧の時代であった。スターリンと宗教との関わりを研究している歴史家クリャンスキーは、スターリンには宗教が与えた文化に対する影響という指摘がないと強調している（Kurlyanskii,57）。その意味ではスターリンが無神論者であることは間違いない。

しかし、1941年6月の独ソ戦でソ連赤軍が敗北、モスクワが危機にさらされたとき、スターリンはロシア正教の愛国主義に頼った。この危機を救ったのは、実はシベリア極東から総動員された高齢者と囚人からなる兵士であった（キリチェンコ、139）。モスクワで戦う志願者にはモスクワを「第三のローマ」と信じ、その防衛を聖戦と感じた古儀式派が多数いたことは考えられる。

このこともあって1943年には、スターリンは正式にロシア正教会との和解を行った。第二次世界大戦は「大祖国戦争」という名になった。ただし、これはロシア正教会に限ったことであって、「大ロシア人」の愛国心に訴え戦意をかき立てる行為であったことに注意すべきである。またスターリンは第二次世界大戦時の1943年、ロシア正教会と和解することによって、この「大祖国戦争」から戦後は東欧でも正教がらみで宗教をプラグマチックに利用した。ここから、現在の保守派の中ではスターリンが正教を救ったといった誤解まで生まれているほどだ。実際、スターリンは戦争中こそロシア正教会と和解したものの、占領地で開いた正教会は戦後すぐに閉鎖した。スターリンが宗教面でリベラルであったわけでは決してない。

このようにソ連時代、歴史から理論面で最高の権威者とされたのは、ジョージア出身にして共産党書記長のスターリンその人であった。そのスターリンによる「民族」の定義とは『レーニン主義の基礎』によれば「言語、地域、経済生活、および文化の共通性のうちにあらわれる心理状態」というものである。この定義では言語を持っていないものは民族とはいえないことを意味している。その意味ではスターリンこそ、奇妙にもソ連崩壊後の現在の民族国家創設の父でもあった。ウクライナ人、ロシア人、ウズベク人、といったエトノスが存在するかのような理論と歴史を「想像」し、かつ「創造」したのは実はレーニン、そしてスターリンらであった。たとえばウズベキスタンという呼称は、もとはといえばキプチャク・ハン国のハン（首長）であったウズベクに由来している。だが、スターリンのこの民族の定義においては「宗教」が意図的に除外されてきたことに気づくものは少ない。というのは建前上、無神論を信奉してきたレーニン主義、「科学的社会主義」の定義でもあったからである。ここに陥穽があった。ソ連国家には建前上は宗教が存在する余地はなかった。マルクス主義が無神論的な啓蒙主義の系譜に立ったからでもあり、とりわけレーニン流の「科学的無神論」を標榜したからである。

スターリン死後、ソ連の対宗教政策は幾多の変化を経たが、後継者のフルシチョフはレーニン、スターリンに劣らぬ無神論者であって、教会をトラクター保管所に変えたりした。その意味では1964年から権力をとったブレジネフの18年間は、布教の自由こそなかったものの、信仰の自由はある程度は認められたことに注目すべきかもしれない。とくにロシア共和国では史跡や文化財保護運動が高まった。建前と本音の食い違いが広がった。当局は「戦闘的無神論」をやや薄めた「科学的無神論」でもってイデオロギー教育を広めようとしたが、世論や学問は多少自由な雰囲気を利用できた。当然、正教と教会とはその中心テーマとなった。教会復活運動までが密かに広がった。

20世紀のグローバルな歴史は、こうして信仰と無神論との戦いとして表象された。20世紀初め、宗教から科学へといった認識枠は世界の政治・経済から社会思想までを捉えた。神は死んだ、という予言がもっともらしく思われた。日露戦争後、ロシアでの古儀式派を含めての宗教の復活現象はロシアの特殊事情だと思われていた。ソ連はその意味で20世紀的世俗化の先端を走っていた。スターリンも神学生から革命家になったが、この点ではレーニン主義者でもあった。宗教は反動的であると決めつけられた。

よみがえるロシア正教会

こうして西側の世俗化し、脱宗教化した国際政治専門家だけでなく、ソ連期の民族問題の専門家が、ともにソ連崩壊後のロシア、スラブを論じるに際して宗教的要素を過小評価するに至ったのは驚くに当たらない。1990年代以降流行った「西側」の専門家による民族問題、ロシアとかウズベクといったナーツィア（民族）の理解もまた、ソ連の「諸民族の父」として民族問題の最高の権威者とされたスターリンの定義とはあまり異ならないものだった。

ところが信仰は容易になくならなかった。スターリン時代のように、無神論が猖獗を極めたかに思われる時代ですら、共産党エリートを含む人々も密かに洗礼を受け、しばしばクリスチャン・ネームを得ていた。もちろん無神論の立場から名前を考えなかったわけではない。実際、スターリン時代にニンネルという名前が流行った。クリスチャン・ネームの代わりに無神論者レーニンをさかさにもじった名前であった。今でもロシアでこういう名前を持つ老人に出会うこともたまにある。

しかし結局は、ソ連期でもクリスチャン・ネームが優位となった。事実上宗教を黙認したブレジネフ書記長が1982年11月に亡くなり、葬儀が国営テレビを通じて全世界に公開された折、ブレジネフ未亡人がなき夫に十字を切るのを見て、アメリカ政府の高官は驚き、宗教のリバイバルを実感、その台頭を予感したという。ミハイル・ゴルバチョフのような共産党書記長ですら洗礼を受けていたことが、ペレストロイカ時代以後次第に分かってきた。ビクトル・アファナシエフのように

『プラウダ』編集長として無神論を生涯かけて宣伝してきた人物ですら、１９９４年に亡くなったとき、葬儀は正教で厳かに行われたという。「無神論者こそ良き信仰者になれる」と言ったのは初期のボリシェビキ、ニコライ・ブハーリンの論敵でもあった古儀式派の論客F・メリニコフである。ベルジャーエフやブルガーコフなど、レーニンらのマルクス主義サークルから、正教徒への改宗者が現れたのもいわれのないことではない。

こうして密かによみがえったロシア正教会では、実はすでにブレジネフ時代にいくつかの潮流が生まれていた。大胆な司祭からなる正教のサークルなどもできた。なかでもグレブ・ヤクーニン、A・オゴロドニコフなどはリベラルな立場で、１９６０年代末から『時事通信』など異論派の機関誌に度々登場、人権運動を組織した。他方では保守派のウラジーミル・オシポフなどの保守的潮流も生まれた。１９３８年生まれのオシポフは１９６０年代からキリスト教的異論派として知られ、１９７０年代は数十人を対象にしたマギズダート（マグニトフォン、つまりカセットでの配布）で有名となり、当時西ドイツでタミズダート（タム＝向こう、海外出版）という印刷物が配布された。１９８８年には「キリスト教再生運動」を立ち上げた。なかでもヤクーニンは、ペレストロイカ期にはリベラル改革の主導的立場で『教会とペレストロイカ』などといったパンフレットを発行した。

ブレジネフ体制下の宗教を考えるうえで重要なのは、デタントなど外国の圧力でもあった。ヤクート自治共和国では、１９７１年米国正教会のイノケンチーが政府に働きかけて正教会のセミナーを作らせたという。また社会主義ポーランドで、クラクフ出身のローマ教皇ヨハネ・パウロ２世が１９７８年10月に誕生したことはスラブの宗教的・政治的覚醒にとりわけ大きな影響を与えた。彼が翌年6月に帰郷すると熱狂的に迎えられた。ポーランドで連帯という自主的労組が当局に挑戦したのはその1年後、その名もレーニン造船所であった。レフ・ワウェンサ（ワレサ）という敬虔なカトリック教徒に率いられた自主的労働運動は、労働者の祖国というソビエト体制にとっても十分挑戦的な現象となりはじめた。

ソ連当局は、この連帯などカトリック系反体制運動への対応をめぐって分裂した。書記のチェルネンコなどは世論重視の対応を求めたが、イデオロギー担当のスースロフ書記らの委員会は軍事介入シナリオも準備した。しかしその実現可能性は乏しいと分かって、ヤルゼルスキ率いる軍部が戒厳令でこの国民運動を一時的に押さえ込んだ。しかしソ連共産党国際部など、ソ連のエリートはもはや古いやり方で体制的危機を乗り越えることは不可能であることを知っていた。

書記長ユーリー・アンドロポフの400日間の統治に続いたのはチェルネンコの高齢体制であったが、外交官僚の最長老であったアンドレイ・グロムイコは、新しい指導部が必要であることを理解し、ロシア南部の農民の子であったミハイル・ゴルバチョフを新しい指導者に推薦したのは1985年3月12日であった。ちなみにグロムイコは自己の出身がモスクワから追われてポーランド近郊のベトカにいた古儀式派の子孫であると回想録（『グロムイコ回想録—ソ連外交秘史』）に書いた。フルシチョフに党籍を奪われていたモロトフ外相（1890～1986）を復党させたのも彼である。ちなみにモロトフもまた、ボルガ川の古儀式派の系譜に属した。1980年代の宗教リバイバルにグロムイコが果たした役割を再評価すべきかもしれない。彼とともに宗教緩和を進めた軍産複合体のボス、ボルガ川サマラ生まれのドミトリー・ウスチノフ（1908～1984）もまた古儀式系の出身であった。どうやらアンドロポフ書記長も古儀式派系と目される。

ゴルバチョフが始めたペレストロイカが「信仰の自由」から「布教の自由」を含めて、宗教自由化の里程標となった。とりわけルーシ受洗1000年にあたる1988年こそ転換点であった。もっともこの転換は、実は1982年当時の総主教ピーメンが当時願い出て、1983年5月にこれを認めた党政治局がダニロフ修道院を改装しはじめることでスタートした。これを直接行ったのはソ連閣僚会議の宗教会議議長K・ハルチェフだが、もともと教会関係者でも党のイデオローグでもなく、元大使という職業外交官出身である。彼は1984年10月にこの職に就いたとき、イデオロギー担当のジミャーニン書記から「教会と論争すること以外」はすべて可能と呼ばれ、社会主義国家でも教会が承認された、と理解したという（NG3/06/15）。彼は米国レーガンの「悪の帝国」発言に対抗するため宗教を利用する目的があったと25年後になって回想している。

ただしそれは、米国にイデオロギー的に対抗するために宗教を利用するというやや保守的立場からであった。したがってその後も「無神論」強化などちぐはぐな時代が続いた。これを裏付けるように有力な宗教学者ボリス・ファリコフ（アメリカ・カナダ研究所）も、宗教国家でもある米国の宗教を内部利用する目的で研究するうち、ペレストロイカでこれを解禁する必要が出たと、ソ連での宗教解放に果たした米国の影響を認めている。実際には「1943年から教会を担当していた」政府の宗教会議、KGB（や先行の内務人民委員部）などが本当の仕掛け人であったとも彼は言う。それでも改革派潮流は波をうまく利用した。1988年が転換点だった。

グラスノスチはあらゆるタブーを廃した「表現の自由」へといたった。それでも総主教には

ＫＧＢの圧力があったが、教会と国家の関係を真に改善したゴルバチョフのブレーン、アレクサンドル・ヤコブレフ書記やハルチェフらが突破したという。これを皮切りに、各州委員会と教会公開で紛争があった。

当時歴史の見直しは、スターリンやスースロフによって第二次世界大戦末期に民族追放されたクリミア・タタールやチェチェンなどで最初の運動が行われた。ブレジネフ時代にクリミア・タタール人はタシケント裁判でその不当性を訴えていたが、１９８７年赤の広場で最初にデモを行ったのはこのクリミア・タタール人たちであった。その結果もあってか、翌年からクリミア復帰が認められた。１９８６年末のカザフスタンでの暴動など、イスラム系民族も積極的な活動を始めていた。

ソ連崩壊期のロシア正教

こうしてソ連末期、宗教の自由が解禁された。しかしそれは同時に、民族主義をも自由にすることを意味した。アルメニア、ジョージア、何よりもバルト3国で独立運動が民主化にともなって広がった。これら地域では教会の復活が顕著であった。なかでもゴルバチョフの新東欧政策は、あらゆる自由化を促した。ゴルバチョフがローマ教皇を訪問したのは１９８９年12月であったが、これは冷戦の終焉と同時に、民族主義の発露には慎重だったウクライナでも新しい運動を引き起こした。人民戦線ルフなどの活動には、西ウクライナの半カトリック的なユニエイト教会の思想も公然と出現した。ユニエイト派教会の叙任権＝人事権はローマ教皇庁が握っていた。こうして１９８９年には、それまで禁止されていたウクライナ東方カトリック教会、いわゆるユニエイトが再建された。

なかでもリトアニアのカトリック系運動は、隣国ポーランドの連帯の影響も受けて、常に先端的であった。ブレジネフ期にもっとも活発な自主出版活動を行ったのは同国のカトリック的世論であって、同国「人民戦線」の母体ともなった。ソ連共産党からの独立をはじめて言い出したのもリトアニア共産党であった。バルト3国のこの先端的運動は、エストニアの「経済主権」から始まって、本物の分離独立路線を生み出した。

この動きにソ連最大の共和国ロシアの自立が絡むことにより、抜き差しならぬ問題を抱えた。1990年民主化選挙でゴルバチョフに追放されていたエリツィンがロシアの指導者として復活した。

しかしロシアの台頭は、実は1970年代から顕著な現象でもあった。ロシア共和国出身の政治局員やチーキン編集長率いる『ソビエト・ロシア』紙はソロウーヒン、ベロフといった農村作家などを登用、ロシア農村の荒廃、教会の破壊をテーマとした主張を繰り返した。『モスクワ』とか『ナーシ・ソブレメンニク』といった文芸雑誌もロシア主義を標榜するラスプーチンらの小説を出版した。クレムリンからすれば、このロシア右派的潮流は、保守的であるだけにリベラル派よりも抑圧しにくかった。

これらの矛盾が一挙に現れたのが1991年8月、ゴルバチョフに対して「救国」を掲げるルキヤノフ最高会議議長やパブロフ首相、軍・KGBなどのソ連維持派の保守派官僚が起こしたクーデター騒ぎだった。ゴルバチョフ政権の一翼を担った彼らは社会主義ではなく「救国」一点で政治行動を起こした。面白いのは、クーデター派もまた、当時公言はしなかったが正教を基盤としていたことである。事実、ソ連崩壊後、反ゴルバチョフ・クーデターに参加したヤゾフ国防相はスターリン擁護の保守派の歴史家・宣伝家としての活動を始めている。

彼の主張によれば、スターリンこそ宗教擁護派であって1939年9月に彼があたかも宗教への雪解け政策をとったという説すら提示した（Kurlyanskii）。レーニンが1919年5月1日に出した反教会的指令を出したことを否定したものだったというが、現在の宗教史家はいずれの指令も文書館には存在せず、偽造の可能性が高いと言い切っている。スターリンが親宗教的という言説は根拠がないと現代の研究者は言う。こうして1991年12月25日、世界最大の無神論国家でもあったソ連が崩壊した。代わりに三色旗がクレムリンに翻った。ロシアが復活した。

3　ソ連崩壊、国家の再生と宗教

ソ連崩壊とウクライナ

あたかもフィルムを逆廻しにするかのように、17〜18世紀の宗教改革から始まった政治的統合を逆にたどったのが1991年のソビエト連邦崩壊の過程である。ゴルバチョフの政治改革、宗教解禁、なかでも連邦改革で、共和国の民族の立場が強まった。それと相前後して各国で宗教もまた復活したことが重要だ。とりわけ1990年6月、エリツィンのソビエト・ロシアが主権宣言を行うことで、ソ連邦とロシアとの対立は決定的になっていた。モスクワに2人の大統領が存在することになった。これに反ゴルバチョフのクーデターが絡み出した。

このとき、カナダや北米に影響があったユニエイト的勢力がとくにウクライナ内政に多大な「遠隔地民族主義」の影響を行使し出したことの意味も見ておこう。米国のブッシュ大統領とスコウクロフト補佐官の回想録は、この潮流がカナダ政府を動かすことで北米のウクライナ系移民がソ連崩壊を促した、と書いている（Bush, Scowcroft）。元来は軍産部門など保守派の多いウクライナ共産党だったが、彼らがなまじっか反ゴルバチョフ・クーデターに関与したため、モスクワの追及をかわすためにも独立カードを切る必要があった。その直後のベロベーシ協定によってスラブ系３共和国（ロシア、ベラルーシ、ウクライナ）がソ連邦を離脱すると宣言、１９９１年12月末のソ連崩壊へと至る。

何よりもソ連崩壊の問題には、当時のウクライナ・ソビエト社会主義共和国における内部情勢が大きく関係していた。崩壊の引き金となったゴルバチョフ大統領への８月クーデターが同地クリミアの大統領別荘フォロスで起きたことがこのことを雄弁に物語る。

考えればウクライナの黄金時代は、実は第二次世界大戦後に訪れていたといえよう。ソ連型軍産複合体の中心地として、スターリン死後のニキータ・フルシチョフ、レオニード・ブレジネフなど歴代のトップ・エリートを輩出した。正確には１９４８年に、それまでソ連軍産部門の中心であったレニングラードのジダーノフ書記が亡くなった後、権力闘争が生じた。このレニングラード事件で北部の軍産複合体の影響が低下、かわりにフルシチョフなどウクライナ閥が同地の南部の軍産部門の強化に乗り出した。事実フルシチョフがクリミア半島をロシア領からウクライナに管轄を変えたのは１９５4年だった。フルシチョフのもとの軍産複合体のトップがこの南部出身のブレジネフであった。

ペレストロイカを始めたミハイル・ゴルバチョフも母親がウクライナ人、夫人ライサの出身も同様でウクライナ的要素を含んでいた。そのゴルバチョフが始めたペレストロイカが、ウクライナでの民族意識を刺激した。その契機となった１９８８年のキエフ・ルーシ受洗１０００年祭は、実はペレストロイカ以前、ユーリー・アンドロポフ書記長時代から予定されており、アンドレイ・グロムイコ外相の主導的役割が大きかったことは先述した（下斗米13）。

ウクライナへのモスクワの関心は、ペレストロイカ後期、つまり１９９０年6月にエリツィン最高会議議長がロシアの主権を主張する、いわゆる主権のパレードが行われる前後から重要性を増した。チェルノブイリ事故の後遺症やブレジネフ期以来１９８９年まで、ウクライナ共産党第一書記だったシチェルビツキーの保守的態度もあって、ウクライナの改革は遅々として進まなかった。それでも１９８９年にはシチェルビツキーの解任や、ソ連の崩壊、ゴルバチョフのローマ教皇訪問を契機として民族意識が高揚した。ウクライナ人民戦線（ルフ）が、詩人のドラチやチョルノブイルを中心に１９８９年9月にできた。この活動は西ウクライナ、とくにユニエイト、つまり半カトリック教会の活動再開と軌を一にしていた。欧米流のウクライナ人ナショナリズムの浸透があることに、ウクライナ共産党のイデオロギー担当であるレオニード・クラフチュークらは注目した。

こうした過程で起きたのが、思いもかけない１９９１年の8月クーデターとソ連崩壊の大波であった。１９９１年7月までにウクライナの軍産部門を含むグレンコ書記らの保守派は、連邦崩壊につながりかねない新連邦条約締結阻止とゴルバチョフ大統領解任とに傾いた。ルキヤノフを代わりに書記長に推す予定だったという。これに対しクラフチュークは議会対策上もあり、当時台頭した西ウクライナの民族主義組織ルフなど人民戦線とバランスをとっていた。

こうして8月クーデターが生じたが、それがクーデター派の三日天下で失敗したとき、いち早く反共産党をかかげ、ウクライナ最高会議（ラーダ）で独立を掲げソ連解体を主導したのが、クラフチュークであった。彼こそ「ノメンクラトゥーラ民族主義」の先駆者と言えた。共産党イデオロギー対策で西ウクライナ民族主義とのバランスをとるうちに民族主義者に衣替えしたのである。ゴルバチョフがソ連共産党の解体を宣言した8月24日に議会で独立を宣言、国民投票を12月1日に設定、同時にクラフチューク自身が大統領となった。こうしてソ連崩壊とウクライナ独立へのシナリオが完成した。

ソ連崩壊後、ロシアとウクライナとは異なった国家の道を歩むことになる。この過程を宗教という角度から見てみると、建前は無神論の国家であったソ連が崩れたとき、代わりによみがえったのはベリコ・ルーシ、つまり現ロシアとマロ・ルーシ、つまり現ウクライナ、そしてベラ・ルーシというルーシ3国の自立にほかならなかった、ということである。無神論者の巨大教会というべきソ連共産党の重しがとれたとき、３００年前の「帝国化」へのベクトルが逆回転した。自立した「国家」は分解の運命をたどった。

宗教と国家の自立は不即不離

もっともその際、生き返った「正教会」の管轄には、依然として「帝国」の残滓が存在していた。モスクワの総主教の管轄には、ウクライナも入っている。地域では正教会もロシアの全ロッシースキーな機構、モスクワ総主教から独立したウクライナ正教会やベラルーシ正教会ができる。あるいはウクライナではカトリック的なユニエイトを含めると、実に三つの正教系宗派が鼎立している。つまりウクライナをめぐって、「三つのローマ」が管轄を争う。正教のモスクワ「総主教」、「第一の」ローマ教皇、そして現行ウクライナ正教会である。ちなみに、2014年のクリミア危機をきっかけにウクライナ正教会はモスクワ総主教の束縛からのがれ、「第二のローマ」、つまりコンスタンチノポリス総主教への転換で乗り切ろうとする志向も見える。

2015年、ポロシェンコ大統領は、ウクライナでのモスクワ派とウクライナ教会の分裂を統合することこそが国の統一に連なる、と言った。実際2015年8月には、ウクライナの元大統領クラフチュークとユーシェンコとが二人でコンスタンチノポリス総主教を訪問している。「第三のローマ」であるモスクワから「第二のローマ」に正教の管轄を転換する目的があるともいう（NGR 2/09/15)。つまりは一見「国民国家」的な発展に見えて、その根底にあるのが宗教的リバイバルと、それに不即不離の国家の自立であった、ということもできる。

つまり現プーチン政権に古儀式派の影が見え隠れするのは、ウクライナにユニエイトの影があるのと同様である。ウクライナ危機で表れた民族主義の象徴、「モスカリ」と「バンデラ」というウクライナでの分裂がこのことを物語る。こうしてかつて正教の支配地域であったところでは、「宗教」

の要素抜きに民族を定義できるものではなかった。

4 ロシアの「民族」と「宗教」

民族と宗教のはざま

ところで、ロシアとは何か。ロシア人とは誰なのか？　この古くからある難問をめぐって、これまで多くの歴史家、思想家、理論家などがさまざまな説を唱えてきた。何よりも1991年末、ソ連邦という強大に見えた国家は、ロシアやウクライナ、ベラルーシと次々に独立を宣言することにより崩壊した。最終的な崩壊劇は8月クーデターの後、ウクライナが独立の国民投票を行った直後に起きた。かわってロシアやウクライナといった国民国家が形成された。イデオロギー国家であったソ連とは異なって、国民国家とはネーション＝民族に正統性の根拠をおいた国家である。したがってロシアという民族とは何か、誰がロシア人かといった難問にロシア政府は答えを迫られた。

ソ連邦を構成した共和国でもジョージア（グルジア）やバルト3国のようなところでは、「民族」をいかに定義するかについては、それまで国民国家形成の歴史的経験もあったこともありロシアの場合ほど複雑ではなかった。とりわけ周りを山岳とイスラム系に囲繞されながらも4世紀からキリスト教を守ってきた国家ジョージアは、ビザンチン帝国のもとの東方キリスト教の影響下にあり、19世紀になって初めてロシア帝国に吸収されるまでは、長い独自教会の歴史があった。

国民国家の歴史をそれまで持たなかった中央アジアの共和国ですら、ソ連期に与えられた境界を所与とした国家が生まれ、独立した。カザフスタン共産党の第一書記から大統領になったヌルスルタン・ナザルバエフは、独立時のセミナーで「科学的社会主義」から「科学的民族主義」へという主張を展開したが、スターリン時代に形成された「民族」理論をもとに、そのような「国民」的イデオロギーが形成された。

複雑だったのはウクライナであった。すでに述べたように、同国は西がカトリック系ユニエイト、これに対し東側はロシア正教系である。このように東西で違うアイデンティティを持っているウクライナでは、正教帝国ロシアを嫌ったレーニンが人為的に「想像」、「創造した共和国」にほかならなかった。帝国内の「小ロシア」、「新ロシア」などから構成されたが、スターリンに至ってはロシア帝国には含まれなかった「赤ロシア」(ガリツィア)までソ連邦に強制的に含めた。

逆にドネツクやルガンスクといった東部ウクライナは、ロシア帝国の植民化の産物、英国の石炭資本やモスクワの古儀式派資本が炭鉱開発を担った。この地にソビエト権力ができ、古儀式派系赤軍指導者ボロシーロフが登場してきたのは不思議ではない。そして今は「親ロシア」派といわれる。

スターリンによる弾圧については、ソ連期は公然と語ることはできなかった。1930年代前半の飢饉に際して、スターリンは農民全般への抑圧を企図したが、冷戦期には、ウクライナ民族に対する抑圧という文脈で、米国やカナダの一部の歴史家によってやや意識的に飢饉研究が進められた。ちなみに、この点では日本でもペレストロイカ以前からロシア南部やウクライナ飢饉について研究が始まっていた。1982年に英国のバーミンガム大学で開かれた歴史家会議で、筆者がロシア南部のコサックが住むクバンでの1932年飢饉を取り上げたとき、この当時は禁じられたテーマを出されたソ連の歴史家が苦虫をかみつぶしたような顔で聞いていたのを思い出す。

しかし他方では、系統的な歴史の「記憶」の政治利用も行われた。英国共産党員から戦後外務省勤務を経て歴史家に転じていたR・コンクエストが「ホロドモール」といわれる、推定300万から500万人もが犠牲になったといわれたウクライナ飢饉をもっぱらウクライナ民族弾圧史として描きはじめた（『悲しみの収穫』）。実際にはウクライナ以外のロシア南部やカザフスタンの民もこの抑圧の犠牲者であったのだが、ペレストロイカの中でウクライナの一部では、この歴史記憶と、潜在的な反モスクワ感情を民族主義の中核とすることを進めた。

ペレストロイカ自体には受動的であったウクライナだったが、キリスト教受洗1000年祭と冷戦の終焉によるゴルバチョフ書記長のローマ教皇訪問により、西ウクライナでのユニエイトが復活する。そして何よりも8月クーデターの崩壊で、モスクワの訴追を恐れたウクライナ共産党ノメンクラトゥーラが一斉に独立に走り出した。遅れた同地の軍産部門もやがて民営化のなかで「オリガルヒ」に転じていった。独立の契機にこの飢饉の記憶が利用された。

しかしロシアの場合は簡単ではなかった。1990年、ロシアのエリツィン最高会議議長が宣言した主権記念日である6月12日はロシアの独立記念日とよくいわれる。しかし「ロシアはいつ何から独立したのか。バルト3国からだ」という冗談が語られるほどであった。ロシアの「固有の」領土がどこからどこなのかは決して自明ではない。その反面では2500万人もの「大ロシア人」が、独立後「祖国」から切り離されることになった。

ナショナリズムという問題が生まれた19世紀半ば頃から、国民国家をめぐって多くの論争があった。共産主義を含めた「帝国」に対抗する民族の抵抗というシェーマは、20世紀末のソ連崩壊などをへて現在も普遍的な問題に見える。だがロシア人とは誰であり、国家の領域と境界をどう定めるのか。なによりもロシアはエリツィン政権以降「ロシアとは何か」といった会議を限りなく開いてきた。しかし明確な答えはなかった。ないのも当然である。ロシアとは狭い意味では「民族」の呼称ではないからである。

多種多様な民族の結節点となったロシア正教

ロシアの地域は苛酷な熱帯の砂漠地帯から極寒のツンドラまで自然環境は厳しい。人間は自然の苛酷さと戦ってきた。とくに北部では、正教でのプロテスタントというべき古儀式派が受け入れられた。もっとも南部やウクライナではニーコン正教派、あるいはユニエイトが受容された。このように正教といっても地域により宗教受容の背景の複雑さ、国家や政治と宗教との絡み合いがある。いな、それ以上に、ユーラシア地域の理解には宗教こそ最重要の要素でもある。中世にキリスト教、正教を受け入れたルーシ以降、この地の人々の行動はすべて宗教的表現を帯びた。キリスト教徒や正教徒はそのまま即ロシア人と理解されたという（マヴロージン、２０６）。第一次大戦時ロシアに在住していた英国人ジャーナリストで児童文学者でもあったアーサー・ランサムが、ロシアの農民兵にあなたは何人かと訊いたら「正教徒だ」と言い、さらに訊いたら地方人です、と答えたという話が出てくる。ロシア帝国では国民という意識は薄かった。一つには支配層がドイツ系など多国籍であった背景もあった。逆に言うと、戦争や革命など「帝国の危機」に際して、ようやく信仰や人口調査をやるありさまであった。

歴史家のP・ミリュコフも指摘するように、ルーシの東側には、オカ川やボルガ川を通じて黒海やカスピ海へと結ばれるルートがある。また北部の周辺にはキエフの滅亡後、正教の修道院や教会があった北部の沿海地域をはじめ、プスコフやノブゴロドなど、かつてモスクワと覇を争った都市も含まれている（Milyukov）。なかでもロシアにとってボルガ川は「母なる」存在であった。この河畔を旅すると、そこに正教、イスラムだけでなく、カルヴァン派、ルッター派、そして仏教徒から古儀式派といった各派の教会や宗教施設があることに驚かされる。

ボルガ川は、その意味でまさに民族と宗教とのるつぼである。タタールとはタト・アール、つまりチュルク系で向こうの人という意味だったらしい。ブルガリア人の祖ブルガール、ハンガリー人やフィンランド人の祖マジャールもこの地にいた。ユダヤ系のハザール国家もこの地の南に10世紀頃まで存在していた。仏教徒であるブリャート・モンゴル人がドンとボルガの間、現在のカルムィキヤの地に来たのは17世紀と信じられている。

なかでもボルガの地は1666年の弾圧以降は古儀式派が逃れ、住み着いた地域でもあった。新しくはエカテリーナ女帝がドイツ人の植民を促した。このため、ソ連期にはスターリンが独ソ戦期にドイツ人を中央アジアなど東部に追放するまで「ボルガ・ドイツ人自治共和国」まであった。

こうして母なるボルガの流域には北部の森の民と南部ステップの遊牧の民とが混在し、農耕や通商を展開していた。それでも、そこから広がるウラルやシベリアの地と比較すると、その広さも寒さもまだ許容の範囲内だろう。今でも極北のシベリアでは石油、ガス開発の源泉を探しているとき、遍歴派と呼ばれるような、宗教紛争で追放されたり自発的に逃れたキリスト教異端派、霊的キリスト教徒のような集団の村が突如発見されることがある。ロシア帝国以来彼らは、ソ連を含めた国家への関わりを一切拒否し、なかには第二次世界大戦も知らなかったというような者もいるといわれる。こうしてロシアとは多様な宗教・民族の混交でもあった。

「ロシア」とは何か、「ロシア人」とは誰か

「ロシア史とは植民の歴史」だと言ったのは著名な歴史家クリュチェフスキーであった。15世紀頃キプチャク・ハン国に服属していたモスクワ公国は独立、次第に版図を広げ、16世紀半ばにはタタールスタンのカザンを征し、18世紀にはシベリアなどにも拡大した。太平洋の港で、東方を領有するという意味のウラジオストクが建設されるのは1860年頃、ちょうどカフカース地域を征服し、カフカースを領有するという名のウラジカフカスが出来たのとほぼ同時期である。

けれども、かつてのロシア帝国と現在のロシア連邦との関係、そもそもロシアとは何なのかというアイデンティティの問題は結構複雑である。ソ連末期に、作家ソルジェニーツィンは「ロシアをいかに立て直すか」で、ロシアとは正教系の三つのスラブ系共和国の謂であると考えた（ソルジェニーツィン）。ロシア人にはコサック（カザーク）とよばれる集団も含まれる。ロシアはこうして多民族、複雑なエスニック集団からなる国家である。現在ロシア連邦の市民は83パーセントがロシア人であるというが、それ以外にもイスラム系や改宗した正教徒、ユダヤ人や、新たな国民国家と

なったウクライナ（東は小ロシアとしてロシア語文化圏である）やベラルーシ系などが混在し、約130から200もの民族集団が存在しているともいう。

このように、ロシア民族とは何かというと問いを「民族学」的に解明しようとしても難しい。DNA調査しても徒労に終わるだけだろう。言語的には東スラブ系であるが、地域の複雑な宗教やエスニックな構成、経済や政治構造は相当異なっているからだ。むしろ歴史家レフ・グミリョフの言うように、ロシアとは「スーパー・エトノス」であって、単一のエトノスを超えた存在であり、その性格は対面する「敵」の性格によっても異なってきたという説のほうが理解しやすい。たしかに、ロシアなるものの歴史的性格は時代によっても違ってきた（Gumilev）。

日本では「ロシア」と簡単に言う。だが、ロシア語ではルスキー（Russkii）とロッシースキー（Rossiiskii）という言葉は実は明確に区別されてきた。Rusという言葉に由来する前者は人々、言語、文化、そしてエトノスを指し、Rossiaに発する後者は国家、帝国、そして多民族国家の謂ということになっている。前者は9世紀ぐらいから使われてきたルーシに由来する。

それでは、そのロシアという言葉はいつどのように使われたのか。16世紀頃から「ロシア」という言い方が北部（北東ルーシ）の領域で利用されはじめ、18世紀にはピョートル大帝の帝国を指す言葉になったともいわれる。それでも両方の言葉は一時期パラレルに使われた。ルーシはプレモダンにして、やや情緒的な言葉であり、現在のウクライナやベラルーシを含む地域と見ることもできる（Robin Milner-Gulland）。ルスキー（Russkii）とロッシースキー（Rossiiskii）という言葉の違いは「イングランド」と「ブリテン」とか、「トルコ」と「オスマン」との差異に似ているともいう（Hosking, 7）。あるいは、ロッシースキーというのは国家概念、とくにロッシースキーというのはルスキーの持つ情動的な含意のない国家概念を意味する、ともいわれる。東方キリスト教のオーソドックス（正教）の世界とも重なるといわれる。だが、なぜRossiiskiiという観念が正教と重なるのだろうか。

このように、「ロシア」という言葉ひとつとっても決してわかりやすくはない。

実際、ソ連崩壊のきっかけとなった1991年の8月クーデター直後、この動きに抗議してきたモスクワ市民のあいだでは「ロシア」という言葉がこだました。ソ連崩壊後になってロシアの正式国名をどうするかをめぐって、1992年4月の議会（人民代議員大会）では当初「ロシア」という単純な呼称がいったん採択された。しかし当時はソ連に続いて、「ロシア」もまた崩壊する危惧があった。事実、非ロシア人であるチェチェン、タタールスタンなど旧自治共和国を中心に分離主義が高まるさなかでもあった。

このため、「ロシア」という呼称自体が新生ロシアの分裂をさらに促すことを危惧したエリツィン大統領らは、先の二つのロシアを含んだロシア（ロッシースカヤ連邦）、またはロッシースカヤ連邦（ロシア）という呼称を提唱した。当時最高会議議長であったチェチェン系でもあるルスラン・ハスブラートフと共同で、「ロッシースカヤ連邦・ロシア」という提案を出し、これが正式の国家の呼称になった。この呼称は1993年現憲法でも採択された。こうして、現ロシア国家の正式の呼称は「ロッシースカヤ連邦・ロシア」となった（下斗米99）。もっともこれを日本語に訳すと「ロシア連邦＝ロシア」となり、意味不明になる。そして、このロシアという呼称の二重性こそが実はロシアのダイナミズムを支えている。

5　脱世俗化とロシア

20世紀には世俗化が進行し、宗教の役割が減退するといった認識があった。ソ連は国家的にも無神論を先導してきた。しかしソ連崩壊後の現在、この認識は果たして正しかったといえるのだろうか。21世紀になっての世界を考えるとき、むしろ目立つのは世界大での宗教の復権である。ドイツの著名な政治学者ユルゲン・ハーバーマスは『公共圏での宗教』の中で、世界大でのポスト世俗化社会の到来を指摘、宗教との協調を主張した（1999）。

いまやロシアの宗教をめぐる状況は「ポスト世俗化」といえるかもしれない。2013年初め、ロシアの有力週刊誌『エクスペルト』もまた「ポスト世俗世界」と題した特集号で、2001年9月11日の同時テロが西側文明の敗北を証明しているとして、近代化とともに宗教は消滅するという説は根拠がないと主張した。とりわけ、無神論イデオロギーのもとでの「全体主義」を経験した国では、宗教と世俗社会とが互いに協力すべきだと主張する。ロシアのキリル総主教も2009年就任後に、ポスト世俗社会という表現を用いた宗教指導者でもある。ロシアという地はこうして宗教的、そしてイデオロギー的に見ても実にユニークである。というか、そのバロメーターなのではないか。

ロシアと「脱世俗化」

そもそもコンスタンチノポリスのギリシャ正教を当時のキエフ・ルーシが受け入れ、国教会として国家や社会制度の基本となった時から１０００年以上が過ぎた。この空間をめぐっては、いろいろな宗教や政治権力が互いに絡みつつ往き来した。なかでも20世紀ロシアは、正教という神政政治から無神論者のソビエト権力へと極端なまでの振幅を経験した。「聖なるルーシ」、「第三のローマ」から、ピョートル大帝の近代化帝国へ、それが一転して無神論のイデオロギー帝国ともいうべきソ連邦の支配が74年続いた。世界史上、無神論を標榜した権力がこれほど長続きした例はない。それが、１９９2年に世俗国家として再発足して20年余となる。

このポスト世俗化は、21世紀の現在、いっそう複雑な様相を呈している。無神論の世界から転換したロシアではスターリンまでもが正教の庇護者として解釈され、レーニンが「伝統」の象徴となる一方、イスラムが一部で政治的テロルの温床となった。政治権力と宗教とが「シンフォニー（調和）」をなすという正教の理論とは裏腹に、その後のロシアの権力と宗教の関係は、対立と協調の振り子のように動いた。抑圧と抵抗が極端な形態をともなって表れている。ロシアこそ、無神論国家の崩壊と正教やイスラムの復権という世界の宗教事情をもっとも先端的に表現している国家・地域だと言っても過言ではない。

そうでなくともロシアを含むユーラシア地域は、世界宗教が生まれ発展してきた中東などの地域に近接してきた。ユダヤ教、キリスト教、イスラム教がこの地から発生してきたからである。しばしば政治紛争が宗教的形式で、また宗教が政治の上で重要な役割をする。

現代ロシアにあって、そのような宗教やイデオロギーを含む「ロシア」の政治的定義を担当するのは、実は大統領府である。20世紀末のクレムリンにおいて、このようなロシア政治での宗教や民族などのイデオロギーを扱って「灰色の枢機卿」とよばれていたのは、チェチェン系ユダヤ人ともいわれるビャチェスラフ・スルコフであった。1990年代オリガルヒ系の銀行からクレムリン入りし、内政担当として「主権民主主義」といった論議でプーチン期の政治を主導した。本名はドゥダーエフで、初代チェチェン大統領と同じ姓だが、関係はない。それでも今日でもチェチェン問題を彼が担当したのは偶然ではない。

もっとも、彼らはメドベージェフ大統領に肩入れしすぎたのか、スルコフは2012年のプーチン大統領復帰後大統領府から解任され、メドベージェフ首相下の政府に移った。しかしスルコフは2013年9月になってウクライナ、チェチェン問題が深刻化したときにクレムリンの補佐官になって復帰している。チェチェンの現在の首長(大統領)カディロフが助言したともいわれる。ユーラシア連合の担当補佐官として大統領府に戻り、現在は旧ソ連圏、とくにカフカース問題やウクライナとの「外交」関係を担当している。なかでも2008年のジョージア戦争の争点であったアブハジア共和国などとの関係担当である。もっとも2014年4月に「新ロシア」企画で明らかにやりすぎたのか、プーチンが同地の紛争を凍結させた2016年初めにはウクライナ問題はグリズロフやコザック副首相の担当となった。

ボルガの中心都市であるサラトフもまた古来多くの政治経済潮流、さらには宗教などがあり、ロシア政治文化の「奥の院」とでもいった側面を有している。ソ連時代の「灰色の枢機卿」ともよばれたスターリン末期からの共産党イデオローグであり、一部で古儀式派説もあるミハイル・スースロフが、そのような性格を有した可能性は否定できない。1982年に亡くなるまで厳格な共産党イデオローグであったが、個人ファイルは廃棄されていて彼の過去をたどるのは困難であるといわれる。ちなみに、米国の著名なロシア史専門家ビリントンの名著『聖像画《イコン》と手斧』では、党イデオローグのスースロフと、17世紀異端派「鞭身派」の活動家イリヤ・スースロフとの関係に間接的であるが論及している（Billington, 176：藤野訳、183）。

最近ではプーチン政治を取り仕切るボロジン大統領府第一副長官などロシア主義的な政治家がサラトフから輩出している。なかでも再選後のプーチン第二期政権の内政の演出者となっているのがこのボロジンである。もとは同州の政治学者であるが、エリツィン大統領後継の説もあったD・アヤツコフ知事に対抗し、プリマコフやルシコフら「全ロシア」系の理論家として台頭、この組織がプーチン支持派の統一とともに「統一ロシア」へ統合する過程でプーチン大統領との関係を深めたようである（油本、157）。2003年にはプーチン与党の統一ロシアに関係していた。

このようなボルガを含む地方の政治過程をクレムリンから全国規模で見ていたのが1996年に大統領府に入りし、統制管理局長GKUとして地方政治をも担当していたプーチンであった。エリツィンの病状悪化とともに、後継者争いがこのアヤツコフ、近隣のニジニ・ノブゴロドから出てきたネムツォフ、「祖国」が押すプリマコフ、そしてステパーシン、プーチンとの間で戦われることになった。

なかでもプーチン支持派の「統一」にとって、プリマコフ派の「祖国」は好ましい提携の相手であった。ちなみに、この頃のボルガ沿岸のサラトフ州とサマラ州での知事選びにクレムリンとオリガルヒとがいかに関与したかを描いた『選挙』という風刺映画が２００８年に作られ、２０１６年にその新版が出ている。ロシア内政はボルガの政治動向がいかに重要かを示している。

　ボロジンは、クレムリン大統領府の内政局長を同じくボルガの上流でもあるタタール共和国出身の統一ロシア党のイデオローグで下院副議長だったオレグ・モロゾフとすることで、いわば正教とイスラムとのバランスをとってきた。ちなみにオレグ・モロゾフは最近まで現在のクレムリンでのタタール人の利益を代表している人物であった。２０１５年秋からタタール共和国代表部長になっている。

古儀式派とロシア民族主義

　現代ロシアでの宗教リバイバルを理解するひとつの重要な論点として、「古儀式派」という異論派が注目されていることについては、これまでも触れてきたとおりである。20世紀初めの歴史家Ｐ・ミリュコフと世紀末の政治学者ズーボフはともに、古儀式派こそ「帝国」に抗したロシア民族主義の源流であるという観点を提起した。ウクライナとの２０１４年からの紛争がこの潮流に再度光を与えている。

　ウクライナ独立という流れを呼び起こしたのがロシア正教への西ウクライナ的、カトリック的な異端派であるユニエイトであるとすれば、その対極にあるロシア狭義の正統的、伝統的ロシア、聖なるルーシにかかわるのが古儀式派であるからである。正教プロテスタントといってもいい。つまりあえてパターン化すれば、ロシアのニーコン派的な正統派を基準とすれば、西ウクライナ的な潮流としてユニエイトがあり、これに対しロシア的な傾向が古儀式派であるということになる。その意味ではウクライナと別個の国家となったロシア連邦の国境は、帝政以前「ベリコ・ルーシ」と呼ばれた時代のロシアと重なる。

すでに述べたように、この分裂の歴史は15世紀にさかのぼる。1453年に正教帝国である東ローマ帝国の首都コンスタンチノポリスがイスラム教徒により陥落した。そのとき最後の皇帝の皇女ソフィアと結婚したモスクワのイワン3世の政治権力のみがイスラム支配の外にあり、キリスト教に忠実であった。このこともあって、モスクワこそ正教を守護する権力であり、ロシアにはキリスト教正教世界を守る特別の任務がある、つまり「モスクワこそ第三のローマ」という観念が、正式教義としてではないものの生まれた。

やがて世界の四つの総主教座のリストに、モスクワも五番目の地位が付与され。その後のイワン4世も「モスクワおよび全ルーシ」のツァーリ（シーザー・皇帝）を名乗り、正教の庇護を課題とした。こうして「聖なるルーシ」こそ救済を行うにふさわしいというメシア的観念が現れ、神によって選ばれた特別のミッションが「ルーシの民」つまりロシアとロシア人にある、という考えが次第に浮上した。モスクワは「第三のローマ」なのだ。

なかでも、ロシア宗教史の最大の分水嶺は1666年の宗教論争の結果、ロシア正教会が分裂（ラスコル）したことであったことは再三指摘してきた。この宗教・政治的対立の中で、それまでの「ベリコ・ルーシ」、つまり大ロシア人の信仰を守る孤立主義の道（アバクーム長司祭ら古儀式派）から、いわゆる分離派、のちの古儀式派の巨大な抵抗が、主として当初の北東ルーシ、つまり今のロシア地域を中心に生まれた。伝統的な古儀式派は、モスクワを中心とした「聖なるルーシ」を基盤とする国家像を措定したのである。

これに対しニーコン総主教を中心とする「近代派」は、当時最先端とされたテクストや儀式の採用をアレクセイ・ミハイロビッチ帝に迫った。この背景には15世紀までに顕著となったイスラムの台頭、そして帝都（ツァーリグラド）コンスタンチノポリス陥落の恐れに対する東西ローマ教会の合同、つまりローマ教皇との和解という潮流の存在があったことは先に触れた。簡単にいえば、半カトリックであるウクライナとモスクワの統一と合邦、そして正教帝国の創成である。これが1666年の正教会の分裂という宗教的事件の地政学的原因であった（下斗米13）。

なかでも象徴的儀式として、ロシア人のように二本指ではなく、ギリシャのように三本指で十字を切ることを強いた。この一見ささやかな儀式の違いの背景にあったのは、政治・宗教上の重要な転換、当時のグローバル化へどう対応するかという問題であった。イスラムとオスマン帝国の台頭のなかで、ローマ教皇と正教会とが共闘するため信仰のシンボルを統一する必要がある。これこそが儀式改革の本質である。

しかし、儀式やテクストをめぐる改革はモスクワなど伝統的なロシアの分裂を意味していた。というのも、ローマ的、ラテン的、そして近代的文化と、ギリシャ的、古スラブ的そして伝統的世界との対立が背景にあったからだ。こうして、カトリック的な影響がウクライナのユニエイトを通じて正教世界にも入り込みはじめた。そして1685年にロシア正教会は大分裂した。このことに当時のモスクワを中心とした伝統的エリートは猛反発、アバクーム長司祭らが対抗し、ついにはソロフキ修道院で司祭らが10年にもわたり武装抵抗を行い、また集団自死にまでいたった。彼らは分離主義者（ラスコリニキ）とレッテル張りされた。

この過程で、トルコやポーランドなど、あるいはボルガの奥をはじめ、ウラル、シベリアなどに伝統的信徒が追放され、一部は自ら逃亡した。たとえばソ連の代表的外交官アンドレイ・グロムイコの祖先はモスクワの古儀式派だったが、ポーランド国境のベトカに逃れた。彼の上司でスターリン期の首相、外相だったモロトフも、その家系はボルガ、ビャトカの古儀式派に行き当たる。ボロシーロフ国防相は、今はウクライナとなっているルガンスクを古儀式派が開拓したときの関係者の末裔だ。当時の宗教弾圧のすさまじさは、ニーコン総主教が作ったモスクワ郊外の「新エルサレム」にあるニーコンの墓でも実感することができる。彼の墓は暴かれ、髑髏のイコンまである。

こうして生じた古儀式派は、ピョートル大帝の帝国、サンクト・ペテルブルク、そしてニーコン派の正教会を「アンチ・クリスト」、つまり宗教敵であるとして拒否した。教会を禁止された古儀式派、とくに無司祭派は教会に頼らないネットワークを作る。「ロシア帝国」は正教を国教とし、この古儀式派を厳しく弾圧した。その潮流は20世紀に生き延びて、その後の革命で蘇生する（下斗米13）。これが20世紀当初のソビエトという自治機関の原型になったと考えられる。

「ロシア帝国の最大の反対派集団」＝古儀式派

だが、ロシア革命での古儀式派やその影響下にあった農民兵の革命は短命に終わった。それどころか「宗教はアヘンなり」とする無神論国家では、表向き宗教を語ることはなかった。つまりロシア帝国とソ連邦という二つのイデオロギー国家の対極点であったのがこの古儀式派であったために、この潮流は厳しく封印されてきた。このこともあって古儀式派は専門家以外あまり知られなかった。

むしろ、海外で注目を浴びてきた。米国のオレゴンやアラスカからバルト諸国、トルコなどでの少数派として古儀式派に関する研究もなされてきた。ちなみに、旧満州の古儀式派コミュニティについては、作家のなかにし礼がその小説『赤い月』で触れている。さらに１００年ほど前は、函館周辺の銭亀沢村にコミュニティがあったことも知られている。古儀式派の起源は古く、その問題はロシアの地に根付いて深い。しかしまったく同じ理由から、正面からその政治的・経済的問題が検討されたことはあまりなかった。

東方正教での宗教論争や分裂は、国家観の相違、対立という分裂を意味する。ピョートル大帝のロシア帝国のもと、古儀式派は帝国、皇帝（ツァーリという名からインペラートルへ）、帝都、軍隊など、新しい制度を「宗教敵」、「アンチ・クリスト」であるとして拒否の姿勢をつらぬいた。その人口は時期にもよるが、３分の１から半分近くになったといわれる。こうしてロシア帝国の中に巨大な拒否権集団、サブ・カルチャーが存在した。しかも中核はモスクワの伝統的エリートにほかならなかった。この分離派、古儀式派についてA・ズーボフのような歴史学者は、ロシア国民国家の萌芽とみる。ちなみに彼はクリミア併合に抗議した歴史家だ。

この宗教分裂は意外な結末をもたらした。これに抵抗した古儀式派が、さらに司祭を受け入れるかなどの論点で分裂し30以上の分派へと分解したことである。この点でも西欧でのプロテスタントと似ている。つまり正教会が国家宗教と化したのに対し、こちらの人々は宗派や信仰集団分裂を繰り返し、しだいに個人化していく傾向を持った。その意味では、この「影のネーション」もまた、ロシアを覆う氷雪の中に解体していったように見えたものの、その根っこは「見えない都市キーテジ」(「キーテジ」とは古儀式派の聖地を意味する)さながらに温存された。19世紀末までに古儀式派は隠れた存在から半ば顕在化した反対派となった。現代ウクライナの古儀式派研究者タラネツは、同派を「ロシア帝国の最強の反対派集団」とよんでいる。

古儀式派は、当然にも帝国や対外戦争には反対であった。したがって帝政ロシアが軍事的敗北をこうむると、この影のネーションは勢いづいた。たとえば、1812年のナポレオンの対ロシア戦争と古儀式派との関係は興味深い。なかでも1856年のクリミア戦争での帝国の敗北は、全般的な「大改革」の必要を迫った。この結果、政府ははじめて古儀式派について調査した。それは、作家メリニコフ＝ペチェルスキーの『森の中で』、『山の上で』のような著作に結実した。そのリストに、1866年に書かれた『罪と罰』のドストエフスキーを付加するのも重要だ。「ラスコリニコフ」という名の主人公が帝都で老婆殺しを正当化することから始まるこの小説は実は、前に述べたように、この宗教分裂200周年を記念して出版されたものだった。

この傾向は、エリートのナショナリズムへの志向にも火をつけた。19世紀後半ば以降、ナショナリズムの波が高まりはじめた。ロシアでも「ベリコ・ルーシ」、つまり偉大なルーシと、ウクライナの民族文化を区別する傾向が進歩派の中に表れてきた。歴史家のN・コストマロフらは、帝政の歴史でなく、ベリコ・ルーシ(ロシア)とマロ・ルーシ(小ロシア＝ウクライナ)とは別の民族であると、それらの歴史を個別に描くことを提唱した。こうして1860年代当初、ウクライナ文化の独自性を強調し、同時に「二つのロシア民族」である「偉大な（ベリコ）ロシア」と「南ロシア（ウクライナ）」の区別を強調した。この考えは、ウクライナの独自性を認めることで、ロシアもまた帝国の軛から自由になることができるという、ソ連崩壊の論理を先取りしていた。

実際、古儀式派は抑圧からよみがえった。18世紀末に司祭派とよばれた人々は、モスクワのウラジーミル街道横のロゴジスコエに墓地のみが与えられ、その周辺に結集した。モスクワ郊外オレホボ・ズーエボのサッバ・モロゾフという古儀式派の農奴は、繊維工業の基礎を作った。19世紀を通じて彼の子孫たちは持ち前の禁欲と同朋意識を発揮し、巨大な繊維コンツェルンの基礎をこの墓地周辺から発達させた。

この近くのプレオブラジェンスキー墓地には、聖職者の存在を認めないより急進的な無司祭派が住み着いた。彼らは、北方のブイグ川周辺の修道院を源流とし、白海周辺のポモール（沿海）派と名乗る流派であった。そこからフィッリポフ派などより急進的な展開を示した。無司祭派は、権力と正教会という「垂直的」縦の関係しかなかったロシア社会の中で、はじめて横のつながりを介した市民社会を作ったことでも重要である。ソビエト運動の起源も、この動きから出てきたと今では見られる（下斗米13）。

先のプレオブラジェンスキー派の世話人グチコフ一族もまた、同派の女工たちをまとめつつ繊維工業を立ち上げる。1917年2月革命を行ったのはモスクワなどが中心の古儀式派資本家であった。その立役者、陸海軍大臣で1905年革命の主役、十月党の指導者グチコフはその代表的一族であった。もっとも彼自身は、革命というよりはフリーメーソンなどと共同して宮廷クーデターを起こす予定であった。2月革命では臨時政府の陸海軍大臣となったものの、軍内部で生じた急進的ソビエト運動を制御できず、レーニンらの10月革命、実態は左派主導の軍事クーデターを許すことになる。

なお分離派には、正式には古儀式派とはいえないが「霊的キリスト教」という区分がある。この分離派は新たな宗教潮流となった。モロカン派、鞭身派、去勢派、ドゥホボール教徒といった流れがある。このうちモロカン派は宗教行事にワインでなく牛乳を用いることでそう綽名された。ドゥホボール教徒は、宗教的理由から兵役義務を拒否、武器を焼いたことから世紀末にカナダに追放されたが、新たなキリスト教にかかわっていた小説家のレフ・トルストイが立ち上がり、『復活』を書いたことで有名である。

ロシア資本主義の担い手であり、ソビエトの原型

このようなロシアの敬虔で禁欲的な信徒集団は、国教会の抑圧で教会こそ持てなかったが、持ち前の禁欲と勤勉とでもって多くの資本家を生み、ロシアの自生的資本主義の起源を作った。ロシアの資本の半分以上が古儀式派関連であって、モスクワやボルガ沿岸に居住し、繊維工業をはじめとするロシアの近代化、資本主義の担い手となった。宗教と資本主義の起源を研究したドイツ人マックス・ウェーバーも古儀式派に注目しロシア語まで学んでいたことに注目したい。

古儀式派の人たちは、いってみればロシア流プロテスタントであった。真面目で伝統主義者、禁

欲的で識字率も高かった。労資とともに企業活動を展開しただけでなく、その宗教関係の印刷物配布などで、独自なアンダーグラウンドのネットワークを持っていた。こうなるとまじめ一方の禁欲主義者に見えるが、20世紀初めこの信徒は、ロシア史上はじめてサッカーを輸入し、また今に残るモスクワ芸術座などの芝居や芸術を立ち上げた。「近代化」されたはずのロシア帝国のなかに、もうひとつの「影のネーション」、あるいはロシアの古層が存在し、20世紀になって公然と姿を現したことになる。ロシア帝国の同盟者といわれた陸海軍や正教会、とくにその聖務公会による宗教統制という国家的手段を「アンチ・クリスト」の所産として、それらに対して抵抗を続けたのである。

20世紀当初に古儀式派の復活や影響がどの程度であったかについては、議論が分かれる。なかでもレーニンの命令でこれと接触・調査した学者にして、最初のソビエト政府官房長官でもあったボンチ・ブルエビッチは、1924年にロシア人口の3割前後、つまり3500万人が古儀式派信者と推定していた。実はロシア革命にも、この古儀式的なベリコ・ルーシの精神が一部表れていた。10月のボリシェビキ派の権力掌握、いわゆる10月革命直後のロシアについて、これが「ベリコ・ルーシ」、つまり偉大なるロシアの中心としての存在が変容し、ボリシェビズムの震源地となった、といち早く主張したのは同時代の哲学者ベルジャーエフである。「多くの人々がボリシェビズム」の中にこの「ベリコ・ロシア」の現象を見ている、と元はマルクス主義者だったベルジャーエフが喝破したのは1918年4月であった（Berdyaev, 763）。実際その頃、革命の首都は帝都ペトログラードから彼らの聖都モスクワに移ったのである。そしてその時、レーニンの政府はブレスト講和でウクライナ（マロ・ルーシ）の領土を放棄した。ロシア革命には一時とはいえ、この影の国家が表の国家になったという側面がある。

こうして古儀式派が起源となった国家の原型の制度が、実はソビエトである。レーニンは1917年4月にスイスから帰国後、「全権力をソビエトへ」と、この動きをはじめて高く評価した。7月、スターリンは、ソビエトは実は純ロシア現象であると第6回党大会で指摘したとき、ソビエト革命が、古儀式派系の農民兵士などが作る伝統的革命であることを理解していた。もっともレーニンは、7月にはこの方針を下ろすなどソビエトへの方針は一貫していなかった。実際、ロシア革命を描いたブロークの詩『十二』は、革命兵士がキリストの使徒でもあるという、古儀式派的「ロシア」革命であったことを実は意味していた。10月革命とはいったい何であったのかは今でも大問題であるが、レーニンの革命権力が、モスクワに首都を戻すという「反帝国」的伝統主義的側面があったことは象徴的であった（下斗米13）。

1917年のモスクワ・ソビエト議長のノギンは、そのような傾向の革命家であった。彼らが共通して理解していることは、1905年に労働者たちが引用したのは福音書であって、したがってその後、党内にもゴーリキーやバザーロフ、とくにルナチャルスキーら「建神論」という貧者の宗教を生かそうという潮流がレーニンらの「無神論」を抑え、革命派の中でも主流派となったことである。

もっとも国家機関としてのソビエトは、共産党内における古儀式派系同様に結局は権力を持たなかった。それでも国家元首に当たる歴代ソビエトの中央執行委員会議長はミハイル・カリーニンやニコライ・シュベルニク、ボロシーロフなど古儀式派系が占めたことは注目できよう。

現代ロシアで正教を考える場合も、古儀式派を問題にしないわけにはいかない。ブレジネフ時代には、古儀式派と正教会との和解の試みがなくはなかった。ソ連崩壊を経過して現在の古儀式派の信徒数は約２００万人以上というから20世紀初めから見ると大幅に信徒は減っている。主としてロシア人に信仰されているという。そのほかにウクライナ人やベラルーシ人、チュバシ人、カレリヤ人などにも信者はいる。

このうち聖職者を認める司祭派ではロシア正教古儀式派教会（ベロクリニツキー派）と、これを認めないロシア古正教会、そして正教会との中間的な統一信仰派がモスクワやイワノボを中心に存在しているという（Semibratov,229）。後者、無司祭派の潮流はさらに5派ほどに分かれている、と現代の研究者は指摘する。現在、司祭派の拠点はモスクワ市内のロゴジスコエにあり、府主教コルニーリイが指導者である。正教と古儀式派との和解の話は実はソ連期の１９７１年からある。しかし両者の関係改善の動きにもかかわらず、古儀式派正教会は熱心ではないようだ。

第2章

現代ロシアの政治と宗教

1　ロシア正教会の復権と政治の確執

救世主キリスト寺院再建をめぐる対立

ロシアが新生国家となったことは、ソ連末期から復活した宗教、とくに正教会にとっても重要な転機となった。なかでも伝統的な国家にとってのパートナーというべき存在であった正教会が台頭してくるかは注目の的であった。というのも、ロシアの正教はロシア帝国のもとで国教会であったが、新生ロシアになってソ連期の無神論という縛りは過去のものとなったからである。もっとも現代ロシアは憲法上世俗国家で、表向き宗教は無縁となった。あらゆる宗教は法の下で平等であるという考えがロシア立憲主義の立場から主張された。したがって正教などがいかに影響力を拡大するかは注目の的でもあった。ソ連期の空白をへたロシア正教会は新たな存在証明を迫られた。

その意味で正教会の復権キャンペーンと政治とが交錯したのは、スターリン時代初めの１９３１年に爆破された救世主キリスト寺院の再建をめぐる運動である。クレムリンの西に位置する救世主キリスト寺院は、もとは１８１２年のナポレオン戦争勝利を祝って作られた。これがスターリンの命により爆破されたことは、「戦闘的無神論」という反宗教キャンペーンの象徴的事態であった。伝統的農民をコルホーズ農民へと転換する目的で、当時どこの農村の中心にもあった教会活動を禁止、その鐘を鋳つぶしてトラクターや戦車に変える、これがスターリンの「上からの革命」の一環でもあった（下斗米94）。

もっとも、これには共産党の幹部でもルイコフ首相、『プラウダ』編集長だったブハーリンら共産党右派だけでなく、農民の反乱を恐れる共産党員内でも抵抗があった。1931年当時この爆破を目撃した人は、鐘が地上に落下したとき黒衣の老女達が泣き崩れたのを観察していた。実際にこの破壊を担当したのはユダヤ系のスターリン派で、ウクライナからモスクワ市共産党第1書記になっていたL・M・カガノビッチであった。彼は、この爆破によって市民の間に反ユダヤ主義が台頭するのを極端に恐れていたと回想している（Chuev）。

かわりにその跡地には50メートルのレーニンの金の像を頂くソビエト大会宮殿を作る計画まであった。この案が建築家などから提起され、コンペが開催された。もっともこの大会宮殿は結局建設されることはなかった。このこともあって寺院爆破はスターリン指導部の野蛮さ、非文化性を示しただけに終わった。ちなみに、1930年代のモスクワにキリストが現れるという小説『巨匠とマルガリータ』を書いていた作家ミハイル・ブルガーコフは、当時ゴーゴリの『死せる魂』のプレミアムで、救世主キリスト寺院の破壊と公然と劇中で言わせて話題をさらったという（下斗米94）。このとき破壊された寺院跡はスターリン後に市民プールになったが、ここで泳ぐと霊験あらたかと戦後は噂されてきた。

その後もスターリンからブレジネフに至る転換の過程でも、宗教や文化施設破壊の問題は陰に陽に話題となった。それでも、モスクワは革命の首都であったと同時に伝統の町でもある。すでに述べたようにブレジネフ時代には半ば公然と、その伝統や建築物の文化資産復活保存運動が起きていた。そして、ペレストロイカにより新しい時代が来るかに思われた。宗教が解禁され、1988年にルーシ受洗1000年祭がモスクワで開催されたことは大きな転換となった。その象徴となったダニロフ修道院は、米ソ首脳会談の舞台ともなった。

こうしたなかソ連崩壊前後から、解禁されたばかりの宗教を政治面で利用する政治家が現れたのは不思議ではない。なかでも野心的なモスクワ市長ユーリー・ルシコフらは民族主義を唱えていた。彼は1992年にリベラル経済学者だったG・ポポフ市長の次の市長となったテクノクラートである。メドベージェフ大統領によって市長を解任された2010年秋の後のインタビューの中で彼は、1997年に行われたモスクワ建市850年祭をめざして、この建設を思い立った、と言っている。実は、この野心的なルシコフ市長は病気がちのエリツィンの後継大統領職をめざしていたともいわれる。このこともあってウクライナとの間でもめたクリミア半島、黒海艦隊問題などロシア民族主義をあおる「愛国的」キャンペーンを張ったこともある。

1994年5月末にはルシコフ市長は、救世主キリスト寺院再建運動の関係者と会っている。彼によると、総主教アレクシー2世の了解を得て、エリツィン大統領に同寺院再建の話をしたものの、大統領はそのための金はないとつれなかった。その建設は決して急がないことを指示されたともいう。そこで市長は募金キャンペーンを行うこととした。当時地下鉄などで募金を行う老女などが目立った。エリツィン自身はこの完成を待つことなく亡くなったが、この建設をめぐって2人の間の宗教をめぐる対立をも示唆しているようだ。ちなみにエリツィンは、最近のロシア人著作家ボリス・ミナエフによる『エリツィン』(2013)によれば、ウラルに多かった正教異端派であった古儀式派出身であったという（Minaev）。

こうして市長ルシコフは、総主教アレクシー2世も求めていた救世主キリスト寺院再建にきわめて熱心であった。正教会の幹部も当初国庫からの支出が予定されていたもののこれが取り止めになったと、運動の組織化ではモスクワ市長ルシコフが主導的だったことを認めている。1992年に基金が作られ、1994年から建設が始まった。軍事産業銀行が5000万ルーブルの資金を提供したともいわれる。その後市長はユダヤ系オリガルヒのグシンスキーからも寄付を取った。もっともルシコフは正教徒ではなかったので政治利用はしても、信仰心からではなかったと思われる。

この教会の建設と破壊の歴史の対比が面白い。1931年の寺院の破壊にも再建と同様、スターリン、そしてエリツィンといった最高権力者が、間接的だが関与していた。直接の組織者であったのは、破壊したときにモスクワの共産党第一書記だったカガノビッチであり、建設したのはモスクワ市長ルシコフであった。ルシコフは当時ロシアが失ったクリミア半島の帰属問題などでロシア民族主義を意図的に掲げた。彼の盟友でもある建築家、彫刻家ズラブ・ツェレテリも寺院建設に関係した。

破壊と建設の双方に軍の影が見え隠れするのも興味深い。破壊にはボロシーロフ陸海軍人民委員も関与したが、他方で再建には軍産業銀行が寄付した。古儀式派系ボリシェビキといわれるボロシーロフが破壊に賛成したときの心情は今となっては確かめようがない。こうして正教とロシア・ナショナリズムとの不可分な結びつきがあぶり出されたことになる。

イタリアの政治学者ニコロ・マキャベリは、政治家が信仰を持つ必要はないが、持ったふりをする必要があると言ったことがある。ルシコフ市長にはエリツィン後の大統領をめざした野心があって、このために正教徒の歓心を買おうとした。ちなみに、プーチンが2000年に大統領となってから、ルシコフ市長とアレクシー2世との関係は悪化した。総主教は、護衛をモスクワ市長の部下からプーチンの部下に変えた。

モスクワ市長の正教との関係は以上であるが、イスラムとの関係で市長は1997年に記念碑を立て、1998年にはユダヤ教のシナゴーグを許容したように、総じて伝統宗教とは正常な関係を持ったという（Atlas,573）。仏教、ルッター派にも土地を提供している。ただプロテスタントの中でも米国出自のペンテコステ派は問題が生じ、土地返還を求めて信徒がピケットをプーシキン広場で行う事件に発展した。モスクワのカトリックも登録に時間を要した。古儀式派にも問題が生じかけたが、2005年から関係は改善された、という。

その後ルシコフは2010年秋に市長を解任された。彼に代わって、クラスノヤルスクの元知事で古儀式派系、つまりモスクワを聖都「第三のローマ」と考える系譜にあるチュメニ生まれのセルゲイ・ソビャーニンが就任した。彼は曾祖父が日露戦争に参加したウラルのコサックで、内戦期には赤軍のブジョンヌィの軍にあったが、1930年代にクラークとして抑圧された。祖父も古儀式派であって100歳まで生きたという。彼は、ルシコフが手がけた摩天楼まがいのモスクワ・シティ建設は「誤り」と断じている。モスクワでは宗教施設を含め建設も破壊も、常に政治の所産である。

プッシー・ライオット事件

その救世主キリスト寺院で、２０１２年３月の大統領選挙が終わった直後、プッシー・ライオットという女性のパンク集団が風刺的なパフォーマンスを行ったことは醜聞に発展した。この決して上手いとはいえないバンドが教会前でロックコンサートを開いたことで、歌手が逮捕された。同年6月になって信仰者の宗教的感情を侮辱する行動を禁じる立法が上院で批准された。最大３年の自由剥奪とか30万ルーブルの科料が課されることになった。正教会側や保守勢力は起訴を支持した。プーチンもまた民衆との応答番組で、彼女たちに政治的訴追がなされたという批判に対し、わが兵士の墓を侮辱しているとして、法的訴追を正当化した。もっともプーチンは、大衆デモは法の枠内なら合法だとも言った。この寺院の就任式で新しい総主教となったキリルもまた、この判決を支持した。

これに対し、民主化や国際世論でも彼女らを擁護する世論があった。世界のマスコミの85パーセントがこれを報じたという。なかにはプスコフのパーベル・アデリゲイムのようにかつて抑圧された異端派聖職者から、寛容と許しを求めるアピールも出された。彼は正教会での垂直支配に抗した人物だが、２０１３年8月には宗派主義者によって殺害されたといわれる。宗教施設を冒瀆する行為は各国刑法も禁じるところであり、したがってこの裁判の行方は、いわば新しい宗教をめぐる裁判ということもできる。

反対派支持の世論が強いモスクワの世論で教会への批判はより強まった。大統領付属の「市民社会と人権」会議の人権派代表ミハイル・フェドトフは、信仰者の人権が保障されていないことを批判した。これはプッシー・ライオット事件後に提起された法律「信仰者の感覚擁護」法で、刑期を5年、罰金を100倍に引き上げるものであった。もっともチャプリンやスミルノフのような正教会のイデオローグは、このような場合、西側の聖職者が往々にしてゲイや同性愛などで適応的な態度をとったことは問題だと発言、積極的な世俗主義や無神論に屈している結果だと見ていた。リベラル派が多いモスクワの世論では意見は分かれた。

2 現代ロシアの体制と宗教

1993年のエリツィン期に採択された現行連邦憲法では、ロシアが世俗国家であると規定している。これは旧ソ連の他のすべての国々の憲法も同様である。正確にいうと、ロシア憲法第13条は、国家が特定のイデオロギーを持つことを否定し、社会組織は法のもとで平等であると規定している。さらに第14条では、ロシア国家は世俗国家であり、国家と宗教とは分離され、宗教団体というものもまた社会団体と同様、法のもとで平等であると定める。宗教に関する憲法コメンタリーによれば、宗教もまた国家に関与しないことになる。

国家と宗教とは分離し、多元化した宗教は法のもとに平等である、というのは現代国家論の基礎であるし、現ロシア憲法もこれを踏襲している。他方で、1994年にはロシア諸民族の歴史的遺産の一部とされる「正教」、「イスラム」、「仏教」、「ユダヤ教」の代表者からなる連絡機関が政府内に設置された。大統領とこれらの代表者とが会談する様子は、たびたび報じられる。

しかし、現実に宗教や教会がロシア国家と社会の中でいかに機能するのか。ロシア法というものに、一体どういう現実的な意味があるのだろうか。というのも、かつて帝政ロシアでは国家の体制の中で正教会は従属的だが、重要な国家的機能を担ってきた。つまりロシア正教は過去に国教であったし、その教会には戸籍管理など国家的機能があったからである。逆にソ連期には無神論のもと、教会は総じて抑圧された。

宗教団体法をめぐる対立

こうしてロシアの正教会は大きな影響力を持つようになると、それははたして国家組織なのか、それとも市民社会の装置なのかという問いが当然出てくる。東方正教が優越な社会では一般に市民社会的伝統は強くない。むしろ古儀式派、とくに無司祭派のほうがそのような市民社会の横の連携を結果として育んだほどだ。そういった「正教会優位社会」の中で他の教会とは何であり、その相互関係はどうか。

ソ連崩壊後の混沌と宗教の解禁の中で、各種宗教団体が名乗りを上げた。復活した正教会、また西欧起源とされたカトリック、プロテスタント各派、またイスラム、欧米の新興集団、インドのクリシュナ、はては日本の仏教系宗派まで、テレビやラジオを通じて、あるいは街頭で活発な活動をすることにより布教行動が一斉に始まった。イデオロギーの空白を這う水滴のように、各宗教はロシアの人々の心に訴えた。とりわけ欧米や日本の宗教団体は豊富な資金力を背景に、マスコミや政界にも進出、宗教は国家から市民に至るまで動き出し布教を開始した。

こうしたなかロシア正教会が法律上で優越的な地位につく決定的な契機となったのは、1997年7月の「良心の自由と宗教諸団体法」（以下宗教法と略記）という法律であった。この法律の特徴は、宗教を法のもとの平等ではなく、宗教をいくつかのカテゴリーに分け、とりわけ「伝統的」と「非伝統的」宗教とを歴史的かつ位階的にランクづけしたことにある。

なかでもロシア正教会だけが「全ロシアの歴史的、精神的、文化的に不可欠な部分」であるとして特別扱いされた。このことは法のもとの平等に反するとして、早速欧米の世論やローマ教皇など世界の宗教界からも批判があがった。他方、この法律を支持したのは、どちらかといえばリベラル改革に批判的なツィプコやミグラニャンなどの政治学者であった。ツィプコは「弱い教会」と「弱い国家、社会」という現状は許されない、精神的復興での正教会の役割に期待すると公言した。彼らは、ペレストロイカの旗手というべき知識人であったが、エリツィン改革に対する、あるいは西側に対するある種の幻滅をも反映した。

ちなみに、この宗教法についてエリツィン自身は、憲法の趣旨とこの法律の中身とが必ずしも一致していないから問題であると言った。法律は正教に特別な地位を与えているからである。もっとも後になって、エリツィンは回顧録『大統領のマラソン』で、この法律について弁明している。それによると、この法律は下院議員450人のうち371人の議員が支持し、そして宗教団体もこれに賛同した。正教に特別な地位が与えられるべき理由としては、ソ連が崩壊した結果、西側あるいは東側のさまざまな宗派、あるいは外国の宗教団体が跋扈するような事態が訪れ、したがって宗教を野放しにすることが逆にさまざまな混乱を生み出す、というものだ（Yeltsin,168）。したがって、この法律で他宗派を制限するということをエリツィンは纏々例を挙げて説明している。

この法律は二番目のカテゴリーとして、「伝統的宗教」というかたちでイスラム教・仏教・ユダヤ教を位置づける。これに対し、ここに挙げられないようなプロテスタントやカソリックなどは他の「非伝統的宗教」という第三のカテゴリーに分類されている。四番目としては、それ以外の宗派、という存在も位置付けられている。ソ連末期の１９９０年法では法のもとで宗教団体もどれも等しく平等であるという考え方があった。しかし１９９７年法ではある種のヒエラルヒーが想定された。そういうヒエラルヒーの頂点に立つのが、いうまでもなくロシア正教ということになる。

もちろん非伝統的宗教といっても、たとえばプロテスタント系はロシアに伝道されてから数世紀の歴史を持つ宗派がある。しかしこの法律は正教だけが「50年以上合法的に」存在してきたとして特別扱いする一方、プロテスタント系は歴史的には古くとも、ソ連期の半世紀間は「非合法」的あったという理由でこれを締め出した。このことによりソ連の宗教抑圧が正当化された。このの１９９７年７月の宗教法はこうして、かなり論争的な状況のもとで生み出された。ちなみに１９９６年の下院での草案段階では、１９９０年法に従った、どちらかといえばリベラルな宗教観、国家と宗教の分離を前提としていた。けれども、１９９７年法は結局、保守的で権威主義的な性格の法律となったことは否めない。

準国教と位置づけられたロシア正教

宗教法の運用では、さらに混乱が見られた。この法律では、各宗教団体が1999年12月末までに司法省に登録することを要請した。およそ57宗派、1万7000ほどの宗教団体が、1999年から2000年にかけての時点で存在していた。この1万7000のうち約半数が正教系で、18パーセント程度がイスラム教、20パーセント程度がキリスト教の正教以外のカトリック・プロテスタント諸派などである。ユダヤ教と仏教は1パーセントずつといわれる。その他の宗派、たとえば「エホバの証人」などが1・5パーセント、25万人といわれる。そのうち2000年初めまでに登録を済ませたものは半分程度しかなかった。プーチン政権はさらに登録の期間を延長した。それがいくつかの問題を生み出す。

たとえば非伝統的といっても、「エホバの証人」がロシアで活動した歴史は100年にもなる、という。ちなみにモスクワ市のダイレクトリーに登録されている宗教団体には、アルメニア教会と仏教が各1、カトリックが4、イスラムが6、プロテスタントが10、ユダヤ教が4、といった分布となっている（Atlas）。以上述べたことのなかでもロシア正教会の比重が極めて高いことがわかる。ある研究者は、正教は実質的には準国教だと言っているが、この法律でほとんど特権的な地位を持った。

ロシア正教の準国教扱いが典型的に表れていたのは大統領の就任式である。とくに1996年の就任式では総主教アレクシー2世とエリツィン大統領とが一番前に並んだ。これはさすがに批判を浴び、プーチン大統領の最初の就任式では、他の宗派の代表もまた同格で並んだが、それでもアレクシー2世は一番高いところに置かれていた。

正教の僧職者たちは軍隊や国家機関の中でも、ある種の宗教的サービスを認められている。２０００年夏の原子力潜水艦クールスクの事件でも、正教会の代表がサービスを行った。しかし、たとえばチェチェンでイスラム教徒の兵士が亡くなったとしても、イスラム教にそういう特権が与えられているわけではない。

「法のもとでの平等」と、デファクトな正教への特権との違いをどうやって合理化するか。法のもとでは平等だけれども歴史の前では不平等である、などともいわれる。作家ソルジェニーツィンらは「他の宗教が西側からきわめて多大な資金を援助してもらっているのに対し、われわれの宗教は非常にみすぼらしいものになっている。そういうある種の不平等というのはやむをえない」などと扱いを正当化した。

非伝統的宗教については、たとえば「エホバの証人」が登録するまでに15年間もかかるという妥当性が大きな問題になっている。あるいはハバロフスクで、バプティストの米国人宣教師に対して締めつけることがある。１９５2年に米国で始まったサイエントロジー派は、キリエンコ前首相も関係したといわれるが、ロシアで登録拒否をされたためにこのグループから国際的な訴えが出されている。

それどころかプーチン第二期政権時代になって、ロシアにおけるＮＧＯ組織に外国政府が支援することを否定する政策が発効した。２０１3年3月から検察機関は、ＮＧＯに外国の資金とか急進宗教組織が入ってないかの調査を始めた。外国出自の宗教に対する警戒心も見え隠れする。実際、議会でも、宗教組織委員会がロシアでの「非伝統的」宗教組織の調査を始めている。しかし、これは憲法が保障する法のもとの平等に違反しないか。また非伝統的といってもカトリックも、プロテスタントもロシアでは数百年の歴史があるからである。

ただし、外国政府から金をもらうことを禁じる代わりにプーチン政府は新たに基金を設け、2000ほどのNPOに資金提供を始めている。必ずしも宗教絡みではないが、政府側の選挙違反に批判的な民間組織「ゴロス」や「人権のために」といった組織が、これを受け取った。たとえば「モスクワ・ヘルシンキ監視グループ」は、ソ連異論派時代からの代表的組織だが、350万ルーブルを市民参加、また500万ルーブルを人権モニタリング名目で政府の基金から受け取るという。

3　プーチンと正教

教育分野にも広がるロシア正教の影響

プーチン政治のキーワードが「垂直的統制」であることは政権発足時からの大統領発言からも明らかである。もっとも、このような垂直的支配にロシアの民衆が易々と屈服してきたわけではない。2013年7月、やや反政府系の『独立新聞』のレムチューク編集長は「水平的民衆」がこれに抗してきたと論じた。その意味では、権力の「垂直的統制」と民衆の「水平的抵抗」の諸相の中に宗教も位置づけられている。

歴史的伝統もあって「正教会」がエリツィン時代後半と同様に垂直的な装置として機能してきたことは否めない。正教の特色とは、ローマ帝国以来、とくにビザンツ帝国のギリシャ正教の流れをくみ、国教会を組織することにより国家との特殊な関係を承認することから、政治や民族主義との複雑な問題を生み出してきた。

ロシア連邦になって正教はいち早く国家での役割を得た。実際ロシア政府と国家の公的文書でも、ロシア正教は他の宗教との関係で高い地位が与えられている。早くは１９９８年の国家安全保障概念にもロシア正教の重要性が指摘される一方で、各種宗派の危険性が指摘されていた。

ロシアでの権力と教会との関係は、公教育での分野にも広がってきた。実は歴史的に見れば、ソ連時代にも同様な傾向があった。１９２０年代の教育人民委員ルナチャルスキーは、一時はレーニンとも対立した「建神論」者で相対的にリベラルな歴史教育方針をとった。彼とともにマルクス主義歴史学を形成したポクロフスキーも、ロシアの資本主義の発達を「商人資本」論で、権力を制限する歴史観を展開した。これは「商人」としばしばよばれた古儀式派資本のことを意味したと考えられる。

しかしスターリン時代になって、「上からの歴史」などでの教科書作りをやったのは、それまで赤軍の政治教育担当だったA・ブブノフ（１８８４〜１９３８）だった。彼もまた古儀式派の拠点イワノボ・ボズネセンスク出身で、父祖は古儀式資本の代理的な役割を演じた。１９０３年からボリシェビキ党員だったが、もっとも他の古儀式派系党員同様、レーニン、とくにスターリンの路線には同調しなかったことが、１９３８年の粛清につながった。

現代ロシアで学校での宗教に関する教育「正教文化の基礎」が導入されたのは、メドベージェフ大統領の時期であった。またロシア軍の中でも従軍聖職者制度が導入される。ただし、憲法上の問題もある以上、彼らは司令官の補佐という立場で、その採用契約は国防大臣の個別の決定とされている。国防省従軍聖職者管理部によれば、幹部の審査後、国防大臣が採否を決める。彼らの給料は国防省が支払う職務だが、軍・司法機関との相互関係部のセルゲイ・プリバロフによれば、聖職者も司令官に従うのだという。このあり方は赤軍内の共産党の政治委員に似てなくもない。政治的比重はそれとの比ではないだろう。

それと同様に、プーチン第二期政権で教育科学担当のメジンスキー文化相らが愛国保守教育の基準づくりを進めるといわれる。とくに歴史については全国的に教科書作りが強化され、このための副読本作成が進められている。研究者の立石直子らによれば、愛国教育、宗教教育も強化されている。

そのなかでも宗教教育はロシア正教に大きな比重が注がれている。もちろん世俗国家となったロシアだから宗教教育がそのまま施されるわけではなく、「宗教に関する」教育が求められる。正教などキリスト教教育のみを行えば、もちろん人口の2割になるイスラム人口から批判が出るからだ。むしろ宗教に関する教育は21世紀に入って、南部での穏健イスラムの影響力の維持という観点からも進められている。しかしそのような宗教教育については、専門的幹部が不足しているのが現状である。

それでも、正教の「精神的価値」が強調される方針といわれる。こうして教科書向けには「10世紀末ルーシでは東方的正教的なキリスト教が採用された」といった表現となる。しかし、それまでの異教的世界はもちろん、１６６６年のニーコン改革以降の古儀式派の分裂や抑圧などについて、新教科書ではほとんど触れていない。前に触れたように、スターリンは９８８年に異教ではなく、正教で受洗したことの進歩性を認めていた。ソ連期の宗教の記述に際しても、レーニンやスターリンの宗教弾圧などにはほとんど触れていない。

もっとも政界にはリベラル派を中心に「宗教法典」を求める潮流もある。単に国家と宗教の分離、世俗化だけでは、ロシアの宗教を求める潮流が満足できないからだ。上院の憲法立法委員会のクリシャスは元ノリリスク・ニッケルの会長であるが、そのような見地を披瀝した。教会が自立しないかぎり正教会と国家の癒着のみでは問題は解決しない、と彼は述べる。同様な見解は、新自由主義的なオリガルヒでプーチンに２０１２年３月選挙で挑戦したプロホロフも述べている。とりわけ、カトリックがフランシスコ教皇のもとで大胆な改革に乗り出そうとしていることをみれば、正教の悩みは浅くはない。

宗教間の対話を促す傾向も、ソ連末期以降の民族や宗教紛争を契機として生じてきた。なかでもロシアでチェチェン紛争を契機に対立が激化したことを受け、宗教間対話を制度化することになった。１９９８年12月モスクワ総主教をはじめ、イスラム、仏教、ユダヤ教の代表が参加してこの会議が成立した。主導したのは正教だった。その幹部会には、正教からチャプリン長司祭（教会や社会との相互関係担当）をはじめ、イスラム系のタルガット・タジュッディン、ラビ・アドルフ・シャエビッチら７名が参加している。

国際関係にも及ぶ正教会のイデオロギー的影響

ロシアの市場経済で、結局ガスプロムやロスネフチといった政府系国家資本が優位を保つように、そしてロシア政治で大統領を支持する与党が21世紀になって常に優位性を保つように、ロシア宗教でも結局、正教という巨大団体の優位は揺るがなかったかに見える。その意味ではロシアでは政治でも経済でも、そして宗教でも圧倒的な中央に集中した社会的権力の配分という構図は相似している。

その意味では、正教会のイデオロギー的役割は現在国際関係にまで及んでいる。なかでも正教会とロシア外務省との関係は、２００３年のアレクシー2世の訪問で変化した。両機関の作業グループまでできたといわれる。ラブロフ外相もまた両者の関係の深化を歓迎した（Marcel & Harpen,138）。実際、現在のロシア正教会はモスクワ国立大学を含む国立大学で付属寺院を持っている。教育施設付属正教寺院協会がこれを管轄している。他に軍参謀本部や内務省のアカデミーなどの教育施設にも寺院がある。

ロシア外務省などは正教との直接の協力にはやや慎重だが、直属のモスクワ国際関係大学（ＭＧＩＭＯ）でも教会対外関係部の関係者が大学で教育しているし、ロシア外交と教会との相互関係といったセミナーが開催されている（Atlas, t.2, 541）。このモスクワ国際関係大学には教会も建設された。総主教渉外部のトップ、府主教であるイラリオンはこの大学の講義で、スターリンによって第二次世界大戦中に正教会が解禁されたことを示しつつ、正教会渉外部とロシアの国際関係部局の仕事には「多くの共通点がある」と述べたという。

逆にいえば、ソ連共産党とは無神論者をいただくソ連国家の中の機能的な国教会でもあった。ソ連においては帝国における国教会的役割をソ連共産党が担った。むしろ共産党とは、ベルジャーエフ流にいえば無神論者の教会であった。実際、無神論国家で「灰色の枢機卿」的なイデオローグが、しばしば後期には第二書記と呼ばれたが、教育宣伝や外交、そしてマスコミを独占的に握り、イデオロギーを各種の回路を通じて伝播した。ブハーリンとかスースロフ、アンドロポフといった政治家が新聞、ラジオからテレビまでイデオロギー機関を動かしていた。党が人生いかに生きるべきかまで教示した。大学でもマルクス・レーニン主義は必修で無神論講座もあった。ソ連共産党と国家との関係は、帝政ロシア期の正教会と国家との関係にアナロジーできよう。国家と教会の「シンフォニー」どころか、ソ連では共産党と国家とが癒着していた。そしてソ連期の正教会もその一機関であった。

ところがソ連崩壊で構図は一変した。モスクワ大学近くのホテルに行ったとき、かつて「科学的無神論」のパンフレット、ブレジネフやスースロフら共産党幹部の著作が置いてあったホテルの一隅が、見事に正教会の宣伝用機関に転換していることに衝撃を受けたことを思い出す。

正教の浸透度

それでは、現代ロシアで宗教や教会とはどのような位置を占めるのか。大きな論争が起きて今日に至っている。ロシアではポスト世俗化、宗教の復権によって国家と市民社会との関係にある種の変容が起きているからだ。

ソ連崩壊後あらゆる制度が崩壊したロシアで、とくに初期に教会や宗教が多くの信頼を得るにいたったことは事実である。大統領、政府や、政党、議会、軍、銀行などの制度が信用を失ったなかで、教会だけは高い支持を獲得した。また１９９３年の憲法紛争のように、正教会と総主教がエリツィン大統領と対立する議会との憲法上の対立を仲介したこともある。

このことを裏付けるかのように、世論調査機関が行ってきた各種の調査、とくに「信頼する制度」をめぐる調査結果でも、教会は、政治制度や国家機関の信用が低いこととの対比でいつも高位に位置してきた。２０１２年10月、つまりプーチン第二期政権が発足して半年後の調査では、教会・宗教（50パーセントが信認）の位置は、ほとんどプーチン（51パーセント）と並ぶか、わずかに劣る程度である。ちなみに軍（39パーセント）、政府（29パーセント）、マスコミ（26パーセント）、中央銀行（27パーセント）、警察（20パーセント）、労組（19パーセント）、政党（13パーセント）といったところである。

宗教に関する定期的世論調査を行っている社会学研究所の宗教研究センターの主任研究員M・ムチェドゥロバによれば、ロシアの各政治制度で信頼されているのは、大統領、教会、そして軍のみであるという。他の制度（裁判所、警察、地域権力）は2割程度、政党にいたっては6パーセントしか支持されていない。こうしたことから教会はロシアの諸制度の中で信頼されている制度であることが判明する。教会も広義の政治制度と規定されていることが注目されるが、ロシア人口の7割から信頼されていることになる。

正教会は社会組織なのか国家制度なのか

国家と教会、市民社会の中のロシア正教を知るひとつのバロメーターは、どの程度のロシア市民が洗礼を受けているかである。受洗とは、キリスト教の入信儀礼であって、「水の注ぎを受けるという象徴によってキリストの死と復活に参与、キリスト者の共同体に加入する」こととされる（『岩波キリスト教辞典』）。世論調査機関のレバダ・センターが行っているイスラム教徒とユダヤ教徒以外の世論調査の結果では、ほぼ8割以上の住民が洗礼を受けている、ということが分かる。

ソ連期の１９７０～１９８０年代、この点で先端的であったニジニ・ノブゴロドでは乳児の30～40パーセントが洗礼を受けていたという。２０００年前後の世論調査では82パーセントのロシア人が「正教徒」と答えている。この10年でもっとも回答が高かったのは２００３年の85パーセントであったが、２０１０年の回答もこれに近い（84パーセント）。洗礼を受けていないと答えたのは12～18パーセントの割合である。これだけを見ると、ロシア人の多くは洗礼を受け、8割程度の人が正教徒ということになる。

実際、何パーセントのロシア人が正教会の「信者」なのか、１９９９年のある世論調査を見ると、正教支持者は意外に少なく55パーセント、これに対して31パーセントは無宗教だと答えたという。１９９９年にモスクワ大学が行った調査によると、世論調査の43パーセントしか正教徒と答えなかった。しかも、正教の人できちんと教会に行く人は多くはなかった。

しかし、この数字はただ宗教に好意的という雰囲気以上のものではないと研究者（クリブシナ）は言う。厳密な意味での信者は6～7パーセントにすぎない、とも彼女は指摘している。先のムチェドゥロバによれば、人口の8割は正教の信者であるが、神を信じるものは約半分、無神論者は6パーセントという。本当の信仰を持つ者は人口の14パーセント程度であり、これこそが教会の支柱をなしているのだ、ともいわれる。

もっとも、8割近い正教信者も宗教行事にどの程度参与しているかと尋ねると、割合はあまり高くない。２０１０年の世論調査では、教会に通う回数は、週1回以上が3パーセント、月1回以上は7パーセント、年数度（18パーセント）、年1回（11パーセント）、これに対し1回も行っていないというのが45パーセントに上る、という。

ロシア正教会への参加の解釈についても、世論調査機関によっては問題がないわけではない。世論調査もソ連時代末期まで公認されなかっただけに民主派の宗教観が出がちでもある。なかでもリベラル派の拠点である独立系レバダ・センターの所長レフ・グドコフは、「半分程度が神を信じている」にすぎない、正教の教会生活に巻き込まれているとはいえない、と２０１２年に言った。このことは保守派の反論を招いただけでなく宗教学者の反論も招いた。他の世論調査機関、たとえば『世論』では68パーセントが正教徒と答え、ＶＴｓＩＯＭも77パーセントとしていた。ロミールも78パーセントと評価しているので、グトコフのコメントはやや個人的な性格のものだったといえよう。各種データによってもロシア市民の55〜70パーセントがロシア正教会を信頼している、と社会学者ユリヤ・ニネリナは見ている。ちなみにこのニネリと言う名を逆に読むとレーニンとなる。

しかし、国家と宗教や教会が形式的には分離されるとしても、人口の6〜7割程度が単一の宗教を信じているとなると、国家と教会との問題は、単に市民の個人的関心とか信仰といった問題ではすまなくなる。このような問題は多宗教国家である国、たとえば米国では起きないとしても、特定宗派の教会が優位な英国やイタリアなどの国では起こりうる。実際、英国でも深い信仰を持つ者は1割程度であるともいわれる。いわば、一教会優位の社会で問題となる。

こうなると、はたして正教会は社会組織なのか、それとも国家的制度なのかといった問題が出てくる。戦中から戦後のスターリン体制下でわずかに存在が許容されていた正教会だが、他の宗教と同様、クレムリンと国家保安委員会（KGB）の統制下にあった。ソ連、とくにネップ期には当初内務人民委員部の第6課が対教会対策を担当、1920年代に正教会弾圧で名をはせた課長ツチコフは1930年代は戦闘的無神論の指導者となっていた。正教会が許容され出した1943年以降も教会の活動の方向づけは、のちのKGBのような治安機関と政府機関が活動を決めていた。1991年に最高会議には、ソ連期の教会に対するKGBの活動を調査する委員会が設けられ資料が収集された。しかしなぜか1993年に新議会が開会されたとき、この調査は再興されなかった。そのときのヤクーニン委員長は抑圧され、文書も廃棄されたといわれる。

「総主教」キリルがめざすもの

ロシア正教会の指導者、総主教は正教会のトップとして理解されるが、実はこれは正しくない。ロシア正教会のトップというのがあるとしたら、それはキリストをおいてない。実際、ソ連末期に総主教となり、ロシアになっても正教会の最高地位にあった第15代の総主教アレクシー2世（1929〜2008）はエストニアのタリン生まれ、本名アレクセイ・リュディゲルという。

アレクシー2世はソ連期レニングラードの神学校で学び、タリンで宗教活動に従事したが、ソ連でも存在した国家権力との関係から当局、とくに宗教監視の任に当たるKGBなどとの関係が噂されていた。総主教クラスはしたがって、KGBでのコードネームがあったともいわれる。アレクシー2世は「ドロズドフ」、後任のキリル総主教は「ミハイロフ」と呼ばれた由である（Marcel & Harpen）。アレクシー2世はペレストロイカの最中の1990年7月に「モスクワと全ルーシ」、つまり全ソ連の総主教となった。もっとも1991年8月クーデターに際しては、これを非難した。ソ連崩壊前後から、ロシアの重要政治家リストでは10〜20位程度に位置し、重要政治家であるという評価すら維持した。他方エリツィン大統領とは少し距離をとるため、アレクシー2世は共産党に依ったり、1993年に議会とエリツィンがぶつかったときには仲裁の労もとった。

他方2009年、現在の総主教となったのは1946年にレニングラードで生まれたキリルであった。本名ウラジーミル・グンジャエフ、1989年から渉外局長であったが、2008年末に死去したアレクシー2世に代わって2009年2月モスクワ総主教に就任した。もっとも、キリルについてはあまりに「政治家」であるとして総主教にはふさわしくないという内部の声もあったという。キリルは前任のアレクシー2世よりも贅を好み、また高級車に乗っていることへの批判も絶えない。所有する高級アパートや時計を撮影した写真を掲載した相手に対して「反正教会キャンペーン」だと反論したことも人気を高めるものでなかった。

それでもロシア正教会を指導する総主教キリルへの支持は、総じて高いといえる。国民の7割以上が彼の役割を理解し、また世論調査でも国民の半数が彼を「ネーションの指導者」と見ている。

10パーセントにいたっては、国家指導者だと誤解しているともいう。総主教就任後の2009年5月、キリルは、全世界ロシア人（Russkii）人民集会を開催、そこで「基盤的価値―国民的価値の基礎」と題する報告を行った。正教会は2000年に社会政策に関する方針を採択したが、今回は教会から社会への教書としての位置があるという。キリルは、基盤的価値の危機は1990年代の複雑な時期と位置づけたために学者から批判された。それはキリルが依って立つべき基盤を打ち立てようとしたマニフェストでもあったが、それ自体矛盾もはらんでいた。

もっとも総主教キリルが、2012年3月の大統領選挙でプーチン候補をより支持したことは、民主化運動とプーチン支持運動の分極化が進むなかで、通常の政治指導部と正教会の儀礼的な関係を超えた政治的行動と見られても仕方なかった。彼は2011〜2012年の大統領選挙をめぐる民主化運動が「危険な混乱期を生み出しかねなかった」と主張することにより、この選挙で明確にプーチン候補を支持したのである。こうして、正教会のキリルの支持者たちも反対派批判の隊列に加わったことから、正教会と権力との関係はいっそう強まったと反対派は見た。

それでも、キリル総主教を政治的人物と見るのは世論で10パーセントに満たない。キリルが総主教に選ばれた2009年には88パーセントあった支持が、2013年には78パーセントに低落した程度ともいわれる（政治学者A・マカルキン）。

キリル総主教が生まれたことは、ロシアだけでなくウクライナにとっても大きな変化であった。というのも1990年に独立したウクライナ正教会では、キエフ総主教よりも依然としてモスクワ総主教派が3倍近い1290万の支持をもっていた。もっとも2014年のウクライナ紛争以後、モスクワ派も次第にキリルとは距離を置いている。他方、新しい独自のキエフ府主教派は470万、そしていわゆるユニエイト（東方カトリック）教会は390万の信徒しかなかった。

正教内の潮流

ロシア正教会もその内部に多くの集団を含んでいる。こうしたなかで総主教は、正教会内のあらゆる急進派との関係を好まないという。1994年には「正教兄弟同盟」との関係を断った。これはゲイやロックに反対する保守派の運動体である。他方でグレブ・ヤクーニンのような急進改革派潮流とも1997年に関係を断った。こちらはソ連時代から人権と宗教の権利を主張し、異論派として知られていた。

もっとも正教イデオロギーにとって脅威は「右」、下層から、つまり「君主主義的潮流」から来ているといわれる（Atlas,550）。ロシア革命で殺害されたニコライ2世一族を聖人化することに総主教は慎重であった。君主主義的な流れが背景にあったからである。「専制、正教、人民」といったロシア帝国のスローガンを基盤としてオシポフらの保守的な「キリスト教再生運動」がこのキャンペーンを進めていた。

これとは異なったやや保守派として「正教的国家主義」の潮流がある。これはプーチン大統領とも親交があるチーホン僧院長（ゲオルギー・シェフクーノフ）らが代表的といわれる。1958年生まれのチーホンは、正教会では総主教府の文化担当であると同時に、世俗的には大統領府の文化会議委員であり、またプーチン大統領とともに訪米したときには在外教会との接触も図った。

この考え方は大国主義的な「正教市民同盟」、「ラドネジ」といった議員集団にも影響があり、1990年代半ばからの民族派議員組織「祖国」系でプーチン大統領のブレーンであるナターリャ・ナロチニツカヤらも関与している。彼女は著名な歴史家、外交史家ナロチニツキーの娘であるが、ジューコフ元帥などソ連期の政治家・軍人の宗教的な貢献を高く評価している。このような国家主義的潮流からCIS研究者の前国会議員である政治学者のザトゥーリン、プーチンの経済顧問グラジェフらによる「モスクワ＝第三のローマ」といった正教的統合論者の発想が出ていることが注目できる。この集団がウクライナ紛争で果たした役割については第4章で扱おう。

ロシア正教会、とくにモスクワ総主教は自己の布教を中央アジアや中国などでも行っている。2013年にも中央アジアなど対外布教の方針が出された。しかし中央アジア諸国では、イスラム人口だけでなく、現地の世俗的勢力からも正教はやや懐疑的に見られている。中央アジアからの移民を対象に支持者を広げる布教を行っているが、余り広がっていないともいわれる。それどころか2010年にはこうした布教学校の創始者が、暗殺される事件まで起きた（NGR10/12/15）。

正教会は、多元的市民社会の中でその事実的優位性を示そうとする。まるでスターリン後の共産党の「指導的役割」を想起させる。このことはやや逆説的ですらある。というのも、戦前のスターリン時代には正教会は厳しく抑圧され規制されていたものの、1943年からは唯一の官許宗教として、一定の範囲で活動が独占的に許容もされていたからである。その意味でソ連期においても正教は「国教」だ、という表現をしたのは英国の正教研究者のウェアである。ブレジネフ時代における正教会へのKGBの関与の度合いはどの程度だったかについては論争もあるが、そこに国家の陰があったという意味でも、正教会には非公認ではあるが、国教会としての側面があったことは否定できない。

しかしソ連崩壊後、正教は他の「伝統宗教」、「非伝統宗教」と、いわば信仰の「市場」で競わざるをえなくなった。宗派間での宗教論争も戦わされるようになった。とりわけ国際的な宗教、欧米や日本出自の宗教は豊富な資金力を持っており、メディア戦略を展開できた。他の宗派が豊富な資金を投入して宣伝を行ったことに資金難の正教系団体は不平等を訴えるようになった。ここから「外国」出自の宗教に対する批判が重なった。こうして国家主義の性格が強い正教はいっそう国家との関係を求めるようになった。学校での宗教教育をめぐる問題は、この状況抜きには理解しにくい。

「正教原理主義」

こうした正教をめぐる言説空間から、より急進的なグループも生じうる。とりわけソ連崩壊前、正教は半分許容される状況であった。したがって、政治的自由化と宗教が解禁された状況下で正教関係者、その活動家の中に、より保守的で原理主義的な潮流が現れることはある程度予想されることであった。

なかでもサンクト・ペテルブルク・ラドガのイオファン府主教（１９２９〜１９９５）はその代表であろう。彼はソ連末期から反ユダヤ主義など正教の敵を攻撃する論文を執筆した。彼は「正教」と「ロシア」とが民族的基礎になるという考えで有名であった。またドミトリー・ドゥドコという長司祭は、ロシアはキリスト教国家として再生すべきであり、また正教徒のツァーリが必要であるという君主主義的な考えを示した。

重要なことは、このような保守的潮流からスターリン的国家主義との接点ができていたことである。なかでもドゥドコはスターリンが「外見は無神論者だが実際は信仰者」であるという説を展開する。彼らは1980年代後半から『ソビエト・ロシア』や『ザフトラ』紙のような右派民族主義の新聞でこのような考えを示した。「戦闘的正教派」と研究者のアレクセイ・マラシェンコが位置づけた集団は、正教こそがロシア国家のイデオロギー的根拠とならなければならない、というものであった。

ロシアになってもこのような正教の反動的潮流が浸透し、「正教か、しからずば死か」というスローガンで広がりはじめている。なかでも、このような流れの中にはスターリン礼賛があり、正教的スターリニストとでもいうべき集団が1995年頃から現れている。すでに触れたようにスターリンが戦争時に正教を「愛国主義」の目的で政治利用しても、正教を含む宗教を評価したことはまったくなかった。

それでも「愛国」と「反ユダヤ主義」という底流も背景にはある。スターリンが「シオニズム」と戦ったことを評価したように、反ユダヤ主義も背景にある。1991年8月クーデターの参加者でもあったヤゾフ元帥も加わったという（Kurlyanskii,526）。レーニン、トロツキーら宗教抑圧者と「大祖国戦争」の指導者だったスターリンとは同一視はできない、という主張である。

このような潮流は、なかでも1990年に洗礼を受けたコンスタンチン・キンチェフ率いるロック・グループ「アリス」などが正教急進主義を体現して一部聖職者の支持を受けた。2006年には「正教のルーシ」などがその傾向を広めた。このような「正教急進派」のスローガンに対しては、故アレクシー2世やキリル総主教（2009年）も否定的な発言を行っている。

この正教的傾向からさらに「正教文明」を擁護するイデオロギーも生まれている、という。総主教キリルもかつて「正教文明」の政治・社会的肉体は正教国家という伝統であるとして、具体的にはブルガリア、ベラルーシ、ギリシャ、キプロス、モルダビア、マケドニア、ロシア、ルーマニア、セルビアとモンテネグロ（チェルノゴリヤ）、ウクライナを挙げたことがある。こうして正教の宗教宣伝は、知らず知らずのうちに現代ロシアの対外観を培養することになる。

正教とオリガルヒ

ユダヤ人と比較して、正教徒にはあまり信仰を公言する企業経営者は多くはない。その数少ない正教系専門家にコンスタンチン・マラフェーエフがいて、インターネット同盟なども組織している。彼の名は2014年のウクライナ紛争で、とくにドネツク、ルガンスクの武装自立運動を支援したことで一躍有名となった。その政治観は保守的だが、実業面では実利主義的ともいわれる。他に銀行家のセルゲイ・プガチョフもいる。

〈政党と宗教〉

これらの動きの中、プーチン政権になって、宗教政党を作ろうとするグループが、クレムリンやエコロジストの中で、正教を巻き込んで生じたと当時いわれた。実際、キリスト教をベースに政党を作ろうという試みはソ連崩壊前後に出てきた。ビクトル・アクシュシッツらがキリスト教民主運動を１９９０年代初めに立ち上げ、政治学者のバレリー・ラストルグーエフが穏健正教民族主義党を作ろうとした。そして正教会の支持を求めた。しかし正教会は、宗教政党、キリスト教民主党のようなものを作ることには基本的には否定的であって、１９９０年代後半はこのような動きは基本的に止まった。

２００１年の「政党法」は、むしろ宗教を基盤とした政党を禁止した。考えてみれば、戦後冷戦期のイタリアや西ドイツのようなヨーロッパではそれまでのファシズムにかわって保守穏健派のキリスト教政治組織が保守派から作られた。しかしなぜか、ロシアでは正教をベースとした政党はできなかった。２０００年にロシア正教会が採択した「ロシア正教会の社会概念の基礎」の中でも、民主主義が統治の基本であるといった表現は存在しなかった。２００６年にも「宗教と市民社会」というシンポジウムで、チャプリン渉外部元次長は「ロシアは民主主義の西側の形態は採用しない」と語った（Pro et Contra, No.2, 2006）。政党は「派閥」や「徒党」であり、決して宗教がめざすような信仰や救済の基盤たりえない、とでもいうのだろうか。

〈ネット社会と宗教〉

こうしたなかで復活した正教は、自己の正当性を国家や社会の中で競う。21世紀にはインターネットがロシアでも新たな通信手段となったが、ロシア正教もまた２０００年頃から新たな宣伝布教の媒体としてインターネット空間を利用するようになった。なかでもスレテンスキー修道院のPravoslavie.ruなどが代表的なサイトとなった。たとえば、洗礼1025年祭は、プーチン大統領も参加して「大、小、ベラルーシ」の統合を記念したが、ある正教サイトでは、「新しい異教」批判という形で、「ロシア正教会なくして、偉大にして強力なロシアはありえない」と主張する（ネミチェンコフ）。

ネット上の内容も、他の宗派・信仰批判と正教との関係を強調しがちだ。ネットでの内容分析を行った政治学者クリブシナは、「高利貸し」、「ユダヤ」、「カトリック」、「米国」、「イスラム」といったキー・カテゴリーが正教会から見て問題であると指摘している。彼女によれば、「高利貸し」とは西側、米国と同義であるが、そこでは「物質的無精神主義」に陥っている、正教の最大の敵は米国であって、その目的は「伝統の破壊」であるという。世界支配をめざす米国に正教は「第三のローマ」といった形で対抗することをサイトの言説は往々にして示しているという。なかでも、その戦闘的高利貸しである米国はユダヤ（イスラエル）を擁護している、と批判する。

とりわけカトリックもまた古くからロシア正教の「敵」でもあって、なかなか和解しがたい。正教徒にとって、カトリックという言葉は「不幸の源泉」、16～18世紀の混乱の時代、西ロシアでのポーランド人による正教徒の抑圧などが想起されるという。とくにボリシェビキと組んだ一部カトリック教徒が1920年代に「再生派」を組織し、正教会に対抗したことも想起される。ロシアでの異教の宣伝は、ロシアの弱さ、西側への依存の表れであり、カトリックは「西」のシンボル、カトリックは世界支配を狙っているといった言説が唱えられている。カトリックの宣教師に続くのは、NATOの兵士だ、等々。

このような主張をする正教会とプーチン与党となった統一ロシア党との関係を見ることは、今後のロシアの行方を明らかにすることにつながるかもしれない。統一ロシア党の歴史を見ると、これが当時無名のプーチンを大統領にすることだけが目的の、つまりは特定の綱領もない政権党「統一」から出発していることがわかる。統一派はこの目的からショイグ非常事態相など、国民受けのするシロビキ（治安機関出身者）をも看板にした。彼はトゥワァというモンゴル系少数民族出身であったことから、プーチンのライバルとは最初からなりえなかった。ショイグも、それまで特定の政党の経験はほとんどなかった。2人とも国家主義的無党派という人物である。

これが2001年末、彼らの対抗政党だったプリマコフ、ルシコフ、シャイミーエフらの「祖国・全ロシア」とプーチン当選後になって統合した。このうちルシコフとシャイミーエフとは「全ロシア」という有力地方首長からなる政党を組織した。当時ロシアもまた分離主義的潮流は強く、地域ごとに解体の可能性すらあった。ルシコフは先に見たように正教を政治利用する意味では抜け目ない政治家、ロシア主義的人物であったし、タタールスタン大統領シャイミーエフは、一時は独立をめざしたイスラム系共和国の大統領であった。独立派であったことからシャイミーエフが「全ロシア」とは何事かという批判まであった。

ロシア正教会と国家との関係を先に「交響」（シンフォニー）と表現したが、依然として教会が従属的な地位にあることはいうまでもない。かといって市民社会で他の宗教と競合するというメンタリティは持ちにくい。問題は、正教会があまりに国家との一元的関係が強いことで、そのことに対する改革派、反対派の動きもまた、あらかじめしばしば政治的関係を疑われるため、正教と国家の関係がどう定まるのか不透明なことである。

4　台頭するイスラム

ロシアの歴史より古いイスラムの浸透

ロシア帝国はオスマン・トルコ帝国と十数度も露土戦争を戦った歴史がある。ロシアと半カトリック的なウクライナとが合邦したロシア帝国からすれば、露土戦争にはコンスタンチノポリスをイスラム教徒から奪還すべき、「第二のローマ」解放をめざした宗教戦争という側面があった。1783年に露土戦争で勝利したロシア帝国が、それまで4世紀にわたってトルコ領であったクリミア半島を領有することで、ロシアは正教帝国からだけでなく北カフカースのイスラム世界を含む多民族・多宗教の帝国へと変貌した。

もっともそのイスラム的カフカース地域を力づくで併合するまでには長い紛争の歴史があった。チェチェン、カバルダ・バルカル、チェルケスといった北カフカースの山岳地帯をめぐる闘争があった。この地域は極端に言うと、山ごとに宗教も民族も人種も異なる。チェチェン族はアラブでなく印欧語族であるし、チェルケス人は古代エチオピア王国ともつながる民族である。

なかでもダゲスタンのイスラム、シャミーリ（1797〜1871）が率いた反乱は、数十万のロシア軍を相手に25年間戦った歴史がある。もっとも最後に帝国ロシアに帰順した彼は英雄扱いされ、晩年は「メッカ詣で」まで行った。彼の子息のひとりはロシアの将軍ともなった。このシャミーリの抵抗をめぐっては、ソ連崩壊後チェチェン紛争との関連で有名になったことからチェチェン民族主義の祖と誤解しているものあるが、正確には異なる。

このようにロシア南部でのイスラムの歴史は、実はロシアの歴史よりも古い。その中心はこのカスピ海に臨むダゲスタンである。10〜11世紀には、すでに同地はアラブ世界の外縁であった。南ダゲスタンではモスクや初級学校が作られたという。イスラムの影響は、12世紀までに影響が及んでいた。北カフカースではイスラムの学校も早くから作られ、13〜14世紀には教育システムも発達した。

アラブ世界でもダゲスタン人教育者の名が知られていた。16世紀にはチェチェン、イングーシ、カバルダやチェルケスの一部でもアラブ語での地方文献が出版されるようになり、ダゲスタンでのイスラムの研究は10〜15世紀には知られていた。つまり、アラブ以外ではこの北カフカースで独自のイスラム世界が発達した。アラブ語も教育された。当時のダゲスタンはまだロシア（帝国）の版図ではなかった。1788年にウラルのオレンブルクでオレンブルク・マホメット・イスラム精神 sobranie によってようやく精神的自治が与えられた。ダゲスタンの教師が教えたともいわれる（VE, No.21, 92）。

イスラムと「ルーシ世界」との長い共存の歴史は、ソ連の著名な人類学者、レフ・グミリョフ（1912〜1992）などの『古いルーシと偉大なステップ』といった考察が参考になる。これによると、両者の考えはキリスト教が入ったあとも絶えることなく、両者の交流と「単一の人類地理的空間」が形成されたという。その結果、ロシアの政治的・文化的発達は東南部の隣人との関係の中から発達していった。

たとえばロシア人の著名な姓には、アクサコフ、ブルガーコフ、カラムジン、チャーダエフといった一見ロシア人に見えるものの、実はチュルク系の貴族の姓名が多い。このうちアクサコフ一族からは19世紀スラブ派の評論家コンスタントン・アクサコフが出ているし、ブルガーコフ一族といえば、20世紀マルクス主義経済学者から正教徒に転向したセルゲイや、教会史家アファナシーから作家のミハイル・ブルガーコフも生まれている。このように貴族的世界から19世紀—20世紀ロシアの最良の知的世界が生まれたことに注目したい。18世紀の貴族の17パーセントはキプチャク・ハン国の出身であったし、当時の貴族の多くもチュルク系の出身という。とりわけボルガ＝ウラル地域ではロシア人、タタール人、バシキール人といった120以上の民族による「共通の文化、生活の形態、行動スタイル」での「共通の層」を生み出したという。まことに母なるボルガとはよく言ったものだ。

実際、ソ連期にクレムリンは少数民族を決して優遇したわけではないが、一部少数民族出身の活動家は登用した。最初のロシア連邦最高会議議長となったルスラン・ハスブラートフはチェチェン系の経済学者であるが、この姓名はイスラム系に多い。ソ連末期にはダゲスタン大学の歴史学部を出たラマザン・アブドゥラチーポフもペレストロイカ期に民族問題専門家として共産党中央委員会をへて、独立後は最高会議副議長としてイスラム共和国の立場を主張した。彼が国名を「ロシア」に一本化することに反対し、かわって他民族の含意があるロッシースキー連邦を提案したのはイスラム系共和国の立場を重視したからだった。彼は２０１３年にダゲスタン問題解決のために大統領として現役復帰した。現代のロシアのエリートにも、中央銀行総裁のナビウリナのようにイスラム系出自をうかがわせる者も多い。

イスラム復興への動き

そうすると、イスラム教を基盤とした政治的組織を作れという考えも出てくる。実際に、１９９５年の下院議会選挙ではヌルというイスラム政党が登場してきた。しかし、その結果はわずか30万票にすぎなかった。およそ２０００万人がイスラムの影響下にあるとすれば、そのうちの１・５パーセントしか選挙で得票できなかったことになる。その後も全国規模でのイスラム政党は出てこなかった。なぜイスラム世界で政党活動が、高い社会的価値を得られないのかは面白い問題でもある。それは、サウジアラビアで議会制民主主義が存在しないこととも似た問題でもあろう。

プーチン時代においてもイスラム政党は存在しない。それでも２０１３年秋以降、プーチン政権は反対派との対話に乗り出し政治改革の可能性が強まった。世論調査機関の調査にもとづく社会院の予測では、「伝統イスラム」が政党形成した場合、アジゲイ、カバルダ・バルカル、カラチャエボ・チェルケスで49パーセントがイスラム政党に投票するとの予想もある。ダゲスタンでは45パーセント、チェチェン・イングーシでは68パーセントに達したという（NG20/09/13）。タタールスタンでも44パーセントの予想である。

現代のロシア連邦にイスラム教徒はどの程度いるのか？　ソ連崩壊後、この問題も未知の領域にあった。1993年に行われた世論調査機関はイスラム信仰者が2パーセント、約300万人と評価した。もっとも当時の外相コーズイレフは2000万人と推定していた。最高会議関係者は1900万人とみたが、ロシア東洋学研究所長となる中東専門家ナウムキンは1150万人とやや堅く見積もった。この食い違いは、イスラム共和国と呼ばれるタタール、バシコルトスタンなどの共和国やチェチェン共和国など北カフカースの非ロシア系の民族をそのままイスラム教徒とみるかどうかによるものであろう。

こうしたなかで急進的イスラムは、カフカースだけでなく、タタールスタン共和国のような穏健イスラムのようなところでも次第に農村青年を中心に広がっている。2012年夏には穏健派イスラムの教育責任者が殺害された。貧富の拡大、イスラム聖職者と組織の凡庸さが急進的な若者の不満をかき立てた。もっともロシアを含めイスラムの問題は、いまや貧困問題ではない。むしろエネルギー価格の高騰もあって、イスラム世界のあまりにも豊かな経済のほうが問題になった。

モスクワのある人類学者（アハメット・ヤルリカポフ）は、イスラム教育がソ連期に停滞、いな破壊されていたが、1990年代になって再興しはじめた事情をあきらかにしている。北カフカースではイスラム聖職者は常に高い社会的評価を得る存在であったが、ソ連崩壊後、新たなイスラム教育の再興が見られるようになった（Acta Eurasica：AE, No.21,6）。なかでも、サウジアラビアなど在外教育施設で教育を受けた層で急進主義への傾斜が見られるという。とりわけ彼らは宗教的な統治の即時実施というシャリアート主義への傾斜が強く見られるようになり、これが地方の世俗・宗教権力との衝突を生み出すようになる。

このようなイスラムの復興については、北カフカースが先進的といえる。なかでも数十の民族が混在しているダゲスタン共和国ではチュルク語も国際交流語となったが、科学、宗教といった部門ではアラブ語が話されたという。20世紀初めダゲスタンには2000ものモスク、つまり村（AUR）ごとにモスクがあった。出版活動も盛んであった。1910年9月から1914年までにカフカースではアラブ語で出版された本は82冊、15万部であったとしたら、チュルク語は272冊59万部あったという。その他カフカースでは、アバール、アジゲイ、ダルギン、レズギン、オセチア、チェチェンなどの言語で出版されたという。1920年代半ばでダゲスタンではイスラム学校が175存在し、4795人が学んでいた（AE, No.21,18）。

しかしスターリン時代以降、800名のイスラム活動家が追放され、教育システムも1930年代に崩壊した。それでも山岳地帯のダゲスタンでは、密かに教育活動は持続されたという。こうして北カフカースではコーランの家庭での教育が非公式に行われた。

したがって、ペレストロイカとともにイスラムが宗教教育ともども再興したのは不思議には当たらない。1995年にはダゲスタンで650学校が開かれた。エジプトやシリアからのアラブ語の出版物が入ってきた。1990年代にはイスラムの大学や専門学校が北カフカースの各共和国に広がったが、その指導センターはダゲスタンであったという。1990年には同地にダゲスタン・イスラム大学が開設され、1993年、ダゲスタン共和国教育省の許認可を受けた。2002年にはマハチカラにおいて北カフカースのイスラム大学が開設された（AE, No.21, 22）。アラブ語の教育、通訳も養成されている。

同時にダゲスタン共和国でのイスラム教育は急進的性格を帯び、ワッハーブ主義にもとづく教育も「半軍事陣地」で行われ、軍事教練にまでいたったという。ここでは「聖戦」と訳されることが多いジハードは「軍事的闘争」の形態を帯びていた（AE, No.21,25）。こうしたことは当局の警戒を呼び、ダゲスタン学校は閉鎖され、山岳地帯に移動していると研究者は主張する。同共和国ではロシア人人口は2010年で3・6パーセントしかなく、ますます非ロシア化している。

プーチンのチェチェン問題への対応

現プーチン政権が、北カフカース、とくにダゲスタンの危機管理に重点を置いていることは人事面にもうかがえる。副首相のドミトリー・コザックはプーチンより10歳若いレニングラード大法学部出身でサンクト・ペテルブルク人脈であるが、南部連邦管区つまり北カフカースの大統領代表、そして現在クリミア担当副首相である。コザックは、チェチェン問題も担当することから、当時の補佐官でチェチェン系といわれるスルコフとの確執がうわさされた。とくにチェチェン問題はイスラミズム全体と関係し、そして2014年のウクライナ紛争に関与したチェチェン部隊とも関連して、プーチン政治の方向を占うものであった。

スルコフはチェチェン系で本名ドゥダーエフというが、最初のチェチェン大統領とは無関係である。2015年10月、スルコフに代わってコザックがウクライナ、ミンスク合意Ⅱも担当することが指摘され、プーチンがウクライナ凍結に動いていることが示唆されている。もっともミンスク合意も、裏ではイスラムなど宗教との微妙な関係があるからか、プーチンは2016年1月末の米国のヌーランド国務次官補との交渉をスルコフに認めている。

また、前のダゲスタン大統領でもあったマゴメドサラム・マゴメドフ（１９６４〜）を大統領府副長官においていることはイスラム重視の表れである。彼はアバール人に次いで共和国第二の人口を誇るダルグ人、経済学者でもあるが、父もソ連崩壊期の同共和国の最高会議議長であった。しかし穏健イスラム教育を徹底し、穏健イスラム、「サラフィート」を導入しようというソフト・パワーを利用した試みは、同地の著名なサイード・アファンダ（１９３７〜２０１２）が自爆テロによって殺害されたことにより頓挫しかかっている。ダゲスタンではロシア人を含む若手がサウジアラビアなど海外のイスラム教育を受けて国内に還流して、「テロ事件」にいたっているからである。

チェチェン問題でも同様な構図が見える。プーチン大統領にとってもチェチェン問題は彼の政治の原点でもある。２０００年の就任前から、チェチェン内部の穏健独立派とでもいうべき潮流と関係し、急進独立路線に反対したラムザン・カディロフら親ロ派にチェチェン自身による「チェチェン化」戦略を選択させた。つまりプーチンはチェチェン問題とイスラム急進主義（ワッハーブ主義）とを切り離し、前者を親プーチン系民族派として許容する一方、イスラム急進主義を徹底的に抑圧した。その道具となったのがラムザン・カディロフである。もとはといえばチェチェン独立派のアフマド・カディロフを父に持ち、独立派のイデオローグであったが、ワッハーブ主義などの外部イスラム急進勢力が介入し、そのなかで父親が爆殺されたことに嫌気がさし、プーチン大統領と協同してきた人物である。

研究者のマラシェンコは、カディロフのクレムリンとの共闘を指して「カフカース民族出のロッシースキーな政治家」であると評しているのは当を得ていよう。すでに指摘したように、ロッシースキーというのは「全ルーシ」という正教的ニュアンスから多民族的ロシアとでもいったニュアンスがある言葉だ。事実、カディロフはひとつの国にふたりの大統領はいらないと、チェチェン「大統領」という呼称を返上し、首長とする動きすら見せた。もっとも時折、彼は19世紀にロシア帝国と闘った人々の記念碑を建てると言ってはロシアの民族派を混乱させる。

チェチェン社会は、実は氏族的には分裂した社会である。地元勢力とは元は雑多な勢力であり、敵・味方関係は容易に変わる。このようなクレムリンの意図は、ベスランをはじめとする急進勢力の度重なるテロで崩壊しかかった。このときのプーチンの権威主義シナリオとチェチェン化が功を奏して、グローバルなイスラム・ネットワークからチェチェン民族派を剝離してきた。このような工作は、当時のスルコフ大統領府補佐官、第一副長官が行ってきた。

この意味でチェチェンには独立を促すまとまった政治勢力は存在しない。決して穏健派ではなかったが、選挙で大統領に選ばれたマスハドフなどの影響力はほとんどなくなった。逆説的だが、このことが急進武装勢力や外部勢力の介入と、この地でのイスラム宗教国家創出をめざしたテロ組織への純化を容易にした。そして巧妙な彼らの行動を阻止することは、腐敗し、行政機構もないに等しい南部では不可能に近かった。チェチェンのイスラム精神的管理部のスルタン・ハジ・ミルザエフは、２００９年、同共和国のアルグンのモスクでワッハーブ的傾向が浸透していることに警戒心を示している。

北カフカースのイスラムへの調整機関として、１９９８年から共和国代表からなるイスラム調整センターが聖職者代表から作られた。その代表は、カバルダ・バルカルの聖職者イスマイル・ベルディエフである。もっとも2012年4月チェチェンのイスラム代表が、ワッハーブとの戦いが不十分だとしてこの会議を離脱したため、あわてて大統領府の政治担当のボロジン副長官が出席し、会議が開かれている。このことは、問題の政治的・宗教的重要性を物語る。

なかでも2013年7月に「カフカースのエミール（太守）」の指導者ドク・ウマロフがそれまでのテロ自粛を撤回、ソチ五輪へのテロを声明したことは大きな不安定材料となった。実はこの7月、サウジアラビアの元駐米大使でもあり秘密警察長官でもあったバンダル王子がプーチンと会談し、当時問題となっていたシリアのアサド政権打倒をロシアが認めれば、ソチ・オリンピックにチェチェン系反対派を差し向けないという交渉を持ちかけた。これをプーチンが断ったことの連関は重要かもしれない。[*1] こうしてチェチェン問題はサウジアラビア、とくに王室が関係するワッハーブ派との関係という国際的文脈もある、とプーチンは理解している。これらすべてにかかわったのがチェチェン出身の大統領府補佐官スルコフである。

ウクライナ紛争でもチェチェンは国際的意味があった。サウジアラビアは海外の反対派チェチェン人を使ってソチ五輪に関与させようとしたが、プーチン支持のカディロフは、東ウクライナに部隊を送り込んだといわれる。なかでも2015年2月末、以前はプーチンのライバルだったが今は無害な反対派のネムツォフ第一副首相を殺害させた（らしい）ことは、モスクワ政界を驚かせた。カディロフ自身も一時期ドバイにまで逃亡したが、プーチン自身もこの事件直後はしばらく姿を現さなかったほどである（Zygar,378）。

このように深刻化して出口のない北カフカース危機だが、その対策として出されてきたのが２０１６年の国家親衛隊創設といった治安機関の再編問題と並んで、いわゆる垂直的統制の強化である。つまり連邦制を改革し、場合によって県といった行政単位を基礎とする単一共和国案も含め、行政改革が検討されてきた。正確にはこれはソ連崩壊以来の課題であって、ベスランでの学校占拠事件がきっかけになったもののその結果ではない。とりわけ南部にはコザックやメドベージェフ系のA・フロポーニンなどの政治家が北カフカース連邦管区大統領代表として投入されてきたが、リベラルな法律家である彼はうまく統合できてこなかった。

タタールスタン問題

もうひとつ、正教世界と穏健イスラム世界というロシアの重要な結び目はタタールスタン問題である。16世紀にイワン雷帝が征服したタタールスタンだが、ソ連時代には自治共和国という位置しか与えられなかった。ソ連崩壊前後、同州委員会共産党第一書記シャイミーエフが共和国の主権を掲げて大統領となった頃から分離派共和国の中心でもあった。シャイミーエフは、他方で元共産党の幹部であるノメンクラトゥーラとして、モスクワの動向を理解しており、１９９０年代前半にはチェチェンなど急進分離派とのあいだに入り、連邦と共和国の関係を調整することもできた。

１９９３年12月、エリツィン大統領が連邦憲法改正に成功し権力を固めたあと、同共和国は連邦加盟を決めた。またロシア政府が１９９４年チェチェン介入を進めたとき、チェボクサリの会議で仲介を行った。さらにエリツィン政権末期には、シャイミーエフはルシコフ・モスクワ市長と組んで「全ロシア」を作り、モスクワのロシア主義者と分離派双方から不興を買った。同時にモスクワ—カザンの関係が全ロシアの運命を握ることを印象づけたのである。プーチンが、彼らと統一派とを統合することで統一ロシア党にしたとき、シャイミーエフの比重は自ずと高まった。

そのカザン・タタールの内部ではソ連崩壊後、過去の歴史をめぐって、キプチャク・ハン国の末裔であり独立をめざすべきだという「タタール派」と、そうではなくモンゴル以前からボルガにいたブルガール人の末裔であるという「ブルガール派」との歴史的対立があったといわれている。ちなみに古チュルクの言葉でアールは人の意味、タタールとは「異質な人」、ブルガールはボルガ川を「漕ぐ人」というチュルク系の言葉といわれる（Zakiev,101）。ブルガリアの語源でもあるブルガールは、10世紀に滅びたチュルク系ユダヤ教徒のハザール王国から独立するためにイスラムを取り入れたともいわれる。10世紀から12世紀のボルガ川にあったブルガリアは強力な国家であった。ソ連崩壊後シャイミーエフ大統領は、内部ではロシア人との共存をめざすブルガール系で、その結果、共和国のシンボリズムもブルガール系となったともいわれる。当初は独立を呼号したシャイミーエフらも、結局はロシア連邦との和解をめざした。

その意味で、タタールスタンなどイスラム勢力をいかに統一国家の枠に取り込むかはロシア政治の中心的課題である。法的には連邦制、政治的には垂直支配だろうが、宗教的にはイスラムとの対話である。２０１０年、メドベージェフ大統領が憲法上の疑義もあるなかで北カフカースのイスラム穏健派聖職者と会談したのは、そのような意図の表れであった。もっとも、このような聖職者はあまり高い権威を持っておらず、急進派のテロの標的ともなっている。

他方で、エスニシティと宗教とは同じではない。とりわけ、北カフカースともタタールスタンとも無関係なロシア人イスラムの運動が起き、彼らが２００９年からＮＯＲＭというロシア人イスラム運動を始めたとき、当局はこれと極右テロの関係に関心を示し、指導者ワジム・シードロフなどの活動家は海外に出た。少数民族と関係ないだけに急進化しやすいともいえよう。

もっともタタールスタン内部では、宗教的民族的、そして反ロシア感情も高まっている。タタールスタン民族主義の代表的イデオローグ、民族運動の指導者ザキ・ザイヌーリンは、その民族主義的言動で処分を受けたこともあるが、２０１３年に『タタールの目で見たロシア』の中でロシアの堕落を批判したため引退に追い込まれたという（NG16/07/13）。

独立後のタタールでは、ワッハーブ主義はアラブ的潮流であって、タタールとは無縁であるといわれてきた。しかし次第に、少数派ながらも原理的なイスラムの教義に戻れというワッハーブ的潮流が見られている。とりわけ若手のワッハーブ主義者は、ロシア・ソ連期に歪曲されたイスラムに対し、初期イスラムへの回帰によって危機を乗り越えるべきだと考えている。もっともこの地域は伝統的アラブ世界から遠く、ブルガール時代の国家性回復をめざすような伝統的イスラム世代と、アラブ的なイスラムをめざすワッハーブ支持派との世代的、社会的な差異は大きく、そして広がっているといわれる。

こうして同じタタール共和国でも、首都カザンのイスラムが伝統・秩序志向であるのに対し、周辺のナーベレジヌュイ・チェルニでの若い世代、都市や農村の下層の低教育世代には現状否定的なワッハーブへの志向が強まっている。カザン大学のＡ・ハブトジノフも指摘するように、政治・経済的危機を克服してのみ、ワッハーブ主義の克服が可能となろう。

シャイミーエフが旧共産党型のノメンクラトゥーラ民族主義を駆使して、モスクワと地元イスラムとのあいだを泳ぎながら、タトネフチ社など石油などの利害をうまく生かして利益を上げたとすれば、後任のルスタム・ミニハノフ大統領は後継者でもある。彼は2010年3月から大統領となったが、その経歴は前任者同様に農業関連である。ソ連崩壊後タタール政府財相を務め、1998年から首相職にある。その間、2006年からはタトネフチのような民族資本系会社の理事会にも在籍した。首相時代にはインターネットを駆使したサイバー政府などに熱心であった。21世紀に入ってエネルギー産出国ではどこでもこのような現代的変化が起きているが、タタールも例外ではない。ガスプロムから大統領に就任した経歴はメドベージェフ大統領に似ているが、事実、2010年に彼が大統領に就いた折にはメドベージェフが推薦している。

もちろんタタールなどにはロシア人人口が半分近くあるし、タタール人の中でも16世紀半ば以降正教に改宗した人口は少なくない。なによりタタール人は、ナポレオンを破ったミハイル・クトゥゾフ将軍のような帝国軍人から、ガレーエフのようなソ連軍人の高級幹部が出ているのもまた周知の事実だ。

モスクをめぐる争い

プーチンとイスラムをめぐる関係では、モスク建設も争点となることも多い。モスクワで世界最大のモスクが2015年9月に完成した。これは、もともと1904年日露戦争時に作られたモスクワ（タタール）・モスクであった。ところが、このモスクを2008年9月に取り壊す計画が発覚したことから、イスラム系や文化財保護に熱心な集団からの批判を受けた。普段は静かな中央アジア系の信者も、この「文化的ショック」に抗議したともいわれた。ちなみに筆者はそのとき偶然、地下鉄プロスペクト・ミーラでウズベク系と思われる人々の抗議に危うく巻き込まれた記憶がある。その後2011年にはモスクは取り除かれたが、新市長ソビャーニンも協力して再建が決まり、2015年9月の開所式には、プーチン大統領のほか、トルコのエルドアン大統領やパレスチナ自治政府のアッバス議長らが参加した。このような場がロシアの宗教面でのソフト・パワーとなっているのも、21世紀ロシアを映し出している。もっとも、トルコとの関係はその直後からのシリア空爆をめぐって一時悪化した。もっともエルドアンはこれを「中国の影響」として再びプーチンと和解した。

5　ユダヤ教・仏教など

ユダヤ教とロシアのユダヤ人

現代ロシアにおいて、ユダヤ人とユダヤ教という問題ももっとも重要な問題のひとつである。ソ連崩壊の混沌の中で、彼ら国際的ネットワークを生かし、エリツィン改革、とくに民営化改革から多くの利益を上げた人々の中に、ベレゾフスキーやグシンスキー、さらにホドルコフスキーのようなオリガルヒ（新興財閥）の人物が輩出したことは、今ではよく知られている。もっとも、オリガルヒがすべてユダヤ系というわけではむろんない。

そもそも誰がユダヤ人なのかという問いも、政治的・市民的問題であると同時に、宗教的次元を当然にも帯びる。そもそも宗教は、それが開かれているかぎり誰でもユダヤ教徒になれるはずである。しかし実際には帝政ロシアだけでなく、キリスト教世界では周知の差別があった。イエス・キリストはユダヤ人であったが、ユダヤ人はキリストを裏切ったユダの子孫であるといった「裏切り者」イメージが定着した。それだけでなく、19世紀末には帝政ロシアでポグロムのような差別に由来する政治暴力もあった。

ロシアにおけるユダヤ教の問題は、実はロシア以前に存在したハザール王国というチュルク系遊牧民族の国家の問題にもかかわっている。10世紀以前にカスピ海と黒海のあたりに存在したこの国は、南でのアラブのカリフやビザンチンの宗教的浸透や圧力に抗して、指導層が8世紀末から9世紀にかけてユダヤ教に改宗したというユニークな国家であったからである。

こういう歴史を持った国家については、スターリン粛清を扱った『真昼の暗黒』などで有名なユダヤ系評論家アーサー・ケストラー（１９０５〜１９８３）による『一三氏族』（１９７６）でセンセーショナルな話題となった。センセーショナルというのは、アシュケナージ系ユダヤが古代イスラエルの末裔ではなく、10世紀のハザール王国に由来すると論じたからである。ロシア人歴史家アルタモノフもこの王国についての研究を出版した。アルタモノフは、このユダヤ教の受容を「独立の示威」と評している（Artamonov,22）。もっとも民衆自体は異教的な信仰を保持したようである。他方で、このハザール国はビザンチン帝国とも外交関係を保っていた。何よりもこの国家が存在したことで、ルーシは正教を受け入れても、当時強力であったイスラムの影響を受ける国家とはならなかった。その意味でも重要な意義を有した。

イスラエル国家を作ったシオニズムとは、いわば「神の国」を作る運動がナショナリズムと結合してできた政治運動にほかならない。スターリンは第二次世界大戦末期、対ナチス・ドイツで共闘したユダヤ人の戦後の居住地として、最初クリミア半島にユダヤ人国家を作る計画もあったといわれている。クリミア半島に古くからいたカライムというチュルク系で、ユダヤ教の一種を信仰している集団が知られている。1989年人口調査時には約2600人いたが、ソ連崩壊で500人ほどイスラエルに移住したという。今はロシアでは200名程度に減っているといわれる（NGR 22/05/13）。その祖はハザールという説もかつてからあった。イスラム系のクリミア・タタールが先だったのか、それともユダヤ系のカライム人が先だったのか。スターリン民族論は宗教を無視して、代わりに領土と言語を重視したことから、この混乱が生まれた。

クリミア半島がこの「新イスラエル」の候補地として、おそらく1945年2月のヤルタ会談（ロシア人はクリミア会談という）で議論されたらしいことは、今日の国際政治を理解するうえでもきわめて重要であろう。実際、この会議を準備したソ連外務次官のイワン・マイスキーやソロモン・ロゾフスキーなど、スターリンの有力なユダヤ系外交官たちは知英米派でもあり、大戦中にロンドンや米国の国際ユダヤ人ネットワークと接触してきたからだ。同時に、リトビノフが委員長を務めた平和条約と戦後世界秩序を扱った小委員会のパレスチナ問題に関する覚え書き（1945年7月

27日）では、パレスチナでのアラブ人とユダヤ人、それに米国・英国政府間の対立は、英国政府が二股かけた外交の問題であって、どちらか、または第三者の権利や願いを満たさないと解決はできない、と分析した。そのうえ英米ソの三国の信託統治も一案であると示唆していた。

英国は、この地にユダヤ人国家を作ることはアラブ人との間で紛争を招くとして否定的だった。しかし米国は、ルーズベルト大統領が戦時中からパレスチナにユダヤ人国家を作るということを明言し、世論や議会もこの運動に協力的であった。ヤルタ会談の直後1945年4月、ワシントンにいたパレスチナ・ユダヤ人代表ナウム・ゴールドマンは、当時のグロムイコ駐米大使にブルガリア、ルーマニアでのユダヤ人に対するパレスチナ移住へのビザ申請を行っている。しかし英国政府は、このようなユダヤ人国家創設がアラブ民族主義を刺激すると否定的であった（Sovetsko-Izrailskie, t.1, 117）。米国でもG・ケナンらが同様であった。

それでは、クリミアではどのような解決策が構想されていたのか。ロゾフスキー次官やモロトフ外相夫人らの提案がどのようなものだったかは、2000年に刊行された『ソ連＝イスラエル関係』といったソ連の公開史料でも明らかにされなかった。現代ロシア史や冷戦史の資料でもはっきりしない。クリミア・タタール人が対独協力の嫌疑で1944年に中央アジアに追放された跡地に、東欧の収容所にいたユダヤ人を移住させる案があったことは考えられる。ちなみにスターリンもまたイスラエル建国にもっとも熱心となったと、今もロシアの週刊誌で主張されている。[*2]

しかし冷戦が激化しはじめるなか、これらの動きは裏目に出た。なかでも東欧の共産党、とくにチェコスロバキア共産党がイスラエル建国運動に傾斜し、モロトフ外相夫人などモスクワのユダヤ人コミュニティがそれを支援しかかったとき、スターリンは「コスモポリタニズム批判」という反ユダヤ主義に傾斜した。そのため多くのユダヤ系知識人、政治家、外交官などが犠牲となった。

現在はイスラエルとロシアの関係は良好である。ちなみに、2014年3月の国連総会でのクリミア併合無効決議に対して、イスラエル外交官は欠席という形でロシアとの関係を配慮したことに注目していい。

現在のロシアのユダヤ教の最高位はアドルフ・シャエビッチ・ラビであるが、彼はハバロフスクで西ウクライナの世俗的なユダヤ人家庭に生まれた。まもなくロシアのユダヤ人自治共和国として1920年代末からハバロフスク郊外にあったビロビジャン・ユダヤ人自治州に移った。1970年代にモスクワのシナゴーグにいたが、ドブルイニン大使などの尽力でその後ブタペストのラビの神学校で学んだ後、1980年代にモスクワのラビとなった。宗教解禁とともにニューヨークにも行き、1989年にはソ連邦の主ラビとなっている。1993年にロシアの主ラビとなった。しかし1999年にユダヤ人協会連邦とクレムリンは、ベレル・ラーザルを主ラビとした。初代ユダヤ人協会のグシンスキーとシャエビッチが近かったからとされる。しかしシャエビッチが正統とみるともいう。

面白いのは、タト人といわれるカフカースの山岳ユダヤ人である。イラン系の彼らについては18世紀に知られるようになった。シナゴーグを有し、旧約聖書の呼称を有したが、カフカースではゲットーのような生活ではなかったという。ソ連期に変貌し、その後四散し現在は6万人、その4分1はモスクワに住むともいう（VE,11,122）。彼らとの冷戦後のインタビューでは、依然として伝統的精神性を重んじる姿が浮かぶ。

ソ連崩壊後、エリツィン政権時代のユダヤ人

現代ユダヤ人は、ロシア・ユダヤ人会議を組織している。ロシアになっての初代会長（1996〜2001）を務めたメディア・モスト社のグシンスキーはエリツィン期の代表的なオリガルヒといえる。テレビ会社NTVを経営し、エリツィン第二期政権の主軸を握ろうとした。あまりにも突出して政治を左右しようとねらい、プリマコフ、プーチン政権においてもキング・メーカーをもって任じようとした。このためプーチン政権になって追放され、イスラエルに移住した。2代目に就いたのは、ホドルコフスキーと親しくユーコス社を創設したレオニード・ネブズリンだが、彼もその事件に連座して2003年、イスラエルに逃れ市民権を得た。3代目のサタノフスキーは著名なジャーナリストで、イスラエルや中東研究者として知られる。

ビャチェスラフ・カントールはヨーロッパ・ユダヤ協会会長も務めた。同協会のメンバーには有力オリガルヒのミハイル・フリードマンや政治家のウラジーミル・レーシン、ジャーナリストのエフゲニヤ・アリバツ、外交官で最初の外相だったアンドレイ・コズイレフなどがいる。もっとも、すべてのユダヤ人がこの組織に入っているわけではない。

グシンスキーをもっとも嫌ったプーチンはこの組織を忌避、代わりにロシア・ユダヤ人協会連邦を作り、そこでプーチンと近かったイタリア生まれで米国系のベレル・ラーザルを主ラビとするのに貢献した。2001年にプーチンは大統領令で、宗教関係の大統領会議メンバーとなった。シャ

エビッチはここから除かれたために紛争が生じた。２００５年にラーザルは社会院成員にも含められた。

ユダヤ人はロシア革命初期の共産党幹部を輩出した。１９１９年の最初の５名の政治局員中、トロツキー、ジノビエフ、カーメネフの３名がレーニンやスターリン（ジョージア人）と肩を並べた。プーチン大統領も２０１３年６月にユダヤ系博物館を訪問した折、初期ソビエト政権は80～85パーセントがユダヤ人であったと言って「反ユダヤ主義」であると物議を醸したことがある。事実は、最初のソビエト政府自体にはむしろ古儀式系ボリシェビキ（ルイコフ、ノギン、シュリャプニコフ、カリーニンなど）が多かったのである。

仏教

ロシアでの仏教についてはブリャート・モンゴルとかカルムィク共和国地域が中心だが、ソ連崩壊後はモスクワの知識人たちの間にも仏教に対する憧れがかなり生じた。ロシアの知識人たちの間には、オリエンタルな世界に対する関心、いわゆるユーラシア主義、ヨーロッパ・アジア主義的な人たちが存在しており、そういう人たちの間にはインド文化、あるいは仏教文化に対する根強い関心があった。モスクワの仏教センターというのはそういうものの表れだろう。しかし、政治的にはさほど大きな比重はない。

このうちカルムィク人は、ボルガ地域に住み着いたオイラート人といわれる。モスクワと連携して南部のイスラムと闘った。仏教はラマ仏教といわれる。ちなみにレーニンは母方の祖父がカルムィク系であり、ソ連時代には、アジア出自であることを伝承する例がアジア系民族の間で広がった。また仏教徒かどうかしばしば議論されるのは、現国防相のセルゲイ・ショイグである。彼はトゥワ人であるが、この民族は仏教系であって、１９４４年ソ連に併合された。父親は共産党員といわれるが、信仰については議論されている。正教徒説もあるが、２０１５年5月9日に赤の広場で戦勝70年の軍事パレードに際し、はじめて十字を切ったことが話題となった。

注

＊1 http://www.al-monitor.com/pulse/originals/2014/11/russia-middle-east-policy-after-g20.html

＊2 http://argumenti.ru/politics/n526/435248

第3章

プーチンと保守的ロシア

ロシアのアイデンティティをめぐっては、ロシアの保守主義、とくにそれを強く主張しているプーチンの政治的な姿勢と無関係ではない。したがって、ここではプーチンを通じて保守的ロシアを論じよう。プーチン自身についてはすでに多くの著作が出ているのでそれを参照してほしいが、依然として一番重要なのは彼の最初の選挙用著作である『第一人称で』である（ゲヴォルクヤン）。

そこで最初に出てくる話が、帝政ロシア崩壊時の怪僧ラスプーチンとの関係と並んで、レーニン一族と大統領の祖父スピリドン・プーチン（１８７９〜１９６５）との関係である。プーチン自身は「変わったところもない」と謙遜しているが、首都の有名ホテルの名もないコックだった祖父が、帝政末期のラスプーチンとソ連の創始者レーニンの双方に関係していたというだけでも一冊の本が書けそうな話だ。ところが、これまでプーチン論を展開した著作家はほとんど誰も注目してこなかった。

ちなみに祖父と同時代人の評論家、哲学者ニコライ・ベルジャーエフは、１９１７年の評論でレーニンもラスプーチンも、ともにロシア民衆の正教的な異端、「鞭身派」的な自然発生性の表れだ、と象徴的に語ったことがある。ベルジャーエフによれば、ラスプーチンのそれは「黒い」自然発生性が表れたものであり、レーニンのそれは「赤い」発現であるというのである（Berdyaev,519）。実際、１９１７年のロシア革命を現代の歴史家はいまや「赤い動乱」（ウラジーミル・ブルダコフ）といったように革命的暴力の発現形態としてみている。

それはともかくプーチン自身はよく知られているように、旧ソ連のＫＧＢ、つまり情報将校の出身である。ちなみにＫＧＢとは、ロシア革命の防衛部隊である非常委員会の後身であり、スターリン死後に形式的には政府機関となったが、実際にはソ連共産党が直轄する機関であった。１９７０年代、ブレジネフ書記長と同じアパートにアンドロポフＫＧＢ議長が住んでいたことは象徴的だ。プーチンは１９７５年レニングラード大学を卒業後、この機関に就職し、やがて東独勤務をへて、ソ連崩壊前にサンクト・ペテルブルクと名前を変えるレニングラード市長で恩師のソプチャークの要請で市の国際部門に転身したのである。

1　レーニンとプーチンを結ぶもの[*1]

奇妙な接点

モスクワといえば、誰でもがクレムリンと赤の広場を思い浮かべる。なかでもそこのレーニン廟が、かつてのロシア革命とソ連の指導者を祀る場所であることはいうまでもない。１９２４年1月にロシア革命の指導者で共産党の創始者ウラジーミル・レーニン没後に同廟が建設されたとき、同廟推進派のオールド・ボリシェビキ（共産党の前身）の革命家レオニード・クラーシンは「この場所こそ人類にとってメッカやエルサレムより、より多くの意義のある場所となる」と宣言した(Merridale,298)。無神論を標榜するソ連がその指導者の遺体を革命「崇拝」の対象としたのである。ちなみにクラーシンはボリシェビキ党員だったが、日露戦争後の宗教リバイバルのなか、「貧者の神」を作るべきだと主張して、無神論者のレーニンと対立した建神論者でもあった。

だが、レーニンが作ったソビエト連邦という国家は1991年末に崩壊した。その前後からレーニン廟の撤去問題が議論された。ロシア共産党こそ反対したものの、民主化派は当然撤去を主張した。それだけでなく、ロシアの伝統を説くウラジーミル・メジンスキー文化大臣（1970〜）など保守派からも撤去論が出てきた。

こうしたなか2012年12月、大統領に再選されたウラジーミル・プーチン（1952〜）は明確な答えを出した。レーニン廟の撤去には賛成できないと発言したのである。問題はその論拠だ。プーチンはギリシャ正教の聖地アトス島での聖人の遺体保存の例を挙げながら、レーニンの遺体を安置している廟は「ロシアの伝統」であると言ったのである。

聖人の遺体保存といえば、とくに正教の中に根づいた考えである。ちなみに、ドストエフスキーの『カラマーゾフの兄弟』にはゾシマ師の遺体が腐敗したことに落胆した話が出てくる。聖人の遺体はロシアでは腐敗しないと信じられるからだ。

脱共産主義の政治家プーチンは、どうしてこの廟の維持を主張したのか。プーチンは、共産主義というイデオロギーも「宗教の理念から派生したもの」にほかならないと主張、この廟の存在を正当化した。こうしてプーチンはソ連崩壊後、リベラル派が撤去を、他方ロシア共産党が維持を主張したレーニン廟撤去問題に、明確な結論を出した。最近はロシアの保守派にも広がっていた撤去論、レーニン廟を博物館にせよという主張にプーチン発言はふたをした格好だ。

この経緯で面白いのは、プーチンによるレーニンと「伝統」の理解である。プーチンは共産主義には「大いなる代償」があったと語った。またソ連崩壊について、プーチンは「ソ連崩壊は破局的であった」という発言したため、一部でソ連復活派だという誤解が生じた。確かに彼は「崩壊を悲しまないものは心がない」と言ったが、それに続けて「ソ連に戻りたい者には頭脳がない」とも付加していたのである。

しかしプーチンが決めた「廟」の存続問題は、単なる歴史的記念物の保存の問題に留まるものではない。それどころかプーチン一族には、ロシア革命の指導者ウラジーミル・レーニン（本名はウイリヤノフ）とは奇妙な接点があるのである。

プーチンの一族は16世紀に遡るボルガ河畔のトゥベーリの農民出だともいわれる。祖父スピリドン・プーチンは晩年レーニンの別荘で料理人を務めていたという経緯がある。最晩年のレーニンだけでなく、彼が亡くなったあとも、妻のクルプスカヤや妹の住んだ別荘の料理人として仕えた。といっても、祖父が共産党員であったわけではない。

プーチンがこのことを明らかにしたのは、２０００年に大統領候補となったときの先に紹介した著作『第一人称で』の中である。もっともこの重要な情報は英訳者が別荘の場所を間違えたために、プーチンのメッセージが読者にはまったく理解できなくなっていた。実はプーチンが示したレーニンの晩年の別荘とは、モスクワ郊外、ゴルキ・レーニンスキエの館であった。この場所は映画監督ソクーロフが晩年のレーニンを描いた名作『牡牛座―レーニンの肖像』の舞台となった場所でもある。

その建物を建てたかつての所有者とは、帝政ロシア末期のロシアの繊維王、サッバ・モロゾフの夫人である。モロゾフ一族こそ大資本家であると同時に、レーニンを含む当時の革命家に大量に献金していたことでも知られている人物だ。当時の社会民主労働党の有名な『イスクラ』という機関紙が、実は彼の献金で作られたことは、レーニンと10月革命の評価をめぐって当時対立していた建神論の作家ゴーリキーが１９１８年に暴露したことがある。古儀式派とロシア革命の関係を追究している現代史家アレクサンドル・ピジコフも、モロゾフの『イスクラ』派への献金のことを確認している（Pyzhikov13,521）。ちなみに１９１２年刊の『プラウダ』紙もカザンの学生運動家でモロトフという活動家を引き入れたビクトル・チホミロフの古儀式派の父親の遺産をもとにつくられた（下斗米16）。

資本家と革命家との意外とも思える結びつきを解くカギは、実は宗教にある。サッバ・モロゾフはロシア正教の中で異端派とされてきた古儀式派という潮流の出であった。20世紀のソ連・ロシア史学が無視してきたこの古儀式派資本という問題が新たな脚光を浴びている（下斗米13）。その別荘の周辺住民も、この古儀式派というロシア正教の古い信仰者であった。この周辺の教会が古儀式派によって建てられていたことは、２０１４年に同地を訪問した法政大学の小林昭菜も確認した。

古儀式派は、１６６６年に当時のニーコン総主教が始めた正教の近代化をめざす改革に反対したため、正教会とロシア帝国の共通の敵となった事情は第1章で議論した。同派は正教会や、その庇護者ピョートル大帝、そして首都サンクト・ペテルブルク、帝国ロシアを宗教上の理由から「アンチ・クリスト」であるとして敵視したのである。かわって彼らの中では、「聖なるルーシ」、「モスクワは第三のローマ」という古い信仰が脈々と流れていた。今では帝国最大の反対派という評価もある。

15世紀頃に唱えられた「モスクワは第三のローマ」という考えはロシア正教の教義となることも、ましてロシア帝国の教義となることもなかった。むしろ、ピョートル大帝の作った首都サンクト・ペテルブルクから見れば彼らは異端派、反対派の考え方であった。「第二のローマ」であるコンスタンチノポリスが15世紀半ばに陥落した後、モスクワこそその流れをくむ正統な「第三のローマ」であるという宗教的な背景を持った権力であるという考えだからだ。

こうしたいきさつもあってか、レーニンは晩年テロを恐れてこの古儀式派の村になかば隠れ住んだのであった。この挿話は、つまりプーチンの祖父の一族もまた異端の潮流に親和的であることも暗示していた。プーチンの回想によると、無神論を義務づけられた共産党員である父の目を盗んで、母がレニングラードの近所の叔母さんとともに洗礼を受けさせたという。彼自身1993年にはエルサレムに行き、聖墳墓教会を訪れて聖別（正教では成聖）をして以降、十字架を外したことはないという。

プーチンの一族は古儀式派との関係があるのではないか。この仮説は、現代ロシアのユーラシア主義運動の指導者で、自身が古儀式派系の統一信仰の信徒でもあるモスクワ大学のアレクサンドル・ドゥーギンの『プーチン対プーチン』（2012）などにも出てくる。現に今では古儀式派出身であることが判明しているソ連最初の国家元首でありソビエトの長老、カリーニンはプーチン一家近くの出身だ。ちなみにドゥーギンは、ウクライナ紛争後の反米的な発言とも相まって欧米ではプーチン・ブレーンと擬されている。しかし、それほど影響があるとは思えないが、もっとも、多くのプーチン関連本にこの指摘はあまりない。

ソビエト権力の「神」となった無神論者レーニンの皮肉

レーニン一族とプーチンとの一見奇妙な関係を示したのは、ロシア帝国の反対派で革命家のレーニンと、宗教的な反対派である古儀式派とが接点を持つことはありうるからだ。もちろんプーチンの古儀式派とのつながりは後段でも議論するが、直接、大統領が明言したわけではもちろんない。それでも、レーニン廟にプーチン自身が論及したことが面白い。

実は、古儀式派の復活には日本との関係もある。というのも1905年の日露戦争での帝国の敗北により、ロシアでは民主化や革命と並んで、自由な宗教への関心が高まったからだ。それまで帝国ロシアと正教会は、多くの伝統的農民や兵士が信仰していた古儀式派的な考えを異端と考えていた。つまりこの信徒を宗教敵とみなし、差別してきた。日露戦争時、正教会の従軍司祭たちは満州の野や日本海海戦で倒れたコサック兵など、多くは古儀式系の兵士を宗教敵であるとして放置した。

このことに怒ったのが、帝国の経済的実力を事実上握りはじめたモスクワなどの古儀式派資本家（グチコフ、モロゾフ、リャブシンスキーら）たちであった。日露戦争さなか彼らは世論を動かし、信仰の自由を求めた。そしてツァーリ政府から政教分離の勅令を公布させた。古儀式派の時代が始まるかに見えた。先にベルジャーエフのレーニン鞭身派説を紹介したが、古儀式派の流れから派生した革命的マルクス主義とのつながりがベルジャーエフには見え隠れしたからだろう。ちなみに彼自身は、マルクス・ボーイから「究神論」という正教本流に帰依した哲学者だ。

皮肉にも無神論者レーニン自身がそのソビエト権力の「神」となった。聖人伝説を革命権力のために利用する、これがレーニン廟のもととなった「建神論」の思想である。建神論とは日露戦争後、宗教が自由化されたときボリシェビキ党内で無神論のレーニンに対し、プロレタリアの神を作ることで宗教との接点を持とうとした思想である。一種のキリスト教社会主義というべきだ。日露戦争後の革命派の中でもルナチャルスキー、クラーシン、作家ゴーリキーらが支持した。彼らはレーニンやプレハノフといった無神論者と対立し、１９０９年頃イタリアに「カプリ学校」を作った。

モロゾフ一族やチホミロフ一族だけでなくリャブシンスキーやコノバロフといった古儀式派資本家もまたゴーリキーなどを通じて社会民主労働党に資金援助した。建神派系の「カプリ学校」では古儀式派系の運動家が学んだ。

１７８９年のフランス革命では理性を神の代わりとしたが、１９１７年のロシア革命後、無神論者レーニンがなくなったとき、その遺体を「社会主義の神」とし、廟に祀ることによって民衆の聖人崇拝をソ連体制に取り込もうとしていたのである。

プーチンが現在になって聖人伝説まで持ち出してレーニン廟を正当化したことには深い理由があったというべきだ。むしろ、毛沢東廟からホーチミン廟をへて北朝鮮の金日成・正日親子の錦繍山宮殿に至るまで、いまやアジアに限定された観のある共産主義国は、すべて今でも、その間接的な影響下にあると言うべきかもしれない。

とりわけプーチンは２０１２年の大統領選以降、保守主義と正教をいっそう政治体制の正統性根拠としているかに思われる。ロシアは保守のイデオロギーを重視すべきだとし、民族、国家や家族といった伝統的価値を大事にし、他方「西側」の同性愛や「民主主義」を批判する論を展開している。なかでもルーシ受洗１０２５年にあたる２０１３年12月の大統領教書では、このようなプーチンの保守主義が顕著に出ていた。

この直後のソチ五輪で欧米首脳が開会式をボイコットしたのは、建前はＬＧＢＴ（性的少数者）をめぐる意見の対立であった。ウクライナ問題が深刻化したとき、欧米諸国は制裁リストにミズーリナ議会家族・女性・子供問題委員長とヤクーニン・ロシア鉄道社長という、クリミア併合に直接は関係のない人物を載せたが、彼らの同性愛問題での言動が問題にされたといわれる。ミズーリナ女史は反ホモセクシュアル法推進者であったし、正教の庇護者として有名なヤクーニンも同法を擁護したという。その意味では現代の保守的ロシアとは、このような歴史と記憶とが極端に凝縮し、蓄積された世界でもある。

2　プーチン一族の出自

プーチンとレーニン、ラスプーチン

現在、プーチン大統領はもっとも重要な国際政治の指導的プレーヤーとなっている。ところが西側の主要なプーチン評伝でも、単にＫＧＢのエージェントが政治家になったといった単純なものしかない。こうしたなかで、２０１４年10月のバルダイ会議で、大統領府のボロジン第一副長官が「プーチンなくしてロシアはない」と発言して内外に波紋を呼んだ。また、プーチン大統領の実像や背景は、世界のメディアでは「ヒトラー」に擬せられるとか、あるいは「ホモ・ソビエチクス」

的人間とされている。だが、東独勤務だったＫＧＢ出身の政治家という扱いだけでは、ロシア理解、プーチン解釈にはあまりに不十分であろう。

というのも、ウラジーミル・プーチンの素顔に迫るいくつかの新しい史料がロシア国内で出てきているからだ。プーチン自身は前節で触れた自伝で、レーニンのコックだった祖父やトゥベーリ出の母のことを書いている。そのプーチンは、自分の一族がモスクワから１２０キロほど北西のトゥベーリ州、トゥルギノ村の出であるということを２０１４年秋のバルダイ会議で語った。２０１６年1月には正教でのクリスマスをこの地で祝っている。この地は、ソ連最初の国家元首で古儀式派系の革命家カリーニンの出身地であることにちなんで、カリーニン州といわれたこともある。この州のトゥルギノこそ、17世紀プーチン一族が起きた地域の発祥の地である。ロシアの歴史家アレクサンドル・ピジコフは、プーチンは古儀式派の出だと率直に指摘する。

有名人には多くの親戚が生まれると言うが、ロシアも同様だ。いまや全ロシアで３０００名いるとされるプーチン大統領の一族の系譜を調べたのはアレクサンドル・プーチンという、大統領にとっては遠縁、一説では従弟に当たる人物である。彼がこの調査を始めたのは１９８６年、つまりペレストロイカ改革が始まった頃で、自己のルーツを訪ねるのが目的だった。ロシア語で祖国（ロージナ）はロド（氏族）に由来する言葉だが、20世紀の激動のなかで一族の「過去」を訪ねることはソ連時代にはほとんどタブーであった。ペレストロイカの自由な雰囲気が、このような祖先探しを可能にした。親戚の古老への聞き書きや州文書館を中心に、この探索の活動が開始された。

「トゥベーリはモスクワの扉（ドゥベーリ）」ということわざがあるが、そのトゥベーリ州文書館も1999年から調査した。大統領の祖父スピリドンが1880年生まれ、晩年レーニン家のコックでもあったことは前節で触れた。彼の6代前のシメオン・フョードロビッチ・プーチン（1723年生まれ）がプーチン家の祖であることが確かめられたと、アレクサンドルは指摘している（Aleksandr Putin）。つまりプーチンから8代前である。もっともロシア国立古法律文書館はさらにその2代前の祖、1649年生まれのファディ・ヤキモビッチ・プーチンを特定したという。祖先がトゥルギノ村に移住したのは同書によれば、どうやら1758〜1763年の間のようである。

ロシアでは普通の出稼ぎ農民の祖を10代にもわたってたどれることには驚く。日本でも10代前にさかのぼれるのはよほどの名望家だろう。もっとも、有力政治家の祖先の探索に中央、地方文書館が躍起となった感がなくもないが。一つには、戸籍管理を革命前は教会が行っており、そして革命後は無神論政権のおかげでソ連国家という最強の権力が教会資産を管理、史料を（多くは）隔離して保管したという逆説がある。ソ連崩壊後、ロシアは過去を取り戻す。

それはともかく、アレクサンドル・プーチンの調査に従って、プーチン家のルーツを探ろう。革命前アストリア・ホテルのコックであった祖父スピリドンは首都で叔父の世話で仕事の縁を得た。故郷の教会で結婚をしていたことが1907年2月の文書に残されている。この時代は、古儀式派が日露戦争後の政教分離で公然と古儀式派と名乗るようになった時期である。もっともプーチン一家がどうしたかは不明だ。彼らは当時起きていた1905年の農民運動にも参加していない。

祖父が勤務するホテルのレストランでよく食事をしていたのが、ロシア革命前にロマノフ家を引っかき回した怪僧ラスプーチンであった。正確には、このシベリア出身の祈禱師は、正教内の異端派の鞭身派という潮流に属していた。彼はユスーポフという貴族に1916年末に暗殺される。ラスプーチンをめぐるスキャンダルが帝国崩壊と2月革命を導いた。あるいは宮廷クーデターのようなかたちで政権移譲をねらった古儀式派系「十月党」のグチコフなどがこの情報を操作していた。なお祖父はラスプーチンに気に入られ、金貨を与えられたともいう（同書、33）。ちなみにラスプーチン一族は、同書によれば革命後は不名誉な名前を嫌ってプーチン姓に改称した（同書、171）。

1917年前後に、祖父スピリドンは4人の子をもうけた。しかしロシア革命でレストランは閉鎖された。それどころか1917年の革命によって200万の首都の住民は飢餓に苦しみ、首都も崩壊しかけた。たまたま出稼ぎ農として村に家があった祖父はトゥベーリに戻っている。他方、大統領の父ウラジーミル・スピリドノビッチは1911年に当時の首都サンクト・ペテルブルクで生まれた。母のマリア・イワノブナは、祖父の故郷の3キロ先の村の中農の家で同年生まれている。

プーチン大統領自身は、両親が41歳の1952年10月9日にレニングラードで生まれたというのが定説だ。この間大祖国戦争という大戦期、父は1941年に戦線に参加している。母はナチス・ドイツの包囲と飢餓の同市にとどまったが、飢餓の1942年に現大統領の兄姉に当たる子供たちは亡くなった。もっとも母はこのことをほとんど語らなかったという。苛烈な状況下で共同墓地に葬られた。2015年の戦勝70周年に際し、赤の広場での「不死の連隊」という記念行事でプーチン大統領も、墓の行方も知れぬ兄の写真をかざした。

ただ、祖父がレーニン家と関係があったからといって、一族がとくに革命派だとか親政府系であったわけではない。それどころかボリシェビキ権力が独裁をしいた革命期、首都で居酒屋をやっていた叔父は射殺されている。それでも一時故郷の農村に戻った祖父だが、1920年代初め、各種のテロを恐れてモスクワ郊外に住んでいたレーニンの一家にコックとして雇われるにいたる。もっともこのことをアレクサンドルは触れてないが、プーチン自身が選挙向けに出した自伝『第一人称で』の中で最初に触れられていることは既述した。またこれも先に触れた通りだが、この地は古儀式派の大富豪で、日露戦争時の政治経済を動かし、同時に革命運動のパトロンでもあったサッバ・モロゾフ一族のかつての別荘であった。

他方、祖母はしばらく夫と離れ、スターリンが1930年に農業の全面的集団化を始めたとき、自分の村で農業集団化に積極的に関与していたようだ。ちなみに、当局は間違えて彼女の名前をプーチンと記載したため、晩年になって年金を打ち切られかけたという。しかし、1930年代にソ連共産党系施設の料理人となっていた夫に招かれ、モスクワで暮らすことになった。

大祖国戦争では大統領の叔父に当たる3人の息子が戦死している。つまりミハイルは33歳（1941年）、アレクセイはクールスク戦（1943年）、妹アンナの夫などである。祖父スピリドンは1965年85歳まで生きたが、祖母はプーチンがKGBに就職する1976年に亡くなっている。90歳だった。

大統領の父は傷病兵として復員してきた。復員後は当時エゴロフ車両工場で働き、職場の党の役職でもあった。母は文部大臣であったフールツェワのつてを得て、年金問題を処理してもらったという。母は故地との関係を絶やさなかったというが、それでも彼女の家屋は地方の権力によってほしいままにされたという。プーチン一家はこうして比較的長命な一族だが、母は１９９７年に、父も１９９９年にそれぞれ他界している。

古儀式派との関わり

アレクサンドルによる一族の記録で面白いのは、１７７０年代頃のペストの発生の結果、プーチン一族が一部ボルガ川流域に移住したことである。一族には17世紀以降ボルガへの移住政策にのった結果、ニジニ・ノブゴロドにも親戚があった。同書でアレクサンドルははっきりとは書いていないが、トゥベーリは伝統的な、今の言葉でいえば原理主義的な正教地域であったようだ。彼らはカトリックと和解するというロシア帝国が強化した宗教改革には賛成でなかった。宗教弾圧もあった。

こうして18世紀末、宗教弾圧とペストに抗して、ボルガ沿岸に移住したなかにプーチンの遠縁の一族もあったようだ。ちなみに、祖父スピリドンは１９２０年代にボルガで漁労をやっていた遠縁とも会っているが、この人たちは古儀式派であった。なかでもペルミ州のプーチン一族は、17世紀末の銃兵隊の反乱に荷担した古儀式派であったと古老たちは伝えた（同書、１７０）。ペルミやボルガ沿岸は古儀式派人口が今でも多い地域である。さらにウラルに行った遠縁は古儀式派のプーチノ村を作ったともいう。１９０８年の古儀式派カレンダーにも出てくるウラル商人アンドレイ・プーチンはその一族である由だ。

彼ら古儀式派は20世紀初め、短期間だったがストルイピン改革など資本主義の担い手でもあった。１９１７年の革命を支持しなかったウラルのプーチン一族はボリシェビキ権力の抑圧下にあったものの、すべての一族を根絶やしにできないとわかった革命権力は離反者を生み出したという。なんとスターリンの医療担当だったヨシフ・プーチン中佐はその代表である（同書、171）。

ちなみに1995年の人口調査によれば、ロシア連邦でプーチン姓が多いのが、アストラハン、ボログダ、ペルミ、サラトフ、サンクト・ペテルブルクの諸州であるという。今でもインターネットで検索すればプーチン姓が圧倒的に多いのがペルミなどボルガ沿岸で、これらの地域は古儀式派の影響がある地域である。一族の出自となったトゥベーリ州よりも多い計算になる（同書、179）。つまり大統領の一族は発祥の地トゥベーリからボルガ沿岸に拡散し、一部は古儀式派の影響下にあることを物語る。

なかでも、ロシアの政治学者ドゥーギンによれば、ソ連期の古儀式派イコン画の作者で、サラトフ出のアンナ・プーチナ（1918〜1990）のことを大統領は遠縁と評したことがある。彼女の祖父は1930年に宗教上の理由でソ連権力から弾圧された経験があるという。アンナ自身は、ロシア帝国もソ連も否定した献身的な古儀式派らしく、ソ連国家からは一切年金を受け取らなかったという。

3　プーチンの政治的キャリア

連邦保安庁長官、KGB時代

1990年代後半、エリツィン政権のもとでベレゾフスキーのような新興財閥のオリガルヒ系が実権を握ると、民営化の暴利をむさぼった。閣僚会議と呼ばれた政府のトップはビクトル・チェルノムイルジンやセルゲイ・キリエンコなど新旧のエリートが、銀行間戦争とよばれるほど、民営化の利益、とりわけ石油やガス資源といった利益を争った（レント・シーキング）。その末に1998年夏には政府は財政危機から債務不履行に陥った。ルーブル強化という国際通貨基金（IMF）仕込みのマネタリスト的政策は破綻、通貨は3分の1から4分の1にまで減価した。

この危機を救ったのは、共産党とヤブロコ派など穏健改革派という議会の多数の信任を得た新首相エフゲニー・プリマコフであった。もとは東洋学者でゴルバチョフ期の政治局員であったが、共産党やヤブリンスキーなど改革的野党の協力でこの経済危機を克服した。エリツィン大統領の権威は地に落ち、かわって議会多数派に信認された首相という新たな権力核が生まれかけた。

慌てたエリツィン周辺はプリマコフ首相を解任、かわって周辺の強力官庁系の中から対抗馬を探した。当初は旅順生まれの海軍士官の息子で、サンクト・ペテルブルク出でソプチャーク系のセルゲイ・ステパーシン連邦保安庁（FSB）長官が首相に任命された。しかし彼も3ヵ月で辞任、かわりにエリツィンが後継者含みで指名したのが大統領府に入った官僚で第一副長官として、とくに地方政治を監督していたウラジーミル・プーチンであった。1999年8月、首相になる直前はFSB長官であった。この時点でエリツィンの後継者となったが、外部には伏せられた（Zygar）。FSB長官であった。

ちなみに、FSB長官時代にプーチンが関与した国際事件にコソボをめぐるロシアとNATOとの衝突がある。ユーゴ崩壊とコソボ独立をめぐる政治過程の中で、コソボの空港占拠をNATOに先んじてやったのはロシア側、この指揮を執ったのはプーチンであったといわれる（朝日新聞国際報道部）。このときNATOを代表してプーチンと会ったのが、クリントン大統領とオックスフォード大学の同窓でもある米国のジャーナリスト、ストローブ・タルボットであった。朝日新聞の駒木明義は、この点がプーチンにとっての最初の軍事的原点となったと表現する（朝日新聞国際報道部、211）。タルボットはプーチンが「防諜畑の警官」であるとみた。

プーチンがソ連期の情報機関KGB出身であったことは周知の事実である。もっとも、だからといってこの機関出身者の政治的傾向が頑迷な抵抗勢力だという思い込みは問題であろう。情報機関だからこそ、体制維持のため、問題をあらかじめ認識し、体制を保守するためも「改革」的たらざるをえないときがある。米国ブルッキングス研究所のクリフォード・ギャディとフィオナ・ヒルによる『プーチン・クレムリンの操作者』（2012）は、情報関係者による保守的な動機からする改革派としての性格を議論している。彼らの言う「情報的プラグマチズム」の観点から、原則よりも成果を重んじる態度があったという。実際、1920年代にネップのもとで市場的改革を進めたのは政治警察のフェリックス・ゼルジンスキーであった。1953年のスターリン死後、経済的にみて非合理な収容所体制を解体したのは、「経済リベラル」というべき秘密警察のラブレンチー・ベリヤであった。今ロシアでベリヤの改革派としての側面が再び脚光を浴びている。彼こそ、ドイツ統一やコルホーズ解体、それに収容所の解体を先行的に試みたからだ。もっともフルシチョフらによって解任、その後年末には射殺された。プーチン自身が尊敬するユーリー・アンドロポフ共産党書記長をこのリストに加えることもできよう。

むしろ、石油価格高騰にもとづく経済成長に危機感をもっとも持っているのは彼らかもしれない。1970年代のオイルショックでもっとも潤い、米国との軍拡競争に入ったのはブレジネフ時代のソ連であった。プーチンが国家保安委員会に入って知ったのは、この体制が危機を内蔵していることだった。そのことをある程度自由に分析・解明できたのは、アンドロポフとその改革派の顧問たち（アルバートフ、デリューシン、ボービン、シャフナザーロフ）であった。また1970年代半ばの時点で東ドイツという国家にもはや将来がないと知っていたのは、プーチンもかつて属したKGBの東ドイツ専門家だった。

1983年に保守派として解任されることになる軍のオガルコフ参謀総長も、「経済革命なくして現代兵器では西に追いつかない。問題は政治革命なしに経済革命ができるかだ」と語っていたという。その意味で、プーチンを権威主義的だが、「自由市場派」と理解するギャディらは正当であろう。

「イスラム原理主義」との闘争

もっとも、首相在任中のプーチンの原点にはチェチェン問題があったことの重要性は強調したい。1998年、経済危機によって政府に資金がないなかで首相に就任したプーチンにとっての最初の課題が、このチェチェン問題であった。この問題は日本では「民族問題」というくくりで理解されてきた。しかし、プーチンにとってはイスラム急進派の「テロ」問題、サラフィー主義（サラフィズム）として当初から認識されていたことに改めて注意を喚起したい。むしろ、この問題については、チェチェン問題において、民族問題とイスラム急進主義とを切り離したところにプーチンの特色があるかもしれない。

首相に就任した直後の1999年夏、シャミーリ・バサエフ、アミール・ハッタブというイスラム急進主義者が実際に、7世紀のムハンマドの世界に戻れ、とばかりに、神政国家（シャリアート）建設の目的でチェチェンからダゲスタン共和国に武装介入した。このとき首相になったばかりのプーチンは機会を失わずに反撃した。

今から考えると、プーチンが当時直面していたのは、単なるイスラム問題でもチェチェン民族の独立でもなく、この政治化したイスラム急進主義者による北カフカース地域での宗教国家創出の試みであった。ワッハービズムというサウジアラビアに由来する急進的な政治化したイスラム運動を穏健派、そしてチェチェン民族派から切り離すことがプーチンにとっての任務となった。

なお、前章で触れたことだが、2013年7月、サウジアラビアの秘密警察長官でもあった元駐米大使バンダル王子が、シリア解放をサウジにやらせてもらえれば、ソチ・オリンピックにチェチェン系反対派を差し向けないという交渉をプーチンに持ちかけたという経緯が明らかになっている。この申し入れをプーチンが断ったこととの連関は重要かもしれない。[*2] 実際この作戦ではドク・ウマロフというチェチェン系指導者らがソチ五輪への「聖戦」を準備していた。２００７年からカフカースで「イスラム国」を作るというチェチェン急進派とサウジアラビア政府周辺との連係プレーをプーチンは見てとった。２０１４年初めにはウマロフはロシア側の作戦で死去している。ちなみに、これらすべてにかかわったのがチェチェン出身の大統領補佐官スルコフである。

こうしてみればプーチンは、世界がその後、アルカイダやＩＳ（イスラム国）問題として理解することになるスンニー派内部の復古的国際潮流に直面していたことになる。プーチンたちはこれをテロ対策の問題とみた。サウジアラビア王室も関係する「ワッハーブ」といったイスラム原理主義的潮流が原因であると主張した。つまりはイスラム原理主義との闘争は、政治家プーチンにとっての原点でもあった。このことはシリアや中東、ＩＳに対応するプーチンの行動理解に見逃せない。もっとも「イスラム原理主義」という言葉が適切かどうかについては論争がある。「原理主義」という言葉は、もともとはキリスト教・プロテスタント系の急進的潮流（根本主義）であるからだ。しかし実際に、7世紀イスラムの神政政治を復活させるという急進主義にプーチン首相はこのとき対抗し、ダゲスタン共和国マハチカラ市のアバリア閥のサイード・アミロフ市長らと協力して、粉砕した。

プーチン首相はチェチェンなどでのイスラム急進派の台頭を捉えて反撃に出、このことがプーチンの国内人気を一挙に高めた。議会と大統領選挙を前にエリツィン系オリガルヒは金融破綻しかかっていたが、プーチンは安全保障を選挙のキーワードにした。もっとも当時、国際世論はプーチンに懐疑的であった。むしろ大統領に就任した頃は「プーチンとは誰か」といった問いが出ていたほどだ。KGB出身のこの人物には当初、とりわけ「民主派」から、とくに彼が推進したチェチェン・キャンペーンをめぐって西側から強い批判が出た。もっとも2001年の9月11日のニューヨークでの同時多発テロ以降、イスラム急進主義による国際テロはグローバルな問題として認識され出し、この点での西側からの批判はトーン・ダウンした。

今から考えれば、ロシア南部でのチェチェン問題とはその先端的な問題でもあった。チェチェンでは、その後ラムザン・カディロフら独立派の一部がプーチン体制と和解する一方、この政治化した急進的潮流はいっそう守勢に回るものの、中東全体に影響力を拡散していく。

ソ連崩壊後の混沌としたロシアや中央アジアこそ、正教やイスラムをはじめ宗教の台頭とその暴力化、政治化という問題が発生し、問題の所在をはじめて示した土地でもある。現在でもISの戦士の相当部分は旧ソ連や旧ユーゴ出身である。同時に、この地のイスラム系国家とロシアの地政学的関係によっても左右される。

2016年6月まで、ロシアとトルコ関係がシリア問題をめぐって悪化したが、その改善の兆しが見えた6月末のイスタンブール空港でのテロはチェチェン系や中央アジア系テロリストの関与が指摘された。かつて世俗化イスラムの代表であったが今はイスラム同胞団などイスラミズムの波に呑まれたエジプトやトルコにまで影響が及んでいる。もっとも当時は多くの分析者や西側メディアは、この側面を過小評価し、プーチン政権について、単なる民族問題を民主的に解決するのでなく、

ＫＧＢ流の権威主義者が暴力的に弾圧していると見がちであった。

当時はこの暴力の連鎖に向けられた西側からの批判だけでなく、当時オリガルヒと呼ばれたボリス・ベレゾフスキー、ウラジーミル・グシンスキーらの政商が握るテレビ業界などからも、チェチェン問題での対応に危惧の念が示された。もっとも、彼らの全盛時代のテレビ界もまた、「民主的」で、「客観的」であるとはお世辞にもいえるものではなかった。

「強い国家」と「垂直的統制」

プーチン政権が対峙したオリガルヒもまた、もともと古代ギリシャでの腐敗した寡頭支配を指している。その意味では宗教や言語だけでなく、政治用語の面でもまた、ロシア人はギリシャ人の末裔である。このオリガルヒなる言葉を現代によみがえらせたのはエリツィン・ロシアの民営化の過程であったからだ。オリガルヒとは、エリツィン政権に群がっては、国家指令経済と闇経済しかなかった旧来の体制を民営化する過程に関与した一連の政商を指す。事実上国営企業しか存在しなかったソ連社会主義の関連資産を民営化、新古典主義あるいはネオ・リベラルという市場経済のあり方はグローバル経済のキーワードであるが、それが引き起こすさまざまな問題を示したのもロシアであった。

プーチンはこういった潮流に対抗し、愛国主義キャンペーンを展開した。当時の非常事態相ショイグや政府系有力知事の支持を背景としたプーチンを支持する集団、「統一」は、テレビ宣伝などを通じて、中道系反対派のプリマコフ・ルシコフ系「祖国・全ロシア」や共産党を批判、ようやく勝利することで大統領への道が開かれた。大統領就任後は政党法の制定を梃子として政党再編成に乗り出す。その際にはプリマコフ系をもうまく取り込んだ。なお、プーチンの補佐官としてウクライナ危機などでも活躍するスルコフ補佐官はチェチェン系である。「主権」民主主義といったプーチン政治のキーワードは、実はこのスルコフが作った。

プーチンは第一期に、政商たちを就任直後から政治から切り離し、彼らを「ビジネス」に専念させ、この動きに抵抗した者（ベレゾフスキー、グシンスキーら）を場合によっては海外に追放するか逃亡を促した。この「強い国家」と「垂直的統制」を主張したプーチンへの支持は国内では高まりこそすれ、減退はしなかった。「法の独裁」や地方への強権的統制メカニズムについて、実効性が示された。プーチンは、ソ連崩壊後無視されてきた「国家」の再建を課題とした。「法の独裁」とか「垂直的統制」、「主権民主主義」といったかたちで国家を再建し、立ち上げる努力をした。とくにエリツィン時代に主権を主張した共和国や州への権限を強化した。たとえ、その方法が民主主義とはかけ離れたものだとしても、それを「公平」と見るかを判断するのは選挙民であるロシア国民にほかならない。

とりわけ国家と市場との関係を整序したことが、プーチン第一期の功績といえよう。腐敗したオリガルヒの脱税を回避し、租税も単純でフラットなものとした。もっともプーチン政権はいわば１９９０年代末の危機、エリツィン体制の危機を回避するための緊急避難的な政権であって、依然としてエリツィン時代からの遺産を人事面でも受け継いでいた。５割をわずかに超える当選時の投票率は、プーチンの命運も「オリガルヒ」の意向次第で、交代可能という意味があった。

ソ連崩壊とは、西側にとっては僥倖であったとしても、多くのロシア人にとってはそれまですべてを依存してきた国家の破局を意味していた。すべての行政と経済の資源を動かしてきた国家が解体した。それまでその膨大な資源に基本的に依拠してきた公務員、教員、医者、軍人、学生、さらには年金生活者といったソ連を支えた人々の生活は危機に瀕した。ソ連崩壊直後に2600パーセントというインフレがこの中産階級の基盤を崩壊させた。エリツィンの権力には直接関係ない多くの一般民衆にとっては、「民主化」と市場経済によって突然、格差社会が生まれたかに思われた。したがって、プーチンが掲げた強い国家再建、オリガルヒ抑制、地方勢力の制御という政策への共感は高かった。ここには、ロシア流「民主派」が金権政治に堕し、民主主義をむしろ空洞化させたことへの反発もあった。オリガルヒとは、プラトンやアリストテレス以来のギリシャ哲学を教養目録としてきたロシア人にとっては貴族制の堕落形態にほかならない。

しかし国家とは、それが保有するソフトとハードの双方の資源を利用しなければうまく機能しない。いくらプーチン周辺にシロビキと呼ばれる国家・治安、徴税、法務関係者が多かったとしても、それだけでは民衆の自発的信従を調達できない。プーチンにとって幸いであったのは、大統領就任後顕著となったエネルギー価格の高騰によって2008年までに国家財政が6倍以上に拡大したことであった。この点ではプーチンの反テロ政策は、米国で2001年の9・11同時多発テロ事件が起きたことも相まって、米ロ間の協調が増し、エネルギー価格高騰というウィン・ウィンの関係をもたらした。

こうした背景のもとには、プーチン流のソフトな権威主義、彼の標語でいえば「垂直的」統制、

「管理」民主主義を受け入れた世論があった。とりわけ毎年石油価格が上昇しつつあった２０００年代、国家財政基盤が膨張したことも手伝って、「世論の政治」はペレストロイカ末期以来ロシアにも定着しはじめた。

それまで「奪う権力」としてしか表象されなかったクレムリンの権力は、おそらく史上はじめて、多少は民衆に利益を還元する「与える権力」としての性格を持ちはじめた。ゴルバチョフ末期に生まれた市民社会は１９９０年代には死滅しかかったが、再び息を吹き返した。毎年70万人ずつ減少していた人口減にも歯止めがかかった。せっかくペレストロイカで発言の機会を得ながら、ロシアになって給与も年金も消えた学者や研究者も、ようやく生活できるようになった。

国家管理による経済発展

一方、プーチン周辺には、ロシアの豊富なエネルギー資源など戦略資源を国家管理することで経済発展のテコにするという発想が出てきた。もともとロシア人からすれば、ただやたらに広いだけで生産性に乏しい土地とは、もともとは「神」のもの、レーニンはこれを「社会主義」というお題目で「働くものは食うべからず」として農民に与えることと引き換えに権力を得た、というのが「10月革命」の秘密であった。ちなみにブレジネフ時代には、エネルギー価格のおこぼれもあって働かないとされたロシア人だったが、ペレストロイカのスローガンもこの「働かざるもの食うべからず」だった。そうでなくともロシアの北の人々には勤勉さを尊ぶ、かつての古儀式派的労働倫理も残っているからである。

ロシアでは「所有」を決めるのは権力の性格である。もっともプーチン流戦略資源の「国有化」は、国際通貨基金（ＩＭＦ）流の新自由主義的なドグマと衝突する。こうしたなかで生じた初期プーチン政権にとっての最大の危機が、２００３年のユーコス社問題であった。元コムソモール（共産主義青年団）幹部から銀行家をへて優良新興石油資本ユーコス社のオーナーとなっていたオリガルヒのホドルコフスキーは、自らの富を再び「権力」に転換しようと画策したとされる。

当時、ロシア国家の石油業界に対する経営権の支配割合は1割程度であった。他方、同社は最盛期にはロシアの富の1割を所有していた。つまり、この優良石油会社は、単独でロシア国家相当の資源をコントロールしていたことになる。民営化を通じてユーコス社はほとんど濡れ手に粟の「株式担保民営化」という手法で、わずかのキャッシュを元手に国家資産を落札し、その資産価値を「8年間で30倍」にした（石川、54）。

１９９０年代半ばには東シベリアの石油を民間パイプラインで中国に売るという構想がホドルコフスキーにより進められたが、ユーコスは他のオリガルヒと組んでさらに巨大なロシア版メジャーを画策した。プーチン第一期政権のカシヤノフ首相らも、これによってシベリア極東を支配下におく世界第4の巨大企業となるとして支持した。さらにはエクソンなど欧米メジャーとの提携も目前だった。

そのユーコスのオーナーが今度は政界操縦を図ったことは、いまだに政権を管理しているだけのプーチンとクレムリンとにとっての脅威となった。プーチンが資本と政治の区別を公言したにもかかわらず、ホドルコフスキーが次の政権をねらったとされた。ホドルコフスキーは釈放される

２０１３年末まで10年間にわたり、プーチン体制の政治犯となった。

しかし、その背景はより深いものだった。当時、進められていた自由市場の改革路線をより拡大し継承すべきかどうかが問われていた。ユーコス社は中国石油集団（ＣＮＰＣ）に民間パイプラインを通じて石油を販売しようとした。中国大使だった李鳳林大使によれば、ホドルコフスキーが中国市場に民間パイプラインで石油輸出を図る計画を打ち明けたのは１９９６年であったという（２０１６年4月25日インタビュー）。慎重な姿勢の大統領プーチンにホドルコフスキーは「あなたは中国との提携の重要性を理解していない」と言ったことで、民間企業人が外交にまで触れたこともプーチンの逆鱗に触れたという（石川、44）。

プーチンの怒りには理由があった。市場経済のもとで民間会社が資源もパイプラインも自由に処分できるとなると、会社どころかシベリア全体が今度は株式取得を通じて中国の支配下となるか、あるいは欧米系外資の支配に服すことになる。このとき日本にもまた、プーチンに石油パイプラインを通じた東シベリア太平洋石油パイプライン（ＥＳＰＯ）を働きかけていた。プーチンは国営パイプライン会社トランスネフチを支持することで、日本と中国の双方の肩を持った。

そうでなくともそれほど巨大なインフラ整備は、関係各国や地方の利害に深く関与する。民間主導か、それともクレムリンが関係すべきか。巨大化しつつある石油利権が政治を動かす危険がますます増した。ユーコスなどの石油税をめぐるロビー活動に危機感を持ったクレムリン官僚たち、とりわけ軍や警察など、いわゆる強力官庁（シロビキ）のあいだで懸念が生じた。プーチン自身、１９９０年代にサンクト・ペテルブルクの鉱山学院で、学院長リトビネンコの指導のもとで論文を書いたとされる。このリトビネンコは、資源エネルギーなど戦略資源への国家的統制を主張する論客であり、イーゴリ・セーチン副首相などプーチン周辺に根強い支持を持っていた。

またホドルコフスキーが同時に、ユーコス社の半分の株式をエクソンやシェブロンといった欧米の資本に売却しようとしていたこともロシアの国家主義者の機嫌を損ねていた。エネルギーは国家統制とするというプーチンの考えは、民業圧迫であるとして欧米から強い批判を受けたが、実は英米以外、とりわけ資源国家ではエネルギー産業は、ノルウェー、サウジアラビアからインドネシアなども含め、国家が統制しているのである。ちなみにプーチン第二期政権の現在はロシア石油資源の5割を国家が握る。

「権力」と「所有」をめぐる争いとしてのロシア問題

このようにロシアの問題とは、常に「権力と所有」をめぐる争いである。問題は、この権力と所有とはしばしば過度なまでに絡みあっていることだ。「One for all, All for one」とは、もともとロシアの農村共同体の言葉であった。とりわけ広いシベリアなどでは「土地は神のもの」、つまりお上が所有も権力も決めた。そして共同体の真ん中には教会があった。神の世界から一転して、無神論を標榜したソ連時代には、土地や工場などの所有物は基本的には国家のものとなった。教会は稼働しないトラクター管理所となった。もっとも実際には、共産党官僚が権力を謳歌したブレジネフ時代には所有は誰も管理せず、「誰のものでもない」ものとなっていた。

したがって市場改革がタブーであった1960年代、ソ連の改革派が「所有」論から改革論議を始めたのには理由があった。ペレストロイカ以降、権力や市場が自由に議論されはじめると、シベリアやサハリンの石油資源は一体誰のものかといった議論につながった。「土地」の地下に眠る天然資源など、価値ある石油などの地下資源はいったい誰のものか。ソ連末期からの民族主義の高まりのなか、「主権のパレード」が続いた。ソ連とロシア、モスクワ、シベリア、サハリンといった中央―地方関係が問題となった。州と市や地区、そして現地企業とのあいだで資源や資産がいったい誰のものかをめぐって紛糾し、その間を縫って台頭した各種のマフィアなどを含め、骨肉の争いとなっていた。ゴルバチョフの自由化とエリツィン時代の権力の無能と腐敗とが拍車をかけた。

とりわけナショナリズムは経済利益、とくにエネルギーなどの資源が背景にあると強い力となる。地下資源に恵まれたサハ（ヤクート）やタタールスタンのような地域では、ニコラエフ元大統領やシャイミーエフ大統領といった旧共産党官僚が資源ナショナリズムの担い手となった。「経済主権」といった表現で民族主義が新しいエリートのスローガンになった。

ソ連崩壊が、民族紛争などをともないつつ比較的低コストで生じた理由とは、この各レベルの共産党官僚たちが資産をめぐる闘争で、権限を獲得したからであった。ウクライナやカザフスタン共和国などの地方では共産党第一書記の多くが大統領に就任し、資源や資産の私有化を進めた。エリツィン政権のもとで自由化や規制緩和が進められたといっても、それは政府が急進改革を進めるというよりも、むしろ解体状況にある国家制度がもはや機能を遂行しえない状況に立ちいたっているというロシア政治の状況を反映したものでもあった。

その弊害が極致に達した１９９８年危機の後に大統領となったプーチンは国家を再建する課題を

提示した。他方では彼は確信的な市場主義者であった。もっとも、再国有化と民営化といった先の難問にはいまだに決着がついていない。しかしプーチン流の国家再建は、常に現場では過剰な官僚の恣意と権力乱用と無関係ではない。それほどロシアでは政治は経済と不可分なのである。所有は、権力とは無関係には存在しない。国民のあいだに広がる不公正への反感を利用しながらプーチン政権は、オリガルヒの資産を巧みに再国有化、むしろ「クレムリン官僚による民営化」へと導いた。もっともホドルコフスキーも元はコムソモール（共産主義青年同盟）の活動家、クレムリンのインサイダーであって、クレムリン内部での新旧権力の利益再配分をめぐる争いであったともいえる。

エネルギーと宗教がソフト・パワーの源泉

そのプーチンが三選を拒否し、2007年末に若手のドミトリー・メドベージェフを大統領とし、自ら首相に収まったタンデム政治を始めた。このとき、タンデム体制の持続をめぐって意見は分かれた。ある者はメドベージェフを返り咲きまでの仮の姿、単なる傀儡と見た。別の者は「リベラル」で親西欧的なメドベージェフへの期待をかけた。

実際、米ロ関係の「リセット」を掲げていたオバマ政権下でバイデン副大統領が2010年ロシアに赴き、メドベージェフ大統領の再選をプーチン首相に働きかけたこともあったようである。このとき米国大使となったロシア政治専門家のマイケル・マックフォールはリセットの方針を推進したが、このことは2012年以降の再選プーチン大統領と米国関係を必要以上に悪化させる原因ともなったと、『独立新聞』のレムチューク編集長が明らかにしている（NG15/15）。

したがって2012年にプーチン第二期政権が再登場したとき、第一の立場の者は当然と考えたが、第二の立場に立とうとしたものは「裏切り」と考えた。とくに2012年大統領選挙前後には、大都市の市民は再び数十万単位で街頭に出て民意を示すことになった。このことはプーチン周辺を慌てさせたが、それも政権の間接的成果といえなくもなかった。出てきたのは中東のようなポピュリスト的な動員層より、はるかに先鋉された中産階級であったからだ。ポスト世俗化により、皮肉だが、大都会の無神論世界も共産党的な無神論から脱皮した。ロシアの女性ロックバンド「プッシー・ライオット」が救世主キリスト寺院で風刺音楽を演じたことはこのふたつの世界の衝突を物語る。

しばしば国家資本主義と揶揄されつつ、世界的企業ガスプロムや急成長のロスネフチを庇護・養成しているクレムリンだが、それでも経済面ではまだロシアは「北のサウジアラビア」にすぎないという側面がある。その意味では、ロシアの最大のライバルは実はサウジアラビアやカタールといった石油・ガスなど鉱物資源の産出国である。後者は同時にイスラムの宗教的庇護者、イスラム急進主義と呼ばれるサラフィー主義などの中心でもある。

正教ロシアとは、単に経済だけでなく文明論の次元でもイスラム産油国と利害はしばしば協調し、同時に競合もする。ロシアが行使するエネルギーと宗教とはこうして、ロシア・ユーラシアを理解するための新しいキーワードとなった。いいかえればプーチン政権は、エネルギーと宗教とをロシアのソフト・パワーの両輪としているのである。

4　高まる正教ナショナリズム

プーチンと正教

現大統領プーチンという政治家の理念や信条、イデオロギーをどう読み解くかは大問題である。プーチンを「民主主義者」と見る人は少ないが、はたして市場改革を進める西欧派なのか、あるいは19世紀以来のスラブ派なのか。いやむしろ旧体制復帰をねらうソ連派なのか。それとも、最近顕著になった反西欧的なユーラシア主義者なのか。

実際、２０１２年５月にプーチンが大統領に就任すると、宗教などロシア人のアイデンティティをめぐる議論が、憲法上の問題ともかかわるかたちで提起されている。たとえば、正教会と国家権力との関係改善を求めて、野党である公正ロシアの議員エレーナ・ミズーリナは憲法を改正し、正教の地位を高めよという議論を主張している。彼女は反ＬＧＢＴ立法の推進者でもある。もっとも、世俗国家を標榜するロシアが憲法上で正教を規定する可能性は乏しいのが実情だ（NGR21/13）。

ユーラシア主義というのは、20世紀初めに現れたロシアにおけるアジア的な側面を強調する思想潮流で、ソ連崩壊前後になって再評価された。反西欧、つまり反大西洋主義とよばれる反西欧潮流との親近性が当然にもある。２０１１年10月にプーチンは来る大統領再選挙を意識しながら「ユーラシア連合」を提唱、旧ソ連空間の再統合を明らかにした。このことで再びユーラシア主義とプーチンとの関係が注目を集めるようになっている。

プーチン第一期政権においては、プーチンはチェチェン紛争などを利用しながら「垂直的」な統合を、必要に応じて強制力も行使しながら行使した。それとの対比でプーチン第二期政権になって強まっているのは、宗教的な「垂直」的権威を強調しながら保守主義を強調する傾向だ。その点では第一期よりも宗教の保守的傾向を利用する傾向が強まった。２０１２年３月の大統領選挙を前に、モスクワではその意味での宗教的・政治的対立が目立った。都市の民主化支持派が政治的・民主化を主張した。他方、このような流れをオレンジ革命の再来とみる「反オレンジ革命」を掲げた集会では、反西欧的なプーチン支持派が10万以上の支持者を集めた。

これを単なる権力的動員と見るのは単純であって、むしろそこに、西欧派や民主化に反対する保守的イデオローグも結集した。その中には、ユーラシア主義的色彩が強く、その背景に正教国家主義の潮流や古儀式派的なモスクワ中心主義も見え隠れする。現在のプーチン体制、つまり２０１２年５月からのプーチン第二期政権のイデオローグには、ユーラシア主義で古儀式派系の社会学者アレクサンドル・ドゥーギンや『ザフトラ』派のA・プロハノフ、セルゲイ・クルギニャンらも参加していた。

なかでもドゥーギンの考え方をたどると、古儀式派から見たロシア、ソ連、ソ連崩壊からプーチン体制へのある流れを垣間見ることができる。彼は自著『プーチン対プーチン』の中で、信徒である彼自身だけでなくプーチンもまた古儀式派の人間であることを示唆している（Dugin,7）。彼によると、１６６６年の儀式改革とその後のロシア帝国の成立は、それまでの総主教による伝統的正教、あるいは「聖なるルーシ」をピョートル大帝による「近代化」の名目で破壊した。しかしその抑圧を通じて、人民はその間も古儀式派の運動によりその伝統的価値を維持し、19世紀には人口の3分の1はその支持者であったという。

１９１７年のロシア革命当初は、宗教敵である帝国が終わり、正教会は総主教座を回復、一時期とはいえ本来のロシア的な人民と体制との関係を復活した（同書、63）。この感覚は10月革命にも参加した詩人クリューエフやプラトノフらの作品にも、その人民的精神は感得されるという。もっともその後ソ連期には、スターリン、フルシチョフ、ブレジネフのもとでそのような体制と民衆との和解、宗教的精神は失われかけた。しかし、ソ連崩壊によってそのようなロシア・メシアニズムの意義を有している、というのが、ドゥーギンの見るロシア史像である。古儀式派の見るロシア、10月革命の原像とソ連崩壊後のプーチンに至るロシアとをつなぐ志向がここに見てとれよう。

同じく反米愛国系の著述家アレクサンドル・プロハノフは、新聞『ザフトラ』を発行する保守派のイデオローグである。大叔父が20世紀初めにキリスト教民主党という福音派のキリスト教民主党を立ち上げ、革命後も親ソ的だったイワン・プロハノフだった。祖父も全ロシア福音キリスト教同盟の指導者だった（１８６９～１９３５）。

彼の祖父たちは正確には霊的キリスト教徒で、斎戒に牛乳（モロコ）を飲むのでモロカン派という集団に属していた。いわゆる正教の異端派だ。20世紀にはこの派の中でプロテスタントの影響が強まった。その結果、福音派に転じ、革命前は国内での迫害のため英国で同派の教育を受けた経歴を持つ。祖父は帝政ロシアで軍事活動拒否を通じて勢力を伸ばし、旧ロシア帝国崩壊に一役買う。

その後、ソ連時代になって1923年、福音派教徒が赤軍の軍事活動を拒否すべきかと軍役拒否をめぐって分裂したとき、軍務を拒否すべきでないと赤軍支持だった。もっとも、スターリンが反宗教色を強めると出国、1935年にベルリンで亡くなっている。1938年生まれのプロハノフ自身は1969年に新聞記者としてダマンスキー島の反中国愛国報道で有名になり、ソ連崩壊後は反改革的言説で著名な評論家である。

これに対し、より正統的な「正教的チェスト」と呼ばれるようなプーチン主流派が存在する。プーチン自身は2008年から首相としてやや時間があったとき、主としてイリーンなどロシアの哲学や歴史書を読みあさり、また正教会に通ったといわれる。とくにチーホン＝シェフクノフ神学校長との関係が築かれている。後者は映像画家としての経歴もあり、彼が監督した映像『帝国の終焉』で、東ローマ帝国崩壊の理由をオスマン・トルコだけでなく、カトリックにも責任を帰せたという。*3

ロシアでカトリックとは、16世紀末の「偽ドミトリー」、「ボリス・ゴドゥノフ」の事件を待つまでもなく、正教をめざした新興モスクワにとって、同じスラブ系ながら宗教敵でライバルでもあった。20世紀初めの哲学者ベルジャーエフも、このロシアとポーランドというスラブ系家族の不和が、言語などの共通性にもかかわらず、あるいはそれゆえに存在してきたという。

ちなみにプーチンが大統領になって、それまでの10月革命を記念してきた11月7日の革命記念日を正式に廃し、かわって4日を国民統一の休日とした。この日はポーランド、リトアニアからの介入による「大動乱」を終わらせ、クレムリンを取り戻したことでクジマ・ミーニンやポジャルスキーら「国民義勇軍」が1612年にポーランド軍を追放した記念日でもある。ちなみに、プーチン自身はそのミーニンをタタール人と言ったことがある。ロシアの中のアジア的なるものを象徴させたのかもしれない。ロシア人の反カトリック的潮流は今に始まったことではないものの、プーチン時代はとくに強く感得できる。

シリアとロシア正教

プーチン周辺ではこうして正教アイデンティティが強まった。周りにはロシア・アトス協会（コンスタンチン・ゴロシャポフ）とか、帝国パレスチナ正教協会（元首相セルゲイ・ステパーシン）、あるいはヤクーニン（２０１５年ロシア鉄道総裁を解任）やバイダコフ（ミレニアム銀行）らが属する聖アンドリュー使徒基金、といった正教系ＮＧＯができた。

たとえば、セルゲイ・ステパーシン元首相が中心となる「帝国パレスチナ正教協会（ＩＰＰＯ）」は、元はといえば帝政末期の１８８２年、アレクサンドル３世の勅令によりパレスチナのキリスト教巡礼者の庇護のために作られた社会慈善組織である。ロシア革命後、「帝国」と「正教」といった呼称をやめパレスチナ協会として、科学アカデミーの研究部門に属し、エフゲニー・プリマコフやチフビンスキーといったソ連期の東洋専門家の下でかろうじて生き残った。ソ連崩壊後１９９２年にロシア最高会議の決定で再建された。２０１２年にはこの組織はロシア大統領の祝福を受けた（同協会ホームページ）。

同会の活動の中で注目したいのはシリアとの関係である。この国は、もとはといえばキリスト教国、今でも人口の１割は正教徒である。中東で数少ないロシアとの足掛かりとなっている同地、海軍基地まであるロシアとシリアの関係には、単に地政学的要因だけでなく、このようなキリスト教に由来する関係の根があった。ちなみにエジプトでもコプト教徒は正教系、その数は人口の1割といわれる。中東のロシアとの接点はキリスト教の聖跡だけでなく、正教徒との連帯という主張が出てくる。

アトス山は9世紀ギリシャ正教の巡礼の聖地であって、大統領プーチンはたびたび同地訪問を計画していたが2005年9月にはじめて訪問した。この頃ロシア・アトス協会（Russkoe Afonskoe Obshestvo）がロシアでも組織されている。この協会の性格は、2007年夏、1612年のポーランドによるモスクワ侵攻に抵抗したD・M・ポジャルスキーの墓地建設の音頭をとったことにも表されている。なかでもプーチンは、再選後の2012年と2016年5月にそれぞれアトス山を訪問している。

先に指摘したように2012年12月には、廃止論が保守派からも出ていたレーニン廟を保存すべきだとプーチンは主張したが、その際、レーニンをアトス山の聖人のミイラと比較したことが話題を呼んだ。聖人保存は正教の特徴であるが、レーニン廟は先にも触れたように「プロレタリアートの聖人」を崇拝すべきだ、という日露戦争後、ルナチャルスキーや作家ゴーリキーといった建神論という流れに由来する。当時はロシアでは革命もまた「キリスト教」や福音の名で行われたことに注目したい。事実ブロークの革命詩『十二』は、10月革命をキリストの神兵が戦うという詩で、そのタイトルもキリストの12名の使徒の数を表している。

聖アンドレイ使徒基金は1992年に創設された。この組織は2002年に民族栄光基金をも制度化している。当初理事長は、ロシア鉄道のミハイル・ヤクーニンであった。２０１４年６月から理事長となっている（１９５９年生まれの）ミハイル・バイダコフは電子産業省出身の技師だったが銀行業を始めた。ロシア鉄道との関係でミレニアム銀行を創始、同時に２００３年からロシア正教会総主教のもとで、この基金に副総裁として関与してきた。これらの組織は家族の価値を重視するキャンペーンを展開、千島列島などにも医療班を派遣するなどの活動を行ってきた（ホームページ cnsr/o-fonde）。またクリミア併合に関してセバストーポリの歴史的戦いに関する書物の出版を援助している。

これら正教会周辺の組織こそ、むしろプーチン大統領が依拠する装置ともなっている。もっともプーチン周辺をこのような一枚岩の組織とみるのも当を得ない。これらロシア正教系に対しては少数民族派出身のエリートがあって、たとえば仏教徒といわれる国防相ショイグ（トゥワ人）や、大統領補佐官スルコフ（チェチェン系）らは、正教的なロシア主義のアイデンティティを持たない。このこともあって正教オリガルヒであるマロフェーエフ系のストレルコフ（ギルジン）などが推進して失敗したウクライナでの試み、とくに東南ウクライナでの「新ロシア」企画へは批判的といわれた。彼らはいずれもミンスク合意などキエフとの停戦合意に熱心である。

もっともそのショイグ国防相が、２０１５年５月９日の戦勝70周年軍事パレードに際して、歴史上はじめて十字を切ることからパレードを始めたことがモスクワでは話題となった。ソ連時代は無神論権力のもとで密かに十字を切るしかなかった兵たちは、はじめて仏教徒とも言われる少数民族出の国防大臣のもとで、おおっぴらに十字が切れることになった。同時にロシア軍と国家とが正教という宗教を背景としているということでも注目できる。

5　保守主義とベルジャーエフの復権

ニコライ・ベルジャーエフの思想的遺産

それにしても、ロシア人は政治を議論するのに「哲学」までさかのぼらないと気が済まないようである。このことはレーニンからプーチンまであまり変わらない。そのプーチンのもと、イデオロギーを担当する大統領府第一副長官ビャチェスラフ・ボロジンのもとでの「保守的」、かつロシア的アイデンティティ模索の試みが、ウクライナ危機をめぐる欧米との対立過程で進むことになった。

この新しいプーチン主義を模索する過程ではっきりしていることは、第一に、共産主義や社会主義はもはや導きの糸とはならないこと、第二に、かといって欧米の「カラー革命」や民主革命といった潮流もまた、この基準には当てはまらない、第三に、急進民族主義もまたこの基準には適合しない、ということであった。とくに第三の論点は、クリミア併合の流れの中で一時ではあるが急進民族主義的な潮流が跋扈しかけていたことも背景にある。

こうしたなか2013年末の大統領教書で、プーチンはロシア保守主義を標榜しはじめた。これを伝統的価値でもって危機に対処する支柱としてそこで称揚されたのは、140年前に生まれた哲学者のニコライ・ベルジャーエフであった。

ニコライ・ベルジャーエフとは誰か？　ベルジャーエフは1874年ウクライナのキエフで生まれ、1890年代には当時ロシア国内でも公然と現れたマルクス主義者、とくに1894年ごろからロシア史上はじめて現れたマルクス主義者の機関誌『ノーボエ・スローボ』誌の同人であった。同誌はプレハノフ、レーニンから、のちのリベラルの代表となるストルーベなどをも含んだ、今から考えれば呉越同舟の集団だが、ようやく衰えつつあったとはいえ影響力があったナロードニキから見れば「穏健な」潮流に見えた。

ベルジャーエフも当時、レーニンと同じ社会民主労働党に属していた。レーニンのボリシェビキ派とマルトフらメンシェビキが分裂した1903年の著名な第2回党大会にもベルジャーエフは参加している。ところが、その後急速なイデオロギー的な展開を見せる。ベルジェーエフも日露戦争のころまでに宗教リバイバル、新カント派などを経験、その過程で観念論、リベラル保守の立場に移った。このころマルクス経済学者のセルゲイ・ブルガーコフなども正教徒となったが、後者の論者は求神論と呼ばれた。

このように、1905年革命ともかつて呼ばれた改革期にはこの宗教リバイバルという側面があった。社会民主労働党周辺でもゴーリキーやルナチャルスキーらも建神論を主張、無神論者のレーニンらと一時はたもとを分かつにいたったほどだ。こうしたなかで、1909年にベルジャーエフは立憲民主党（カデット）のストルーベらと『道標』同人となる。

ベルジャーエフは1917年の革命には批判的で、むしろこれを大ロシア主義の顕現と見る。1922年にレーニン政府の粛清によって「哲学の船」で社会学者のソーロキンらほかのリベラル知識人同様に追放され、ベルリンやパリで共産主義批判を展開する。１９４８年死去した。

それにしても、なぜ60年前も前に亡くなったベルジャーエフに現代クレムリンが理論的支柱を求めるのだろうか。おそらくもっとも重要な理由は、マルクス主義をくぐった穏健保守主義という彼の哲学的性格であろう。このクレムリンの方針、つまり保守的ロシアの思想的な確立のために中心となったのが、モスクワ大学の政治学者セルゲイ・バドフスキーらである。１９９４年にモスクワ大哲学学部で政治学を専攻、社会院メンバーであった。クレムリン系の内政企画を大統領府で担当していたが、そのもとで「社会政治経済研究所」所長となった。かれはクリミア併合を１０００年の歴史的快挙とした年末の大統領教書の著者の一人であった。ちなみに、前任者のコンスタンチン・コスチンはスルコフ系であったが、ややリベラルすぎるとして２０１２年大統領府を離れている。クリミア紛争が激化するさなかの２０１４年5月までにバドフスキーらはベルジャーエフ研究組織を立ち上げ、穏健宗教民族主義の観点からロシア保守政治をまとめようとしている。

無神論、建神論、求神論といった「神」をめぐる論争は、20世紀ロシアで幾度か起こった。このなかでベルジャーエフらの『道標』は、スターリン批判後、とくに１９６０年代の知識人達が理論的再考をするとき、ひそかに基本文献となった。こうして当時の改革派はこのような潮流の中でソ連体制からの自由を得ようとした。

なかでも、１９６０年代後半に共産党内の若手が彼の復権を図ろうとした。１９６７年にソロフキ修道院で開催された党中央委員会主催のセミナーでは君主主義者からこのような宗教見直し派まで が参加したという（ツイプコ、97）。実際、当時の党内異論派的なサミズダート『政治日誌』の中でも、ベルジャーエフの「狂信主義、正統主義と真実」という論文が読まれたことが記録されている。ペレストロイカ期に最初の共産主義批判を書くことになるアレクサンドル・ツイプコなどの若手がベルジャーエフ復権の最初の主導性をとったようだ。ちなみに1987年、『社会学研究』誌ではじめてマルクス主義批判の論考を公然と行ったツイプコを、筆者は翌年世界社会主義経済副所長室に訪れたが、そこで合法マルク主義を彼と議論したことを思い出す。

ツイプコは『共産主義との別離』でこのような思想遍歴を想起している。ツイプコ自身は、ペレストロイカの父ゴルバチョフやヤコブレフとは、ソ連末期に後者が権力にあったときにはあまり関係はなかった。その後ソ連が崩壊すると、ソ連崩壊後ゴルバチョフ財団事務局長として、しかも当時「民主派」が全盛の時期に、彼らが国家と普通の市民の立場を考慮していないと公然と批判したことで知られる。プーチンとツイプコとの関係も単純でなく、むしろウクライナ紛争では、ツイプコはウクライナでの「戦争党」を批判し、穏健国家主義派を名乗っている。

ちなみにバドフスキーは、最初に2014年5月モスクワ郊外で最初のベェルジャーエフ読会を開催、2回目はクリミア、第3回はカリーニングラードで、カントと欧州をテーマに行った。そして2015年8月には4回目をウラジオストクで、アジアをテーマに会議を開いた。シンガポール、トルコ、インド、マレーシア、中国、韓国や日本からも参加した。ちなみに統一ロシア系の組織は、ウラジオストクの代わりにクリルで、つまりロシアの東西南北でこのような会議を開催している。彼らは理論機関誌『保守主義ノート』を、そして情報誌『自己認識』を出している。後者のタイトルはベルジャーエフ自身が編集した雑誌からとったものだ。ちなみに最初に40名ほどの招待政治学者には、『保守主義ノート』編集委員でもあるアレクサンドル・ツイプコのほか、セルゲイ・マルコフ、エフゲニー・ミンチェンコ、ニコライ・ズロービンらがいる。

これらの機関誌には多くの論者が寄稿しているが、中ロ関係は同盟の関係ではないと著名な評論家フョードル・ルキヤノフが論じている。中ロは利害が一致するもののそれ以上の関係ではない。もっとも相互認識は違ってない。中国はロシアの政治動向に関係なく共通利害があるものの、中国の文化やソフト・パワーにロシアは関心がない、ロシアは北東アジアでは常に多角化戦略だ、とルキヤノフは主張している。あるいは戦略家というソロゾボフという論者は、ロシアの東方シフトではなく、ロシアへの回帰、ロシア強化が重要であると説いている。ちなみにウラジオストクでは2015年夏に会議を開いた。プーチンの東方志向と保守志向とはこうして重なる。

「全体主義」への批判

ベルジャーエフの保守、しかも穏健保守をクレムリンが強調するのは、ウクライナ危機後、「冷戦」、西側との対決、といった傾向を修正する意味があるかもしれない。スローガンで、しばしば「戦争党」、シロビキ派がスターリン擁護に回り、そのことでスターリンのソ連体制とファシズムとを同一視する者を刑法で罰するべきだと、自民党のジリノフスキーらが主張するからであった。

ベルジャーエフが言っているように、その意味ではスターリン社会主義、いなレーニン主義こそ、ファシズムの「全体主義」の先駆であったのである。クリミア防衛に「核」を使えなどと言うウクライナ紛争後の意識の「軍事化」こそ、「死のイデオロギー」にほかならないとツイプコも論じている（NG5/08/15）。現代の穏健保守主義の擁護者であるツイプコは、このような先祖返りの冷戦思考、スターリン擁護を厳しく批判している。ロシア主義もまた、ウクライナ問題では、兄弟国家の対立となるという批判がありうることも、この穏健派イデオローグが保守主義を重視する理由かもしれない。

注

＊1　２０１３年７月８日、『読売新聞』文化欄への筆者寄稿に加筆。

＊2　http://www.al-monitor.com/pulse/originals/2014/11/russia-middle-east-policy-after-g20.html

＊3　V.Trenin,Russia porvala s odnoipolyarnoi sistemoi:pobuditelnye motivy politiki Putina,2015, Marta.,10.

第4章

ロシアとウクライナ

1　ウクライナ問題とは何か

ウクライナはロシア理解のカギを握る

ロシアとは何かを議論するとき、ウクライナ問題抜きには理解ができない。ウクライナ問題とは単なる隣国関係という地政学的問題であるだけでなく、むしろ、ロシアとは何かという政治哲学的問題ともなる。

ウクライナという言葉は、すでに指摘してきたように、もとはスラブ語系共通の普通名詞でもある。「端」とか「地方」、「国境」といった意味がある。クライとはロシアでは地方という行政単位でもある。問題は、このウクライナは当初はどこから見た「端」だったのか、ということである。こう設問するとほとんどの回答は、モスクワからだろう、となる。しかし実際にはポーランドから見た「端」であった。この食い違いの中に、今のウクライナ問題をめぐる複雑さ、とくに視点の重要性が透けて見える。どちらから見るかで、見えてくるものがまったく違ってくる。

この紛争を通じての「西」側、つまり欧米側の認識は比較的よく知られている。英国のアンドリュー・ウイルソンや米国のティモシー・スナイダーらのような研究者は、ウクライナ紛争での「西側」の論理を解説している。これらの視点からすれば、ウクライナとはそもそもポーランドなどカトリック世界の一部であり、ウクライナがモスクワに支配され、国家を奪われたのは17世紀以降、とくにソ連期の抑圧のせいである。11世紀に正教とカトリックが分裂、西ウクライナはカトリック、とくにポーランドの強い影響下に置かれてきた。とりわけ儀式は正教だが、叙任権をローマ教皇が持つユニエイトが西ウクライナを中心に16世紀から強まった。しかしその後ロシア帝国、そしてソ連のもとでこのようなウクライナの自立的潮流は常に抑圧された。

なかでもスターリンによる『悲しみの収穫』（英国系歴史家、R・コンクエスト）という１９３２年〜１９３３年の大飢饉では約２００万〜４００万といわれるコサック、ウクライナ農民や民族主義者が根絶やしにされた、と親ウクライナ系は主張する。１９９１年８月クーデター後に独立したウクライナを守ることは、冷戦後モスクワの新帝国主義的な介入に対する西側の義務である。この角度からいえば、クリミアを力づくで併合したプーチンは、１９３８年にアンシュルスというかたちで介入したヒトラーと同じだ、ということになる。しかし、コンクエストが主張するコサックは皆ウクライナ系というのでは、ロシアのコサックが怒るだろう。１９３２年、飢饉はロシア南部のコサックをも痛打したことでは歴史家は、ソ連期から一致している（ウィートクロフト、下斗米）。

しかし、国際政治学者キッシンジャーや米国のソ連学者スティーブ・コーエン、英国のR・サクワ、ウクライナの社会学者などによる観点はあまり西側で紹介されることはない。彼らはいずれもこのような西側の「通俗的見解」に対し、リアリズムの立場からバランスをとった理解を求めている。あらかじめ明示しておけば、筆者の立場も後者に近いといえるが、論拠にやや隔たりがある。

この事情は、宗教などとの要素を含めすでに前章で議論してきた。ロシア帝国が正教国家となるに際しては、10世紀末にキエフを中心とする「ルーシ」国家のウラジーミル大公が受洗したことが出発点になったこと、しかしその後モンゴルの軍隊がキエフを攻略したことで、キリスト教会や修道院がロシア北部に移動したことによりロシアという「国家」を守った。

なかでもその中から台頭した北東ルーシのモスクワなどの指導者が「ベリコ・ルーシ」、あるいは「ロシア」として、1453年のコンスタンチノポリス陥落後、正教を庇護する役割を演じた。そしてほかの「ルーシ」をまとめる政治的、宗教的中心に成長し、それを見たギリシャやキエフの聖職者たちが、「小ルーシ」といわれたコサック国家とモスクワとの合併による正教「帝国」形成を図った。もっとも、その過程では「聖なるルーシ」の独自路線を貫く傾向がやがて古儀式派となるなど、実はモスクワ内部でこそ大きな抵抗があった。

こうして誕生した「ロシア帝国」は、したがって正教国家ではあってもロシア人国家ではなかった。首都をサンクト・ペテルブルクに置くことにより、モスクワともキエフとも距離をとった。彼らが併合後南の拠点と位置づけたクリミア半島は、黒海とコンスタンチノープル奪還への拠点とされた。

そのようなルーシからロシア帝国にいたる関係が、あたかもフィルムを逆に回すかのようにソ連崩壊のプロセスでも繰り返された。ソ連崩壊は、共和国と名乗ったものの、実態からいえば単なる行政単位にすぎなかった各共和国が、実際に「主権国家」として自立することにほかならなかったからである。もっとも1945年に国連を形成したのは、ソ連以外にウクライナと、当時白ロシアと呼ばれたベラルーシであったことは重要である。

しかしそのような「自立」もまた、内在的なネーションの成長の所産というものではなく、ロシアからウクライナに帰属替えとなったクリミア半島のように、フルシチョフのような共産党指導者が偶然引いた行政的境界が「国境」になったことによって分裂した。ネーション形成には常にこのような偶然が作用するが、こうしてこの二つの兄弟国家の分裂が始まったのであった。

ロシアによるクリミア「併合」の背景

このようなソ連崩壊後のウクライナ、ロシアとの関係の問題をさらに複雑にしたのは、冷戦後の東西関係、とくに１９９０年代半ばに顕著となったＮＡＴＯ（北大西洋条約機構）東方拡大の動きであった。西側、とくに米国のクリントン政権は、米国内でのポーランドやウクライナ移民からの圧力やロシアに国境を接する旧東欧・バルト諸国の安全保障の要請もあって、ＮＡＴＯ東方拡大の動きを進めた。その結果、東西の軍事ブロックを拡大しないという冷戦終焉時のややあいまいな東西間の合意は反故となった。モスクワの不安定な「市場移行」や民主化の遅れが口実とされた。しかしモスクワにすれば、これは呑める話ではない。こうして国境線近くまで、ＮＡＴＯという軍事組織がロシアの兄弟国ウクライナにまでしのびよっていた。

それでも２０１０年にヤヌコビッチ政権が成立したとき、メドベージェフ大統領とのあいだで４月にロシアとの「ハリコフ合意」ができた。その結果、２０１７年までの黒海艦隊の駐留を認めるという１９９７年に決まった合意をさらに25年間延長し、２０４２年までとすることがロシア側と合意されていた。ガス代金を３割値引きするということとの取引であった。ロシアの安全保障とウクライナの経済との交換である。

ところが、この関係が２０１４年２月のマイダン革命により暴力的に崩壊した。さっそくクリミアでの黒海艦隊をめぐって、法的問題が生じた。それでも、３月４日までプーチンは公式には併合を考えていないと答えていた。この事態を一転させたのは、それまで逮捕されていた政治家ユリア・ティモシェンコの発言であった。ヤヌコビッチ政権下で政治犯であった彼女は、釈放後の３月５日ＢＢＣのインタビューに答え、ロシアのガスは不要であり、また「ハリコフ合意」は即刻無効とすると答えた。ウクライナの元大統領たちもこの考えに同意した。これに対しクリミア議会は、同６日にクリミア独立の住民投票を行うと決議した。

３月６日には、問題が一挙に国際化した。オバマ政権がロシアのウクライナ主権侵犯を理由に、関係者の制裁を発動したからである。こうして、ウクライナ国内での東西間の衝突の場となっていたクリミアがロシアと欧米政府との国際的な東西衝突の場と化した。プーチンは、実は２月23日朝までに密かに決めていたロシアへの編入シナリオを発動した。３月16日に実施される同地での住民投票をへたうえで、同17日に同地のロシアへの編入を決定した。これに対し３月27日の国連総会では、ロシアによるクリミア、セバストーポリの編入に関する無効決議が多数により採択され、ロシアはＧ８から追放、西側各国からの制裁を受ける。

ここで「併合」という言葉をめぐるロシアの理解と西側の解釈との食い違いを指摘することも無駄ではないだろう。併合には、国際法上住民の合意を必要とする国境の変更と解釈する場合と、それを無視した場合との双方がある（『国際関係法辞典』など）。レーニンは、ロシア10月革命の「平和に関する布告」で「併合」を「自由投票」のない領土の一方的変更ととらえた。ここから革命政府は「無併合」方針を出した。したがってレーニン的理解からは「自由な投票」による自決権は一般的に認められるべき、となる。だがそれだと、帝政ロシア期の辞書にもあったような「領土保全」とか「国境不可侵」といった原理がおろそかにされかねない。実際、1999年にコソボ独立を主張していた西側に対し、ロシアは新ユーゴスラビアの領土保全を主張して対抗していた。ところがウクライナ、クリミアとなると、旧レーニン主義者同士の争いからか、「自由な投票」を根拠に「独立」を主張したのである。

このような「併合」解釈の問題とは別に、ウクライナが抱える難問は、ウクライナ自身が、歴史的には東西に分裂した地域から成り立っていることだった。つまり、西部には一度もロシア帝国にすら入った経験がないのにスターリンが1939年にソ連に併合した「赤いルーシ」ともよばれたガリツィアといった地域がある。他方で東部や南部には、1954年までロシアだったクリミア半島を含め、主としてロシア人地域やロシア語地域があった。

それに加えてソ連期、とくにフルシチョフとブレジネフといったウクライナ・エリートである東部ウクライナ系の軍産複合体関係者がモスクワへ昇進、移動したこともあり、ウクライナ固有の統治エリートの質は劣化していた。実際、ジョージア人のスターリンは革命直後、政治局でのトロツキー、ジノビエフなどユダヤ系とカリーニン、ルイコフなどロシア主義的古儀式派系とのバランスに腐心した。しかし戦後レニングラード事件をきっかけにブルガーニンなど後者は後退、代わりにクレムリンではフルシチョフやブレジネフのようなウクライナ系の台頭が著しかった。モロトフの回想などでは、フルシチョフがかつて「トロツキスト」であったとされているが、スターリン死後のクレムリンで、フルシチョフ配下の南部ウクライナ系の台頭を前にした皮肉ともいえよう（Chuev）。

ソ連崩壊後ウクライナでは、オリガルヒのような政治に利益を求める存在が跋扈した。そうでなくとも半崩壊的状況のもとで進められた民営化の過程で、犯罪者を含めたオリガルヒ集団が利権を喰いものにし出した。経済も人口も、ほかの中東欧の「移行期経済」にすら見られないほど低落傾向が止まらなかった。国民国家形成が課題であったはずなのに、それを担うエリート層が育たなかった。なかでも東西間の分裂は決定的だった。

とりわけ、この地域の紛争に宗教が関係した。宗教抜きにウクライナ紛争を理解することはいまや不可能である。このことを象徴していたのが２０１４年2月のソチ五輪だった。今から考えればオバマ大統領など西側首脳が開会式をボイコットした背景にはウクライナ問題があった。もっともその口実とされたのは、ロシアにおける同性婚の未成年への宣伝を禁ずる法案であった。正教世界では一般的に同性婚は認められないが、このとき欧米政府がＬＧＢＴ解禁を主張するロビーを中心に反発した。このことはロシアなど旧社会主義国での宗教リバイバルと、欧米での世俗化がもたらす同性婚奨励とのすれ違いを象徴していた。

マイダン革命と内戦の経緯

「マイダン」とは広場を意味するペルシャ語由来の言葉だといわれる。「マイダン」革命とか「尊厳」革命ともいわれている２０１４年初めのウクライナの政治変動の直接の経緯とは、以下のようなものだった。

キエフ市内のマイダンでは２０１３年末以降、ＥＵとの連携協定よりもロシアへの傾斜を強めつつあったビクトル・ヤヌコビッチ大統領に反対する抗議運動が生じた。首都の人権派から西ウクライナの親ナチ系民族主義急進派までが街頭に出た。一部は暴力化し、２０１４年1月までに死者が出る紛争にいたっていた。欧米、それにロシアが仲介を図るように見えたが、2月20日前後、警察と反対派双方による暴力の行使は頂点に達し、１００名以上が亡くなる流血の惨事となった。

紛争とは、両立不可能な主張をする集団が対立することから起きる。マイダン革命でも、東西それぞれのパトロンもまた、この革命に関与した。ロシア側と欧米とで認識や主張がぶつかった。ロシア側が、革命は正統政権を暴力で打倒したクーデターだといえば、西側は腐敗政権に対する民主化革命は正当だ、と主張してかみ合わなかった。

それでもまだ、ウクライナでの政府と反対派との紛争は２０１４年2月20日前後までは憲法の枠内での闘争であったように見えた。ソチ五輪が終わりかけていた2月21日には、独仏ポーランドの3ヵ国外相の保障によってウクライナ憲法を改正することで紛争を収拾することになり、政府と反対派双方が同意した。このことで、いったん紛争は終わるかに思われた。

ところがその21日、この収拾に不満な反政府系の右派セクター、「自由」など民族主義急進派は実力で権力奪取の挙に出た。状況は再び暴力化し出した。この過程で系統的な暴力が行使され、政権を守っていた武装部隊は無力化され、大統領ヤヌコビッチは首都を脱出せざるをえなくなる。当初西側のとらえ方では、暴力的転覆の原因は政府系に責任があり、治安部隊ベルクートによる市民弾圧という発砲事件だという理解が一般的に見えた。しかし実態はそれほど単純ではなかった。右派民族派によるスナイパー部隊が登場、当局の治安部隊だけでなくデモ派の市民をも標的にし、この結果多くの犠牲者が出た、というのが真相だった。

今でもこの事件の理解は分かれている。当時国際世論では旧政府系の責任であると論じたが、そのころから、実は反政府側も暴力行使に絡んでいることを示唆するネット情報が出ていた。欧米のあいだでも利害は一致しなかった。米国のヌーランド国務次官補の祖父はロシア帝国からの移民だったが、EUを口外できないほどの言葉で罵った。ドイツも米国も意中の候補を押し出していた。

こうしたことが暴力的権力奪取を促した。国際的にも、ドイツ公共放送が反政府派の暴力行使という角度から事件を見直す報道を1月後になって伝え出した。ようやく2105年秋になって、ウクライナのポロシェンコ政権側もまた、「スボボダ」など右派グループが治安部隊だけでなく民衆デモに発砲したことで検察が捜査に乗り出した。カナダの研究者イワン・カチャノフスキーも言うように、どうやら反政府系右派集団が暴力的な権力掌握に動き、その背景で欧米政府も間接的に支援した、というのが事実に近い。とくに、この政権交代の背後にあったことをヌーランド次官補は公然と語っていた。この間ウクライナのNGOに多額の支援を行ったことを全米ウクライナ人協会で話したからだ。

どうやら欧米首脳、とくにオバマ大統領とメルケル首相に対し、一部の国際的勢力がこの紛争を利用したという危機の背景が明るみに出始めている。2016年7月28日付ドイツのシュピーゲル誌はNATO最高司令官ブリードロブの関係者から流出したメールをもとに、ヌーランド次官補やピャット米大使、タカ派のカーバー・ジョージタウン准教授らが、あらかじめポーランド製武器やパキスタンの戦車などを提供する工作をした。このことで200万以上の難民や数千（実際は5万以上？）の死者を出した紛争を促した、と報じた（シュピーゲル・オンライン）。

このこともあってヤヌコビッチは、急進右派によるクーデターと暴力から逃れるため21日には首都を離れ、ハリコフからクリミアに向かった。かわって野党勢力はトゥルチノフ大統領代行などからなる「暫定政権」を23日には樹立させた。この過程で現職の大統領はまだ国内にとどまっている。にもかかわらず、大統領の任務不履行といった解任の正式な手続きはとられなかった、立憲主義にもとるクーデターだとロシア側は主張する。この紛争が革命と呼ばれるゆえんだ。

この過程では東京新聞の常盤特派員が2年後に示したように、ロシア軍も12月までに親ロシア派は特殊部隊を含め、ある種の準備工作を行った（東京新聞、3月22日）。西ウクライナ系も挑発を隠さなかった。戦間期のネオナチであるバンデラ擁護の松明行進をクリミア半島で1月に行った。挑発行動を双方とも控えなかった。

このような展開に、ロシア側は危機感を持った。逃れる大統領を右派勢力などクーデター政権側の攻撃から救出するため、3月23日朝7時にはヤヌコビッチ大統領救出とクリミアを国民投票の上での併合を決めた、とプーチン大統領は1年後に回想している。こうして衝突は24日にはクリミアに飛び火し、議会前での両派の衝突となった。もともと退職軍人などロシア人が多く、1954年フルシチョフによる同地のロシアからウクライナへの移管に不満を持って自決権の主張を行っていたクリミアのロシア人世論は一斉にロシア復帰に動き出した。

ウクライナ政府による長年の同地への差別に不満を持っていたロシア系住民が支持した。同地に滞在していたウクライナ軍黒海艦隊将兵もロシア軍への大量帰順となって表れた。2015年9月の日本マスコミ・有識者による調査では、同地のウクライナ軍2万2000人中1万8000名がそのままロシア軍人となった。この過程はほぼ無血でもあった。

このことは、4月には東ウクライナに飛び火した。親ロ派武装組織がルガンスク、ドネツクという東部ウクライナの政府関係庁舎を占拠した。これは西ウクライナでの親欧米派の抗議活動のやり方を踏襲したものだった。しかし政府側は対話ではなく、「反テロ」という形で応じ、本格的な内戦に発展した。

こうして東部のロシア語世界の自立は4月、「ドネツク人民共和国」という形で表れた。ロシア正教系のオリガルヒ、コンスタンチン・マラフェーエフの政治コンサルタントだったアレクサンドル・ボロダイが5月半ば、ドネツク人民共和国の首相となった。これがどこまで地方独自の動きであったのか、それともロシア政府もかかわった政策であったのか、議論は分かれている。

ちなみにドネツク、ルガンスクはロシア帝国期の19世紀末には古儀式派資本が入っており、そこの企業や炭鉱で働いたのは主としてロシア人であった。ソ連の国防相だったボロシーロフなどはその流れをくむ（Pyzhikov）。ドン川はコサックの拠点であったが、レーニンらが最初のウクライナ共産党書記となるモロトフを通じてウクライナに組み入れた。つまり状況は、一般に理解されるより複雑に入り込んでいた。

実際、「ドネツク人民共和国」は憲法草案で正教国家建設を掲げている。しかし、この「新ロシア」の分離をめざした企画は、しかし7月末までにウクライナ軍の「反テロ政策」によって座礁に乗り上げた。プーチン自身も4月に一度「新ロシア」について語ったが、その後は沈黙した。ロシア人のボロダイは責任をとって8月にストレルコフ「国防相」とともに辞任した（下斗米14、87）。この問題のクレムリンでの責任者であったスルコフ大統領補佐官の役割も縮小したと思われる。いずれもクレムリン系保守派政治学者セルゲイ・クルギニャンの説得でボロダイらはロシアに引き揚げ、新指導部はウクライナ人のA・ザハルチェンコに代わった。

2 宗教と紛争

「二つのウクライナ」

ウクライナをめぐる２０１４年の危機についてはさまざまな角度から論じられてきたが、ここで筆者は宗教という角度から議論したい。というのは、国際法やパワー・ポリティクスといった次元のみではこの兄弟国でもあるロシアとウクライナとの関係はまったく理解しがたいからだ。

ロシアとウクライナとの関係は単なる隣国関係にとどまらず、しばしば兄弟関係にも類比される。というのも、10世紀末にキエフのルーシ国家がキリスト教を受け入れたが、現在の両国はともにその後継の流れにある国家であると位置づけられるからだ。このことについては序章でも触れた。もちろんソ連崩壊後独立した両国とも、形式的にいえば世俗国家であって、宗教の問題は関係がないように見える。しかし、両国とも「国民国家」としての由来を問うと、問題は中世ルーシのキリスト教化に由来する奥深いものであることが判明する。

先に述べたようにウクライナ問題を議論することは同時にロシアとは何か、という問いとも連結する。しかし容易に解答がないままであった。その上に２０１４年になってクリミア併合をめぐる紛争が加わった。「小ロシア」、「新ロシア」をめぐってロシアの自画像が揺れている。紛争はロシアとウクライナとの関係だけでなくロシア自身の自己定位という問題があるためにロシア内政にも跳ね返る。

なかでもプーチンは大統領再任前に『イズベスチャ』紙で展開した構想、「ユーラシア連合」を主張することで、ウクライナとの関係改善の意図を示した。連携関係を深めようとする「ヨーロッパ連合」への牽制の意味もあった。２０１２年の大統領教書では、ロシアが１０００年以上前からロシアとウクライナとは共通の紐帯によって結ばれていると述べた。キエフこそ東スラブ、ルーシ国家の起源となったからだ。もちろん、現在ロシアもウクライナも世俗国家である。それでも宗教という紐帯は隣国関係にも影響してくる。

ロシア正教会モスクワ総主教派は、ウクライナ危機以降は多少揺らぎが見られているが、依然としてウクライナでも１３００万の信徒を持つ最大の教会である。２００９年にロシア正教会の総主教になったキリルがウクライナを訪れ、「ベリコ・ルーシ、ベラ・ルーシ、マロ・ルーシ」という「歴史的ルーシの統合」について語った。このメッセージを繰り返したのが２０１３年７月のロシア受洗１０２５年祭であった。

プーチンはソフト・パワーとしての宗教に気づいていたのか、このときも総主教とともにキエフを訪問した。このような「正教外交」と表裏の関係にあったのが「ユーラシア連合」をめざそうとしたウクライナ戦略でもあった。折しも西側が鳴り物入りで支援した「オレンジ革命」が挫折、ユーシェンコ大統領は迷走、かわってロシアが支援したヤヌコビッチが2010年に大統領として登場した。当時ヨーロッパとの二股外交を行っていたウクライナをEUとの関係強化から引き離し、あわよくばプーチン流の「ユーラシア連合」構想に乗せたいというもくろみもあった。この危機とも関連するのが「ロシア世界」というソフト・パワーであった。プーチン大統領自身は、2006年末にロシア語と正教世界を表す表現、在外同胞への支援策として使いはじめた。

ウクライナには国内で東西二つの異なった相貌がある。筆者が「二つのウクライナ」と言う現象である。一つはロシア帝国の版図、「マロ・ルーシ」、「小ロシア」といわれた、地域的にはウクライナの東南である。民族的にはロシア人か、ロシア語を主として話すウクライナ人で正教徒が多い。これに対し西ウクライナは、ポーランド、ハプスブルク帝国の影響下でカトリックの影響を受けたユニエイト派の拠点でもある。ちなみに、ハプスブルク帝国内のウクライナ人は100万人だったが、ロシア帝国内のそれは1000万人を数えたという。この二つのウクライナのいわば内部対立が2014年2月に東西の激突という形で問題化したのがマイダン革命と、3月のロシアによるクリミア併合だった。

問題は言語戦争でもあった。戦後ソ連では、ウクライナでもロシア語が使われた。この反動として、ウクライナ独立後はウクライナ語が「国語」として最優先された。このこともあって、東ウクライナでは普通に話されるロシア語までが公教育などや行政上も無視された。第二公用語といった妥協の試みもあったが、公式にはウクライナ語が話せないと外交官にはなれなかった。自治を主張したクリミアはとくに無視された。

この「二つのウクライナ」が周期的な紛争を繰り返すなか、ウクライナ国家とウクライナ語を優先すればするほど、国民としての統一が遠のくという逆説があった。西ウクライナやキエフの市民が支持した2004年のオレンジ革命は、結果的にこのように分裂したウクライナが浮き彫りになった。「民主化」が進めば統一が阻害されるというジレンマだった。しかも「民主化」の象徴、ユーシェンコ大統領の統治は期待を裏切り、無能力さをさらけ出した。

このこともあって、2010年に東ウクライナ系の支持でカムバックしたビクトル・ヤヌコビッチ大統領もまた、このウクライナ政治の周期現象である東西間の対立、そしてEUとロシア志向とのあいだで揺れた。それでも2013年12月には、EUとのあいだで進めてきた連携協定の締結を断念することで、ロシアからガス代金を削減するという利得を得た。プーチン・ロシアはウクライナとの関係をつなぎ止めたかに思われた。しかし、これが結果的には革命のボタンを押した。

マイダン革命の二つの顔

マイダン革命にはいくつかの顔があった。第一は、ウクライナの腐敗したオリガルヒ主導体制という宿痾への不満である。ウクライナは経済的だけでなく政治的にも東西分裂し、事実上の半破綻国家となっていた。ウクライナは、ソ連期のほうが経済的に豊かであった。フルシチョフや、とくにブレジネフの時代にはロケットやミサイルを製造した「ユジマシ」など、ドニエプロペトロフスクなどの軍産複合体を中心とするウクライナは我が世の春を謳歌した。しかし２０１４年危機前後の経済水準は、隣国ポーランドの３分の1、ベラルーシの半分へと低落していた。ちなみに、ソ連崩壊時にはこれら諸国はほぼ同水準で並んでいたのである。このような経済停滞は政権への抵抗を呼んだ。とりわけ２０１４年初めには、西部や首都の住民らが「民主化」運動を展開した。背景には欧米からの支援もあった。

しかしこの運動は、第二のウクライナ民族主義の隠れた側面とつながっていた。それは同国の民族主義が持った親ファシズムを含む複雑な歴史的性格である。つまりスターリンは１９３０年代に集団化の失敗により、推定３００万人以上の飢饉の原因をつくり、ウクライナ民族主義も抑圧した。１９３９年にはさらにロシア帝国ですらなかった西ウクライナを併合した。このことがウクライナ民族主義を１９３０年代後半以降は親ナチ的立場に追いやった。１９４１年6月22日、ナチスのソ連侵攻をウクライナ住民たちは花束で迎えた。１９４４年までのウクライナ占領のもとで起きた一連の悲劇はこの点に起源がある。スターリンこそバンデラを作ったというロシアの政治学者の主張には根拠がある（Tsipko）。

そのウクライナ民族主義は、すでに指摘したように15世紀に現れた東方カトリック教会、ユニエイトという宗教的潮流と深く絡んでいた。ローマ教皇が人事権を持つ正教会といってもいい。ウクライナ紛争中にロシア正教会の総主教キリルが、危機の根源に4世紀以前の宗教分裂が絡んでいると主張した（NGR,No.27, 2015）。彼が言っているのは、１５９６年ブレスト合同においてキエフ府主教がローマ教皇に従属したことだった。その結果、ユニエイトが「聖なるルーシ」を分裂させている、というのがロシア正教側の主張である。

このキリルの発言はある意味でウクライナ危機の本質を突いている。実際、15世紀の「第二のローマ」＝コンスタンチノポリス陥落を前に、東西ローマ教会が和解を画策した結果、正教の中にカトリックの影響を受けた流れが生じていた。西ルーシ、とくに「赤いルーシ」と呼ばれたガリツィア（ハリチナ）を中心にこの流れが強まった。しかし、司祭の叙任権をローマ教皇が持つというこの東方カトリック教会という異端的正教の流れは、総主教のもとにある東ウクライナ、ロシアの正教とは相容れなかった。その意味では、２０１６年2月のロシア正教の総主教キリルとローマ教皇フランシスコとが両教会のトップとしてキューバではじめて会見した歴史的和解は、この問題の解決につながるかもしれない。

しかし、楽観的にもなれない。ウクライナ国内での東西対立は第二次世界大戦中の隠された歴史的記憶とも関係するだけに容易に解決策は見いだせない。この地域は、ヒトラーとスターリンとの戦場であった。１００万から１７０万人以上といわれるユダヤ人虐殺の責任も、この民族主義が絡んでいる。とりわけガリツィア親衛隊はナチの尖兵を務めた。このこともあってフルシチョフ第一書記は、１９４９年にユニエイトを禁止したほどである。

この親ファシズムとしての性格がマイダン革命を通じてよみがえった。あるいは、親ロシア派はそう理解した。とくに東部では日常語であるロシア語の禁止措置もその証左であった。また、実質的には連邦的構造の国家なのに単一共和国的な大統領国家であるウクライナは、権力者が「総取り」

する性格がある。

そのマイダン革命では、とりわけ「右派セクター」や、とくに「自由」と称する集団がスナイパー部隊を使って、当局だけでなく民衆デモに対しても発砲事件を起こし、ヤヌコビッチ体制の柱であった治安部隊を武装解除に追い込んだ。腐敗しているとはいえ合法的なヤヌコビッチ政権は打倒され、かわりにこの革命で生まれた暫定政権が軍・治安機関の中枢を押さえた。あるいは、ロシアや東ウクライナ側はそのように理解した。この事件の暴力的性格については2月革命当時、欧米の主要マスコミは無視したが、２０１５年になると、その後のウクライナ政権の惨状とも相まって、世界のマスコミや学界もこれを疑うことはできなくなった。

クリミア編入の背景

東ウクライナから見れば、このマイダン政変により過去の忘れかけた記憶がよみがえったといえる。とりわけ戦略上の要衝で、黒海艦隊を両国が共有してきたクリミア半島、とくに首都シンフェローポリの議会で両派の暴力的衝突が2月24日に起きた。そしてクリミアの世論は、ロシアの関与もあったとはいえ、玉突き現象のように動いた。それがロシアへのクリミア編入の動きへと至った。この首都の政変とクリミア併合との連関をめぐって、当初はプーチンの自己弁解とみることが多かったが、２０１５年1月末、他ならぬオバマ大統領が、米国政府の政変関与を認めた。プーチン大統領の即興の動き（impromptu）に至ったとＣＮＮで発言したことで疑問は氷解した。どうやらオバマ自身もウクライナでの予想外の展開に戸惑ったことがうかがえる。

このこともあって併合1周年を記念した3月15日ロシアのテレビ番組で、プーチン大統領は併合に至る経緯を意外に率直に語った。クリミア編入を決定したのは、通常いわれた2014年3月6日の安全保障会議の席ではなく、それよりも前の2月22日から23日朝7時にかけてであった、という。モスクワ、ノボオガリョボの大統領官邸での最高決定に参加したのは、ロシアのジャーナリスト、ジガリによれば、ショイグ国防相、セルゲイ・イワノフ大統領府長官、ボルトニコフFSB長官、ニコライ・パトルシェフ安全保障会議書記、の4名であった（Zygar）。

東南ウクライナ地域はロシア帝国時代には「新ロシア」と呼ばれていた。なかでも港湾都市オデッサは18世紀から新ロシアであった。それがレーニンらの意向でウクライナ・ソビエト共和国の一部となっていた。プーチン大統領もまた、危機のさなかの4月に、この「新ロシア」に一度だが論及した。プーチンが「ロシア世界」、とくにウクライナとの絆を主張するとき、正教的要素はその柱になる。しかし、西ウクライナから見ればこの主張は単なる併合と拡張の正当化でしかない。

マイダン革命は、ウクライナ内政はもちろんのこと、ポスト・ソ連の空間、ロシアとウクライナとの関係、そしてそれをめぐる冷戦後の国際政治全般を大きく変えた。何より、このことはクリミア併合を促した。2014年末の大統領教書でプーチンは、ウラジーミル大公の受洗地ヘルソネスがクリミアにあり、「クリミアは新しいエルサレム」であると、併合の宗教的意義すら強調した。こうしてウクライナ危機をめぐって、欧米諸国とロシアとのあいだには冷戦後最大級の緊張が走ることになった。

「キエフが帝国を作る」

このようにロシア＝ウクライナ関係とは二重三重にねじれた関係である。そもそもロシアというネーションは決して自明ではない。ロシア帝国は正教国家であったが、その淵源となった９８８年のキエフ・ルーシとは何か。紛争さなかの２０１４年９月ウクライナの戦略専門家イホル・セマシノは、ウクライナこそロシアにとっての「兄」であるという説を日本のマスコミ学術調査団に披瀝した。時系列だけでいえば、その説もありえなくはない。

もっともこのような「兄」と「弟」、あるいは「ベリコ」と「マロ」ルーシという類比だけで両国をめぐる政治史が展開されてきたわけではない。プーチン大統領のクリミア併合を、ナチス・ドイツのオーストリア併合と同じであると批判した歴史家アンドレイ・ズーボフは、ロシアだけでなくウクライナでのネーション意識の薄さを指摘したことがある（下斗米99、45、56）。ウクライナ、ロシアともに国家意識が希薄で発達しなかった理由はなにか。彼によれば、モスコービア（モスクワ）が「第三のローマ」としてギリシャ正教を受容し、自ら「私はロシア人だが、信教はギリシャである」と宣した皇帝アレクセイ・ミハイロビッチのもとで、むしろ分離派、古儀式派の中にしか狭義のロシア・ナショナリズムは受け入れられなかった、と言う（『ズナーミャ』誌１９９３年11月）。ロシア帝国とは正教の帝国にほかならないからだ。

こうして１７２１年の帝政成立以来、ロシアでは固有のナショナリズムは押入れにしまわれ、国家学派の歴史家カラムジンの言う「我々は世界市民となったが、ロシア市民となることをやめた」状況が生まれた。ロシア帝国とは、キエフ・ルーシがキリスト教を受洗した９８８年の歴史的行為に淵源する正教国家であったからだ。

この言説がモスクワの聖俗権力の政治神話であることは、かつてウクライナ民族主義者の歴史家ミハイロ・フルシェフスキーらが指摘し、マイダン革命のイデオローグである米国の歴史家ティモシー・スナイダーなどもこの点でのロシア中心主義を指摘している。「オレンジ革命」とは、ハプスブルク帝国によるロシアへの「政治的復讐」であるというのがスナイダーの説だが、ハプスブルク帝国から見た「辺境」、つまりウクライナ人意識を強調することによって、しばしばモスクワへの自虐的な観点に傾きがちなウクライナ人意識を相対化する意味はあろう（スナイダー、360）。

しかし他方で、キエフ・ルーシとロシア帝国との歴史的関係をイデオロギー的に正統化した張本人が、実はキエフの宗教的権威であったことを見のがしがちである。つまりロシア帝国という正教をかかげる宗教帝国への道を敷いたのが、第1章でも指摘したように実はキエフの聖職者イノケンチー・ギゼリによる1674年の「シノプシス」という文書であった（Mechta）。この文書がウクライナとロシアの統一を宗教的に根拠づけ「国家と宗教が協調」する帝政ロシア（1721）という国家像の基本を定礎した。繰り返しになるが、ロシア帝国とは正教の宗教国家であって、ロシア人国家ではない。

つまりは、それまでの「ベリコ・ルーシ」とか「大」ロシアという名こそ冠したものの、現実にはまだ「辺境」であったにすぎないモスクワが「ルーシ」の後継国家であるとして「ウクライナ化（トルベツコイ）」した過程でもあったのである（Wilson09,76）。このシノプシスが執筆されたのは、1654年のアタマン国家とロシアとの統合を約したペレヤスラブ協定の20年後であったことに注目指したい。さらにこの正教帝国という構想が、モスクワではなく、むしろキエフの聖職者から発信されたことも重要である。

これらのことは今から考えれば逆説的だが、むしろモスクワで抵抗を招いた。１６６６年の宗教的分裂（ラスコル）と、その後の正教の異端派となる１６８５年の古儀式派の誕生である。この意味では古儀式派は、宗教学者が考えがちな純宗教的な現象では決してない。古儀式派の誕生は、すぐれてロシア＝ウクライナ関係の所産でもある。先に触れたズーボフも指摘するように「モスクワ＝第三のローマ」にこだわるこの保守的な潮流こそ、帝国ではなくむしろロシア・ナショナリズムの源流となる（下斗米13）。モスクワとキエフとの関係はここでも捻れている。

「ロシア革命」とロシア・ウクライナ関係

プーチンは２０１４年４月の演説で、本来ロシア帝国の一部であった「新ロシア」をウクライナに渡したのはだれか知らないといったが、答えははっきりしている。それはレーニンであった（Wilson14,120）。

レーニンは、ロシア帝政下で抑圧されたウクライナを固有名詞のタイトル国家として復位させ、ウクライナの自決権をブレスト・リトフスク講和条約で承認した。さらにその後は、ソ連邦を構成する共和国としたからであった。その意味では「ウクライナ」共和国という、文字どおりの「想像の共同体」を作ったのはレーニンとスターリンとにほかならない。レーニンは帝国から見て「辺境」にほかならなかったウクライナに、ドネツク、ハリコフ、ヘルソネスなど「新ロシア」地域を新生のウクライナ・ソビエト社会主義共和国として含めた。その意味では、レーニンが今日のウクライナ危機の淵源を作ったともいえる。さらには古儀式系のモロトフを加えてもよい。彼こそ1920年秋ドネツクに行って「ウクライナ共産党」初代書記となった。

とくに東南ウクライナ＝「新ロシア」地域は複雑な地であった。ロシアの歴史を植民の歴史といったクリチェフスキーやミリュコフも指摘したように、ポーランドから逃れた民が住み着いた。ロシアの古儀式派もこの地に入植させられた。ウクライナ民族主義者詩人タラス・シェフチェンコは、ロシアとウクライナとの国境とはドン川と見たという。ロシア帝国末期に現在のドネツクを開発したのは英国人であった。またルガンスクの炭田や冶金業はモスクワの古儀式派系資本家、とくにリャブシンスキーらが開発し、そこで同朋の古儀式派系労働者を雇用した。ドネツクなどの地で1917年に革命を組織したのはボリシェビキであった。この結果、1918年2月にはドネツク＝クリボイログ・ソビエト共和国が生まれた。その際、ソビエトという古儀式派的ネットワークが動き出した。そのソビエトは「純ロシア的」組織であると、1917年7月にスターリンは指摘した。しかし、この地がその後ロシアではなく、「ウクライナ」に入ることにより、ドン川周辺の地域の一体性は失われることになった。

英国に居住する研究者ウラジーミル・パストゥホフは『ウクライナ革命とロシア反革命』という著作の中で、ウクライナ紛争の淵源は冷戦の終焉とは直接の関係はないと指摘する。つまりは、この「10~15年の問題」ではなく、「約300年」のウクライナ＝ロシア関係に由来する歴史的な紛争だと議論しているのは、その意味ではまったく正しい。ウクライナ国家の脆弱性、そして今でも続くネーションとしての弱さという指摘は、政治的立場を超えて存在している。東西の分裂、エリートの腐敗、国家制度の解体、投資環境のなさ、それに歴史問題、とりわけスターリンとヒトラーの間での選択をめぐる対立が1941～1954年の内戦を生んだという20世紀前半ウクライナの歴史を考慮に入れないと、現代の危機は理解できない。

3　ソ連崩壊とウクライナ

ソ連崩壊前後ロシアのウクライナ観

ソ連崩壊前後のロシアにはウクライナとの関係をめぐって、(1)独立派、(2)連邦維持派という大きな潮流が存在した。こうしたなかで、主流派だったのは(3)プラグマチックな潮流であった。

まず、ウクライナ独立派の系譜を紹介しよう。ソ連末期、ゴルバチョフ共産党書記長の始めた政治改革がバルト諸国の自立を生み出し、これがソ連崩壊のドラマを展開させた。なかでもスターリンによって併合された、過去ロシア帝国の版図ですらなかった西ウクライナ、とくにガリツィア（ハリチナ）地方を中心として、独立ウクライナ意識が高まった。1989年末のゴルバチョフ書記長のローマ教皇訪問後に人民戦線「ルフ」が登場したことは、単にソ連邦だけでなく、その地政学的原型としてのロシア帝国の問題性をも争点として浮かび上がらせた。この地は歴史的にはハプスブルク帝国であったからだ。今から考えると、スターリンによる1939年の併合は、「トロイの木馬」

さながら、ソ連邦だけでなく、実はウクライナ崩壊の種まで蒔いていたともいえる。

しかしウクライナ問題を考えるとき、ソ連崩壊の事情にさかのぼる必要がある。とくに1991年8月クーデター時、その仕掛け人がウクライナ共産党の軍産部門保守派であったこと、逆にその失敗後は、ウクライナ共産党がイデオロギー担当者だったクラフチュークを先頭に一夜にしてすべて独立派になったという事情がある。

戦後ソ連には、二つの強力な軍産部門の中心が存在した。それはピョートル大帝やスターリンによって作られたレニングラードと、フルシチョフ期以降に作られたウクライナ東南部（等）を中心とする地域とである。なかでも、後者の代表的人格はドニエプロペトロフスク・マフィアともよばれたブレジネフ書記長らであった。前者は戦後スターリン時代には娘婿ジダーノフなどロシア民族主義的（古儀式）集団であり、後者は新興のウクライナ派であった。しかし、とくに1948年のレニングラード事件で前者は没落、スターリン死後はフルシチョフらウクライナ・ロビーが全党の指導権を独占した。現代ロシアの分析家ジュガリもこのソ連共産党の軍産部門どうしの対立が現代ウクライナ危機の遠因とみている（Zygar, 107）。ちなみに、南部出のブレジネフが亡くなると再び北部系が巻き返し、1982年からアンドロポフ、グロムイコ、そしてウスチノフらのチームがペレストロイカを準備したが、彼らはいずれも古儀式派系という指摘もある（Pyzhikov16）。

しかし、彼らのスターだったゴルバチョフによるペレストロイカは迷走、1991年8月のクーデターを経験する。事実、反ゴルバチョフのクーデター派（国家非常事態委員会）には、最高会議議長アナトリー・ルキヤノフを次期指導者にしようとするスタニスラフ・グレンコ、ウクライナ共産党第一書記のような南部軍産複合体出身の保守派がいた。ウクライナの軍産部門こそソ連維持派の拠点であった。正確にはウクライナの共産党イデオロギー担当書記で独立派と懇意だったレオニード・クラフチュークと保守派軍産部門のグレンコ書記とが影響力を争っていた。しかし、1991年8月、クーデターの崩壊によりウクライナ保守派は一晩にして民族独立派になった。同24日、クラフチュークが実権を握ったウクライナ・ラーダは独立を宣言する。いずれも自決権や主権を「好きなだけ」主張する。

しかし、ウクライナの独立を完遂するためには、ロシア（RFSRF）を独立させることにより、ソ連邦の崩壊を進める必要がある。この考えは、ロシアではエリツィン系のブレーン、ゲンナジー・ブルブリスらが提唱した。その際、クラフチュークが進めるウクライナ独立はエリツィン政権にとっても最良のパートナーとなった。

エリツィン周辺での権力闘争も絡んだ。主流派である完全独立派に対する政権内慎重派にはユーリー・スココフ、ゲオルギー・ヤブリンスキーに代表されるゴルバチョフ系との提携派もあった。なかでもロシア最初の安全保障会議書記となったスココフはレニングラードの軍産部門出身で、エリツィン系として各派とも関係を保っていた（下斗米92）。ソ連崩壊後は、東ウクライナでの攻勢を主張している現在のイズボルスキー・クラブにつながるロシア人共同体会議（KRO）を発足させた。レニングラード軍産部門出身のスココフは、ウクライナの長期的な持続可能性には懐疑的であった。ウクライナは歴史的に二つに分かれており、したがって将来的な分割を免れない。ましてやクリミアや黒海艦隊の帰属問題をめぐって分裂している。ウクライナは「国家以前」的存在であるというハスブラートフ・ロシア最高会議議長の考えは、政治的立場を超えてロシアで共有され、今日のプーチンにまでつながっている。

第二は、イデオロギー帝国としてのソ連邦は存在しえないが、かわりにスラブ系国家が連邦を構成するという考えである。なかでもペレストロイカ期には、作家のアレクサンドル・ソルジェニーツィン、歴史家のレフ・グミリョフなどの考察が国内外での論争に刺激を与えた。とくにソルジェニーツィンは「ロシア＝ウクライナ、そしてベラルーシ」からなる新しいロシア再建の構想を提示した。その根底には正教国家、とくに「シノプシス」の系譜を引く正教的ロシア（ロッシースキー）国家再建が念頭にあった。

もっとも、ソルジェニーツィンのウクライナ観は保守的でもあった。たとえば「ウクライナ民族が9世紀から存在するというのは真っ赤な嘘」であり、また19世紀ガリツィア地方では、オーストリアの梃子入れで「民族語でないウクライナ語が作られた」（ソルジェニーツィン90、24）と言う。事実、彼はウクライナ独立への危惧を持っていた。

第三は、主流をなすプラグマチックなリアリストたちである。このような潮流にはゴルバチョフ系の政治局員たち、たとえばエフゲニー・プリマコフや政治学者がいる。彼らは世俗国家ロシア外交の主流派であって、ロシア独立をめざしながら、長期的にはソ連邦崩壊で国境の外に居住する在外同胞や、旧ソ連邦との法的枠組みを考える必要がある、という考えになる。法的共同体としてCIS（独立国家共同体）を便宜上作るというものである。つまり、ポスト・ソビエト空間をめぐる、これまでの外国である「遠い外国」と、ソ連崩壊で独立した「近い外国」との区別に由来するロシア外交観の根源がここにある。

こうして、「民主主義者」、「大国主義者」、そして「リアリスト」の系譜が１９９２年の時点で出そろった。２０１４年のマイダン革命まで多少の入れ替えはあっても、ほぼ同じ顔ぶれが同じ考え方を持続してきた、と言うべきである。

独立後のロシアとウクライナ

英国の専門家アンドリュー・ウィルソンはウクライナを「予期せざる国家」と特徴づける。確かに１９９１年夏までは、だれにとってもウクライナ独立は想定外であった。ステート、つまり統治機構としても、ネーション意識の点でも弱く、真の意味で確立されたとは言いがたかった(Wilson09,xii)。それでもウクライナ独立はこれを推進した政治家クラフチュークにとっては「完璧な勝利」であった。ウクライナ独立に見合って、ロシア政府内でもブルブリス国務長官のような完全独立派の政治家が台頭した。もっとも彼らは核から黒海艦隊まで、ソ連邦の資産を一挙にロシアの統制下に置こうとしていた。このことはウクライナの反発と遠心力をいっそう促した。こうしてウクライナは12月1日の国民投票で国境線問題についても、ロシア語を話す少数派問題、何よりクリミア帰属問題についても、すべてを手に入れた(Migranyan97,274)。ソ連直轄の戦略部隊がいたクリミアについてロシア側は譲歩し、共同管理、「新ロシア」、ロシア語話者などの問題も話し合いで解決できるとリアリストたちは見た。

ソ連崩壊直後のロシア外交で主流派となったのは、当初は先の第一の系譜に連なる、コーズイレフ外交に体現された大西洋主義者、西欧派の路線であった。ソ連崩壊時の国境線を受け入れ、世俗国家として民主ロシアをめざすという考えであった。

しかし、エリツィン反対派が批判の矛先をウクライナ問題に向けるのは、分裂した世論の中では当然の成り行きでもあった。ゴルバチョフ系やヤブリンスキーなど、そして独立派エリツィン周辺にも、ウクライナとの国境問題見直し論が出はじめた。

はたして独立後に、クリミア半島、黒海艦隊、ドンバス、ロシア系ディアスポラなどとの関係が、ロシアとウクライナとの関係で焦眉の問題となった。独立国家共同体（ＣＩＳ）問題とは、つまるところはウクライナ問題でもあった。当時「遠い外国」と「近い外国」との区別が生じた。しかし問題の核心は、ロシア＝ウクライナ関係が「兄弟関係」的なものとなるか、それとも「離婚の文明的形態」であるのか、をめぐる選択であった。こうしてソ連崩壊後は、一挙にウクライナ問題がロシア政治エリートの思考の中心となる。

実際、エリツィン・ブレーンのリベラル民主化派、とくにアナトリー・チュバイスやブルブリスらは、ウクライナが完全に独立した国家となった以上、国境線は動かさない、と主張した。しかし、ブルブリス自身が１９９３年以降はロシア下院の地政学委員会の成員となって旧ソ連地域との関係を担当せざるをえなかったように、軌道修正も必要になった。ウクライナは外務省が仕切る「外国」と割り切るにはあまりにも複雑な紐帯によってロシアと結びついている。

その後、関係を先導したのは先の分類でリアリスト、政治学者とよばれるブレーンである。なかでも１９９２年に作られた外交防衛政策会議のセルゲイ・カラガノフは、ロシアとの特殊な関係があるウクライナなどは無視できないとして、崩壊後の旧ソ連空間にロシアは関与をすべきだと主張した。めざすのはCISを基軸とした旧ソ連統合であったが、ロシアが旧ソ連地域に一定の関与が不可欠であるというロシア流「モンロー・ドクトリン」を提唱、この考えはしばしばカラガノフ・ドクトリンともよばれた。モロトフ外相の孫にあたるニコノフも1993年7月、モンロー宣言を引きながら、旧ソ連地域での紛争防止という観点からロシアの積極関与と、在外同胞の擁護を主張した。のちの「ロシア世界」問題の先駆である（Nikonov）。

ウクライナの変針

このような主張がロシア側で強まってきた背景には、ウクライナ東部で起きたドンバス炭田での紛争、ウクライナ東部での不満の亢進もあった。1993年選挙ではロシア国内でもエリツィンの自由化への幻滅が生じ、ウラジーミル・ジリノフスキー率いる自由民主党が躍進したが、ウクライナでもまたロシアとの提携を主張する共産党や社会党が影響力を広げ、他方、クラフチュークら完全独立派の影響力は当然ながら後退した。

こうしてウクライナ国家がはたして長期的に持続可能かという論点は1994年のクラフチューク体制の危機により、ロシア国内での議論に跳ね返った。クラフチュークによる国際通貨基金（ＩＭＦ）支持の親西欧リベラル化の姿勢に対して社会党、共産党などが抗議し、左派の政治的影響が強まった。ロシア＝ウクライナ関係はこうして当時もまた、ドネツクでの危機によって転機を迎える。1990年代半ばのウクライナ内政は「右派の弱体、左派の台頭、そして中道の分裂」と特徴づける識者もいる（Wilson09,195）。

こうして1994年7月には、クラフチュークは大統領選で敗北、かわって東部軍産部門支持のレオニード・クチマが大統領に当選した。間接的にはロシアの支持によってこの政権は成立した。ドニエプロペトロフスクの軍産工場「ユジマシ」所長から転じて、ソ連崩壊後はウクライナの首相となり、ロシアの保守派との関係は強かった。事実、大統領宣誓で「ユーラシアの経済・文化空間」を無視したことは誤謬であったと指摘した。このことはクレムリンを喜ばせ、クチマ政権のCIS接近政策を歓迎した（Nikonov99,742）。

もっとも、彼はその後次第に親西側の人民戦線票をあてにしたため、東部票は共産党や、やがて首相となるパブロ・ラザレンコに流れることにもなった。軍事技術の7割以上を握る軍産部門の拠点東部をとるか、それともイデオロギーや文化を押さえる西部に頼るか、こうしてウクライナ政治における東西問題が深刻化する（Wilson14,197）。旧ソ連ではカザフスタンやウズベキスタンなどのように、最後の共産党第一書記が大統領となったら長期の権威主義政権を敷くのが通例であった。しかしウクライナは、早くも東西間の闘争による国家の危機に遭遇した。

こうしたなかロシアでは、再発足したロシア共産党などソ連維持派を含めての大ロシア主義の潮流が重要となった。この帝国的ロシア主義とでも言うべき潮流は、右はアレクサンドル・プロハノフのような右派から、左は共産党ジュガーノフ候補までを含め広がった。これらの潮流ではとくに「地政学」という概念が政治用語として次第に定着しはじめた。なかでも1990年代に、アレクサンドル・ドゥーギンらがこの言葉を定着させた。ドゥーギンは、ウクライナ、とくに東部では国境はあってなきがごとき存在だと指摘した。地政学では大陸と海洋との区別が重要だが、ウクライナは「海洋勢力の傀儡的存在、ロシアの敵」であって、ここに長期的、国家的性格はないものとみなされた。

なかでもこの時期の主たる争点は、主としてクリミア半島と黒海艦隊の帰属問題である。クリミア半島は、ソ連期の1954年1月にソ連共産党幹部会の席上、大戦期にウクライナ戦線を指導したニキータ・フルシチョフ第一書記の強い圧力のもと、ロシアからウクライナへの移行が決定されたことが発端となった。2月にはロシアの法令となり、ソ連最高会議幹部会でも決定された。当時のロシア最高会議には国境を変える権限が法的にはなかった。

このこともあって1992年に独立ウクライナ大統領となったクラフチュークが黒海艦隊のウクライナ化を宣言したとき、同艦隊の提督は1月に艦隊のロシア化を宣言して対抗したのである。エリツィン大統領は、黒海艦隊をサンクト・ペテルブルクに移し、同港をウクライナに賃貸しようとした（Baburin,60）。結局、エリツィンの要請で4月人民代議員大会まで黒海艦隊問題は公開されなかったが、1993年にはロシアの人民代議員大会はセバストーポリのロシア領帰属が決議された。この件を主導したロシア大国主義的な政治家セルゲイ・バブーリンは、ウクライナで最初のペルソナ・ノン・グラータとなった。

もっともウクライナ側にもクリミアの帰属をめぐっては、⑴1990年11月の両国条約はおくとしても、⑵1991年のCIS創設条約、⑶12月末のアルマアタ宣言、⑷1993年1月のCIS憲章、⑸1994年4月の国境不可侵の決定が、いずれも国境不可侵と領土保全を定めていた

（Rossia-Ukraina）。さらには１９９４年12月のブダペスト・メモランダムは、核大国が非核国家となるウクライナの領土保全を国際的に保障することをうたった。したがって、ロシア民族派の主張には無理があった。もっとも、セバストーポリ港はクリミア全体とは異なってソ連期にウクライナに渡された法的決定はないので、ロシア側の主張にも一理あった。しかし、双方でこの問題解決への努力はなされなかった。１９９６年12月、つまりエリツィン再選後にはルシコフ・モスクワ市長がセバストーポリ問題を問題視した。しかしチェルノムイルジン首相は、１９９７年５月のパートナー条約発効時、これを賃貸にする決定をした。

プリマコフ外交

こうしたなかでロシア外交を、大西洋主義といった西側寄りの姿勢からユーラシア主義、国益重視の全方位的なものに変えたのは、クリントン政権が進めたＮＡＴＯ東方拡大の動きであった。もとはといえば、大統領再選のためポーランドなど東欧系移民票目当てという米国内の動きであったが、このことから東西関係は転換しはじめた。ロシアでは親西欧主義的潮流は後退した。１９９６年1月のコーズイレフ外相の辞任とプリマコフ外相の就任は、この明白なシグナルであった。

実はソ連崩壊後のロシアでは、ウクライナなど旧ソ連を担当する部局とは、実はロシア外務省でなく、大統領府であった。というのも「近い外国」とよばれた旧ソ連諸国は、外国というにはあまりに「ソ連的」存在であって、旧共産党のネットワークで外交まで処理されたからである。コーズイレフのひ弱な外務省では担当できなかったこともある。ちなみに現在でもプーチンは、ウクライナ外交担当ではチュメニにいたことのあるビクトル・メドベチューク・ウクライナ大統領府元長官を頼りにしているという（Zygar,190）。

その意味では、元ソ連末期の政治局員だったエフゲニー・プリマコフのロシア外相就任こそ、ウクライナなど「近い外国」との距離のとり方をはかる契機になった。それでもプーチン時代になっても、依然としてウクライナ問題は「外交」として処理するにはあまりに込み入った相互依存関係があった。１９９５年にプリマコフ所長の影響下で書かれた「世界経済・国際関係研究所」（ＩＭＥＭＯ）の報告書『近い10年の国際関係におけるロシア』では、ロシア、ウクライナ、ベラルーシ、カザフスタンの統合過程が望ましいものの、「ウクライナでの国家形成は、ロシアとの距離を厳しくとる以外にありえないので実現されない」と現実的でもあった（Rossiya,11）。もっとも、ウクライナと黒海艦隊の分割、核兵器撤去、クリミアの地位について妥協できれば、４ヵ国の統合もないわけではないとされた（81）。しかし、このような可能性はクチマ政権が次第に西方シフトすることにより非現実的となった。

それでも１９９６年にエリツィンが大統領として再選されると、外相プリマコフはみずから主導して１９９７年５月末のウクライナとの友好協力パートナー条約批准を成功させた。ただ、この条約締結については抵抗なしではすまなかった。クリミア問題の固定化を批判する政治家、民族派・大国派議員のバブーリン、ルシコフ・モスクワ市長、アレクサンドル・レーベジ安全保障担当書記らが、この条約に反対した。

なかでも次期大統領選を意識した野心的なルシコフ市長は「モスクワ・セバストーポリ」運動を

通じて、１９５４年のクリミア割譲の決定を批判した。とりわけ彼のもとで早くからクリミアの統合論を展開したのは政治学者で下院議員のセルゲイ・ザトゥーリンであった。議会では黒海艦隊委員会議長として大国主義の立場から関与、１９９５年には「ロシア人共同体会議（ＫＲＯ）」に加盟、在外同胞委員会を組織し、１９９６年からＣＩＳ研究所を組織した。その後は統一ロシア党内での大国主義的潮流を主導し、ウクライナ入国を禁止された。その間、１９９３〜１９９５年議会選挙の結果、議会では地政学委員会が設けられ、ジリノフスキーなど自民党系の南方進出論者が台頭する。

なお当時、ロシア国内でウクライナの立場への意外な支持者は、次第に浮上しはじめたロシア正教会古儀式派であった。１９９６年に古儀式派の府主教アリムピー（本名グセフ）はインタビューで、古儀式派がソ連崩壊を喜ぶかと問われ、現代のロシア地図がニーコン改革の前のロシアとほぼ同じであると指摘した。つまりニーコン改革で、ロシア正教は帝国の犠牲となったのであると述べた。ロシアは単一スラブの正教国家になってしまったと嘆いた。このことは現代の古儀式派もまた、ニーコン改革以前のロシアの国境と国家概念を受け継いでいることを示していた。つまり「モスクワは第三のローマ」であり、ベリコ・ルーシこそ元来の国家である、というものだ。そこで育ったロシア観念こそ、本来の信仰に基づいた国家の中心なのであろう。つまり、ウクライナは伝統的古儀式派の観念から見れば別の国であった。

こうして１９９７〜１９９９年には、この条約批准をめぐってモスクワでの対立が強まった。この論争には帝国主義を呼号する勢力だけでなく、分断されたロシア世界を回復しようとする学者も参加した。彼らはエリツィンの内外政策の挫折とともに、新たな模索を求めはじめる。なかでも1998年8月、金融危機の中で9月には反エリツィンのプリマコフが左右の勢力の支持で首相として任命されると、彼を支持する勢力も結集しだした。このことから、エリツィン周辺ではプリマコフ系に代わる候補として、強力官庁出身のセルゲイ・ステパーシンが首相を短期間務めたが、その後1999年8月には、FSB長官だったウラジーミル・プーチンが首相として、そして事実上の後継者として任命された。

このように、ウクライナで半カトリック的なユニエイト派が宗教的に浮上すれば、モスクワで古儀式派潮流が政治的に対応するのも当然の反応といえよう。『エリツィン伝』を書いたハーバード大学のT・コルトンやロシアの伝記作家ミナエフによれば、ボリス・エリツィンは祖父がウラルの古儀式派であったという（Colton08,14）。そのエリツィンが後継指名したプーチンもその流れにあると主張したのは、自身が統一信仰派、つまりニーコン主流派と古儀式派との統一派でもある政治学者、ユーラシア主義者のアレクサンドル・ドゥーギンらである（Dugin12,7; Pyzhikov）。たしかにエリツィンがプーチンに大統領職を引き継ぐときに語ったのは「ロシアを大事にせよ」という言葉であった。

4　オレンジ革命からマイダン革命へ

プーチンとウクライナ

こうして21世紀への転換期、ロシアは新しい指導者を選んだ。プーチンはチェチェン紛争を契機に人気を博し、2000年には大統領に当選した。彼は強い国家と垂直的統制を求め、チェチェン紛争の鎮圧と反テロ活動の強化を課題とした。このため、ジョージ・W・ブッシュ政権が反テロに傾斜した2001年の9・11事件以降は、「米ロ蜜月」を演出した。

他方ウクライナでは、クチマ政権が宿痾の腐敗と混乱を強めていた。しかしもっと重要なことは、クラフチュークの西寄り政策を批判したクチマ体制もまた、ウクライナのネーションだけでなく、国家の制度形成にも成功しなかったことである。1999年にクチマが大統領に再選されたとき、モスクワでは一時ほどの歓迎ムードはなかった。政治は停滞し、その後二院政に移行したが、大統領のジャーナリスト暗殺への関与疑惑が生じ、2001年春には「クチマなきウクライナ」運動が生じた。とりわけジャーナリスト殺害を契機に政治的に低迷し、国内では東西間の対立が顕著であった。

しかも2003年、プーチン大統領が反オリガルヒ活動をその政策の中心にすると、ウクライナのクチマ政権を支えたオリガルヒ潮流には激震が生じはじめた。なかでも東ウクライナでは、ドンバス生まれのタタール系炭鉱夫の息子、リナト・アフメトフなどの台頭が目立った。しかし何より、ユリア・ティモシェンコなどガスをビジネスとするオリガルヒ勢力にとって、プーチン・ロシアは体質的な脅威となってきた。

当選当初はオリガルヒに盛り立てられた大統領といった感もあったプーチンだが、ベレゾフスキー、グシンスキーを早々と追放したのに続いて、2003年にはユーコス社のホドルコフスキーを政治犯として逮捕した。また首相のミハイル・カシヤノフを解任、代わりにシロビキ系の経済官僚ミハイル・フラトコフを任命した。チェチェンでの反テロ作戦を正統性の根拠とし、「強力官庁のシロビキ」を支柱としはじめたプーチン政権が、ウクライナでの「民主化」運動、つまり「オレンジ革命」を脅威と感じはじめたのとは好一対の反応であった。

こういった状況で始まったのが2004年のオレンジ革命である。このウクライナ危機は、ロシアをも大きく揺るがした。政治学者パストゥホフは、この時期ロシアは「半民主主義」から「半権威主義」へ移行したと言っているが、これはチェチェン問題、とくに2004年9月のベスラン危機以降、プーチン大統領が強攻策へ政策転換（知事任命制、政党規制など）したことを考えれば、総じて間違ってはいない。

他方、2004年10月末から行われたウクライナ大統領選挙では、東部で優勢なヤヌコビッチ候補と西部でのユーシェンコ候補とが衝突した経緯は以下のとおりである。ともに第一回投票でヤヌコビッチとビクトル・ユーシェンコがそれぞれ39・9対39・3パーセントと、ほぼ拮抗した。第二回投票では東部を拠点としたヤヌコビッチ候補が49・5パーセントで、46・6パーセントのユーシェンコに勝利した（11月20日）。しかし、このことが反対派市民の不正選挙批判を激化させ、これが街頭での運動、オレンジ革命への引き金となった。決選投票の結果を街頭行動がさらにひっくり返したかたちである。11月25日に扇動的な政治家、ティモシェンコら野党勢力は、治安当局が動かないことを確認したうえ「救国委員会」を設置し、街頭行動を激化させた。街頭行動が決選投票の結果まで覆す法的根拠はなかったが、12月26日には異例な決選投票のやり直しとなった。その結果、ユーシェンコが勝利、2005年1月にウクライナで三人目の大統領となる。

しかし、動があれば反動がある。選挙結果を見たヤヌコビッチ候補を支持するクリミア自治共和国など東南ウクライナの15州の知事クラスを含む3000名が11月28日に「地域間自治体連合」を組織、そこでドネツク知事らはハリコフを首都とする「南東ウクライナ共和国」の形成まで示唆した。東西関係の緊張が一気に強まった。

ちなみにこの過程では、ロシアも欧米も、NPOなどを通じてそれぞれ関与したと見るのが公平であろう。プーチン・ロシアにとって、もっとも好ましいウクライナの政治家はビクトル・メドベチューク、そしてドネツク出のビクトル・ヤヌコビッチであった。いずれも、ウクライナ語はほとんどしゃべれない。プーチンにとっては、ユーシェンコをロンドンの政敵ベレゾフスキーや欧米政権が支持しているのであれば、ヤヌコビッチのほかに選択肢はない。10年後の革命と内戦の種子は、この時まかれていたというべきだ（佐藤、130）。

もっとも勝利したユーシェンコ大統領の政権運営は新たに問題を引き起こした。ティモシェンコ首相、ヤツェニューク経済相といった有力政治家たちも、混沌の中で自己利益の追求をひたすらめざした。前者よりややバランス感覚のあるオリガルヒで安全保障担当のペトロ（ピョートル）・ポロシェンコはロシアとの接近もはかったが、ティモシェンコと衝突、このこともあってやがてヤヌコビッチが首相に返り咲いた。革命の蜜月は1年も、もたなかった。

ロシア側も「民主化」への警戒から「国家」の解体への侮蔑へと、次第にトーンが変わりはじめた。この間ロシアでは、２００７年後半には有力であったプーチン大統領の三選論が結局支持されず、ドミトリー・メドベージェフを大統領後継とするタンデム体制に変わる。安全保障上の脅威としてウクライナでの西側主導のカラー革命、つまり「民族主義」と「民主主義」、そしてウクライナへの西側の影響力に対する警戒が、ＮＡＴＯ拡大の脅威とも相まってクレムリンを用心深くさせはじめた。

２００７年初め、プーチン大統領はミュンヘン会議で米国の単独行動主義への批判を行った。２００８年２月、ロシアが支持した新ユーゴからコソボが独立した。これに加え、ブカレストのＮＡＴＯ首脳会議でウクライナへのＮＡＴＯ拡大の兆しが出はじめた頃から、米ロ緊張の度合いが増した。そのころ、11月にプーチン大統領はウクライナがＮＡＴＯに加盟するならクリミア併合も辞さないことを示唆したと、キエフの新聞『キエフ・プラウダ』が論じたことがある。真偽のほどは依然不明であるが、同じＮＡＴＯ東方拡大でも、東欧とバルト諸国、そして旧ソ連のジョージアやウクライナとなると、モスクワの関心はおのずと異なる。

プーチンの「ロシア世界」提唱

このころから「ロシア世界」という主張がロシアで提唱された。正式には2007年6月に、プーチン大統領はロシア語話者の世界への関心、つまりロシア文明の擁護を掲げだした。その組織指導者になったのは「ポリチカ」基金総裁のビャチェスラフ・ニコノフである。彼は有力な政治学者であるだけでなく、スターリン期の外相モロトフの孫でもある。ニコノフはこのとき、プーチン系右派ブレーンの主張を代弁した。在外同邦のロシア人の利益擁護、ロシア語を話す外国籍擁護を掲げることで、次第にロシア人が分断することへの批判を強めた。その管理会メンバーには、映画監督のニキータ・ミハルコフ、正教擁護を掲げるロシア鉄道のウラジーミル・ヤクーニン総裁らも加わった。

とりわけユーシェンコ政権が、ウクライナでの1932年~1933年の飢饉問題を、ウクライナ民族抹殺という角度から国連を含めた場で取り上げたことはモスクワとの歴史問題をめぐる認識をも緊張させた。この点は、政治家と歴史家とで対応が微妙に異なった。ロシアの歴史家たちがアルヒーフ史料を公開させるというかたちで『ソ連の飢饉(1930~1934年)』という貴重な史料公開に行きついたことは、エリツィン時代後期から史料館の利用制限が強まったなかでは注目される。

ロシア政府側が2009年5月に、当時のセルゲイ・ナルイシキン大統領府長官が中心になり、ロシアの国益を損なう「歴史の偽造に対する委員会」を組織し、ウクライナ政府への反論を行ったのは政治の次元である。この組織はプーチンが大統領に復帰する2012年6月には、下院議長となったナルイシキンのもとで「ロシア歴史協会」へと発展する。直接にはウクライナ政府が、1933年飢饉こそウクライナ民族の抹殺を目的とした「ジェノサイド」であると、国連に提起したことがきっかけとなった。

当時、実際にスターリンは、ロシアの北カフカースやカザフスタンでも穀物調達を強行、数百万の飢餓が生じていた。スターリンは、結果的には最大の穀倉地ウクライナの民衆も巻き添えにしたが、主敵はソ連全体の農民たちであった。その犠牲者には、ゴルバチョフ一族のようなロシアの南部や中央アジアの遊牧民も含まれた。ゴルバチョフ時代に始まる「歴史の見直し」は、いまや歴史や記憶の政治利用をめぐる旧ソ連諸国間のせめぎあいへと至った。

しかし問題は、歴史だけではすまなかった。2008年12月、NATO加盟をロシアとウクライナが否定したときの会議でドミトリー・ロゴージン大使は、ウクライナ国家崩壊の危機に言及した。ロゴージンは政治家としては1990年代から活躍しだしたが、ゴルバチョフ派、エリツィン派といった系譜を引かないロシア民族派である。政治組織KRO（ロシア人共同体会議）に属していたロゴージンは保守派として頭角を現したために、ブリュッセルにNATO大使として送られたとも言われる。また、右派民族派のイズボルスキー・クラブの影のスポンサーでもある。

2008年末、モスクワでロシア正教会トップのアレクシー2世が亡くなり、かわりにキリル総主教が誕生した。この人事は、ロシアだけでなくウクライナにとっても大きな変化であった。依然としてモスクワの総主教が管轄するウクライナのロシア正教会では、モスクワ総主教派が、分離したキエフ総主教派の3倍近い1290万人の支持者を持っていた。これに対しソ連崩壊後に新しく形成されたキエフ総主教派は470万人、そしていわゆるユニエイト、つまりギリシャ・カトリック教会は390万人の信徒がいた。正教世界では依然としてモスクワの権威が圧倒的であったが、微妙なモスクワ離れも始まっていた。

こうしたなか2010年2月の大統領選挙では、ユーシェンコ政権の腐敗と無能とから、東部を基盤とするヤヌコビッチが復権を果たし、4代大統領となった。地域党など東部系の影響も強まったが、アフメトフなど東部のオリガルヒの支援があった。ヤヌコビッチは同年4月にメドベージェフ大統領との「ハリコフ合意」を締結し、黒海艦隊とセバストーポリの2042年までのロシア側の使用期間について合意した。もっとも他方では、ヨーロッパ連合との連携協定を求めたことも重要である。

マイダン革命

ロシア・ウクライナ関係の第4段階は、2014年2月の「マイダン革命」である（塩原、下斗米14, Starikov; Wilson)。この事件自体についてはいろいろ議論されてきた。主要なポイントを、その後明らかになったことも含めてまとめてみたい。

この危機の淵源をたどるとき、直接の因果関係が分かりにくいのだが、その直前に起きていたシリア問題との隠れた関連が見逃せない。2010年から主として欧米などがアサド政権の退陣を求めたシリア紛争と深いつながりがあった。前にも触れたが、2013年7月、サウジアラビアの元米国大使バンダル王子がプーチン大統領を訪問、そこでソチ五輪の安全保障と引きかえに、シリアのアサド政権の交代を迫った。『デーリー・テレグラフ』紙なども報じたこのバンダル王子の訪ロと威嚇とは、その影響下にあった反政府系チェチェン人を使った作戦だとされる。同時に、彼はプーチン大統領に対して、アサド政権を倒しても、ロシアが維持するタルトス基地は保証すると述べた、ともいわれる。実際、反政府系イスラム急進派のチェチェン人が動き出した。

しかし、アルカイダ系とも親しい関係にあったサウジアラビアの王子の威嚇は奏功しなかった。2013年秋のシリア問題では、化学兵器の利用を口実にアサド政権への空爆を米国もまたちらつかせたものの、結局は、オバマ政権は踏み切らなかった。かわりにプーチン大統領は化学兵器解体による和平を提案し、これを促した。この提案は英国などの支持も得て奏功し、国際世論でも、プーチン人気が一躍オバマ大統領を超える事態となった。

逆に、このシリアでの事件がその直後、ソチ五輪期に生じたウクライナ危機の引き金の一因になったという見方が存在する。ロシア側の有力中東専門家ビタリー・ナウムキンらは、チェチェンなどワッハーブ主義やその後現れる「イスラム国（ＩＳ）」とは「西側とサウジアラビア」の対ロ・ツールだったとみている。[*1] なお、米国大使などを務めたバンダル王子は、２０１５年２月にアルカイダとの関係が疑われ、突如引退した。たしかにそれ以降は、ミンスク合意Ⅱなどウクライナの和平交渉が進むことになる。それは後の展開である。

このシリアとの関係はまだ不明確な点が多いが、その後２０１５年９月にはプーチンが国連で演説、ウクライナ紛争の解決とシリアでの空爆による反ＩＳ統一戦線を主張するようになる。このことからも、シリア問題とウクライナ問題には因果関係がありうるといえよう。

シリア危機のあいだ、ウクライナ大統領ヤヌコビッチはEUとの連携協定とロシアのガス代金での援助とを天秤にかけていた。2015年12月にはロシアとの連携に傾いた。もっともこのことはウクライナの反ロシア世論を刺激し、西部の反政府勢力が10日、マイダン広場に動員をかけた（Dnevnik,44）。そこにはヤヌコビッチ一族などオリガルヒと腐敗とに対する市民社会からの当然の反発と並んで、欧米政府系の地政学的思惑も見え隠れした。

ただし、欧米には単一のウクライナへの計画があったわけではなかったし、その後の展開は、それら西側政府や専門家が肝心のウクライナ問題については無知であり、対策を持たなかったことをもさらけ出すことになる。英国の専門家アナトール・リーベンも主張するように、当時のウクライナ問題へ積極的に関与したのは、ヤヌコビッチ政権がユーラシア連合へ傾斜することを懸念するポーランド政府のシコルスキ外相やEUのカール・ビルトのような政治家だった。[*2] その頃米国もまた、ウクライナへのNATO関与をめざして動き出していた。シリア問題でプーチンの後塵を拝した米国は、ネオコン系のヌーランド国務次官補がウクライナ問題に関与した。彼女は米国ウクライナ人協会での講演で、ソ連崩壊後は約50億ドルをNPOに支払ったと、関与の意図を隠さなかった。もちろん「カラー革命」の波及に神経を尖らせてきたロシアの各勢力も関心を深めた。

「新ロシア」キャンペーン

プーチン政権は、2014年2月7日からのソチ五輪開会式に欧米首脳を招待し、そこでウクライナをめぐるロシアとの関税同盟とEU連携協定との齟齬を架橋し、説得しようとしていた（ロシアの有力政治学者の聞き取り、2014年3月）。これは2016年6月にプーチンが提唱することになる「大ユーラシア・パートナーシップ」の原型であったかもしれない。しかし、日本以外のG7加盟国、欧米首脳は同性婚問題を理由に不参加となった。しかも開会式以前に、マイダンでの民主化運動での衝突は死者を出す紛争となり、ヤヌコビッチ政権は憲法改正、連立政権と選挙の前倒しを約束せざるをえなくなっていた。

これらの事情についてオバマ大統領は、紛争1周年の2015年1月末のCNNインタビューで米国がヤヌコビッチの逃亡などウクライナでの「権力移行」を米政府が「仲介した」ことを認めている。実際、ヌーランド女史は政権交代以前からヤツェニュークを首相にするシナリオで動いていたこと、またEU（欧州連合）との齟齬を生んでいることがマイダン革命前からインターネットで暴露されていた。

こうして欧米も関与した本格的なキエフでの権力闘争がソチ五輪の背後で始まった。マイダンでの民主化運動は暴力化した。ヤヌコビッチ政府の治安機関も市民への弾圧で権力を乱用したが、驚くべき展開は反政府系右派勢力がスナイパー部隊をも動員して、しかも市民のデモにも銃撃したことであった。この間の21日には、英独ポーランドの外相クラスも関与して連立政権と憲法改正の妥協案が署名にこぎ着けた。しかしそれもつかの間、大統領ヤヌコビッチは右派勢力の直接の暴力に屈し、首都から逃亡した。このため、ウクライナ議会は憲法上の疑義はあったもののトゥルチノフ大統領代行や、何よりビクトリア・ヌーランドによって推薦されていたアルセニー・ヤツェニューク首相からなる暫定政府を成立させた。

こうしたことが、プーチンをして「即興的に」クリミア併合へと駆り立てた事情は先に述べた。実際にはとくに親ロシア系が多いクリミアや東部ウクライナは、西ウクライナ右派勢力による「暴力革命」、そしてロシア語の禁止措置に驚愕した。これがさらに、2月24日のクリミア議会前での親ロシア系とマイダン系支持勢力との衝突に飛び火した。それが一挙に同地のロシア編入支持への世論を高めたということができる。3月6日の安全保障会議では議論は単なるクリミア独立だけでなく、ロシアへの併合へと至った。それだけでなく、3月初めには東南部ウクライナ、つまり「新ロシア」への関与にロシアは積極的に乗り出した。

ちなみに、外交関係の長老プリマコフ元外相は2014年7月初めのテレビ演説で、クリミアを確保するに際しては、住民による人民投票だけでなく、外国との協議を求めたと指摘している。だが、ウクライナの反対でうまくいかなかったと指摘している。この件にコメントを求められた『エホ・モスクヴィ』のジャーナリスト、アレクセイ・ベネディクトフは、日本の学者・報道関係者のインタビューで、ウクライナについては保留したが、トルコとの協議はあったことを示唆した（2014年9月20日モスクワ）。トルコでも、当時はまだ親ロ的とみなされたエルドアン大統領が黙認した可能性は高等経済院の学者も指摘している（Matveichev,168）。ちなみに、2014年8月からトルコの首相になったアフメト・ダウトゥールはクリミア・タタール系といわれ、親欧米的政治学者であったが、2016年6月にエルドアン大統領がロシアと和解する直前に辞任している。

このような「新ロシア」キャンペーンに積極的に呼応したのはプーチン・ブレーン集団の中でも、とくにイズボルスキー・クラブらの右派であった。このイズボルスキー・クラブは2012年9月に作家アレクサンドル・プロハノフらが中心になって作られた。名うての保守派であり、１９６９年の中ソ対立での愛国報道で著名になったジャーナリストである。同人にはＫＲＯ系のナターリャ・ナロチニツカヤ（パリへの文化大使）、経済学者ミハイル・デリャーギン、そして評論家のミハイル・シェフチェンコ、かつて改革派で、プーチン大統領の三選運動で著名となった元『独立新聞』編集長のビターリー・トレチャコフら、大国的保守派とでも言うべき潮流の論者を含んでいる。

なかでもウクライナ生まれ、母親がウクライナ人のセルゲイ・グラジェフは１９９２年に「カミカゼ」政権、チェルノムイルジン政権の対外経済関係相として、初期はリベラルと目されたが、１９９３年のエリツィン大統領による白亜館砲撃に抗議辞任し、以降、保守系経済学者として知られるようになる。その後、経済政策では社会主義的、また政治的には右派愛国主義的な党派「祖国」をバブーリン、ロゴージンらと結成、２００４年大統領選挙でプーチンに対抗して立候補したが、２０１２年からはそのアドバイザーでもある。

マイダン革命時には関税同盟書記として、プーチン政権内で大国主義にして保守的な役割を演じた。ウクライナ問題では、『ブラスチ』誌によれば、２０１４年２月半ばにプーチン大統領が直接関与するまで、グラジェフが主要な役割を演じた。彼は2月25日当時のウクライナ政変を「バンデラ派が政権を握った」と表明し、「連邦化」を求めたという。「新ロシア」での東進を主張したのもグラジェフだった（Zygar, 347）。事実6月にも、5月の大統領選挙で当選したばかりのポロシェンコ大統領を「ナチ」と呼んで物議を醸している。

もっとも、リベラル派の推測では同派がプーチン大統領自身に影響力があるとは思えない。大統領府でグラジェフと競合しつつウクライナ対策を担当しているのは、かつて灰色の枢機卿とよばれ、元第一副長官であったビャチェスラフ・スルコフである。チェチェン系ユダヤ人の彼は2011年末議会選挙での政府系「統一ロシア」の不調を理由として大統領府を去ったこともあり、2月まで彼の役割はグラジェフにも見劣りした。もっともチェチェンやタタール問題がウクライナ情勢に絡み出すと、プーチン政権は次第にスルコフ重視に動きはじめた。

イズボルスキー・クラブが主導した新しい問題は「新ロシア」企画である。つまり帝政ロシア時代にロシア領であったウクライナ・東部南部への梃子入れであって、ウクライナの中に半独立領域を作るという企てであった。現『独立新聞』のコンスタンチン・レムチューク編集長はこの企画を「赤・正教企画」であると喝破したが、たしかに共産主義、大国主義と正教との結びつきを見ていると、そう言えなくもない。

「新ロシア」企画のイデオロギーについては、プロハノフの編集する『ザフトラ』紙などで詳しく展開されている。イズボルスキー・クラブの9月の円卓会議「新ロシアのイデオロギー」討論では、正教こそ「ロシア世界の基盤」である（ウラジミール・ロゴフ）と主張された。しかし実際には、ウクライナを二つに分断することへの危惧も率直に表明されている。他方では「単一ウクライナ」が、ロシアとの永久の紛争になることから、ウクライナはもはや存在しておらず、したがってそれについて語るのをやめるべきだ、存在するのは「新ロシア、小ロシア、そしてガリツィアだ」、ロシアに居住するのを嫌うものは「リボフからテルノポリ」あたりに住むべきだ、と語る（パーベル・グバリョフ）。

正教だけではない。「ソ連復活」、社会正義、社会主義というのも彼らの共通イデオロギーであると、この参加者たちは考える。このようなイデオロギーの混在を意識してか、政治学者で同クラブ書記であるアレクサンドル・ナゴルニーは、ドンバスとウクライナ愛国者による「ファシズムと外国資本の力」への抵抗を主張、分裂気味な性格をまとめようとしている。もっとも、この集団があまりに保守化するのを嫌ってか、プーチンは２０１４年４月に一度「新ロシア」という表現を使ったきり、「ロシア世界」という表現も、２０１４年後半からは使っていないことに留意したい。

ウクライナ危機への対応で割れる見解

中道リアリストで、プーチンのウクライナ政策を積極的に支持するのは現在ロシアの主流のエリートである。ウクライナ危機をきっかけに統一ロシア党の「リベラル左派」の「11月４日クラブ」のイデオローグとして知られる『エクスペルト』誌編集長のワレリー・ファデーエフは、中道リベラルから愛国的立場へと立場を変えた。彼は４月カザンでの講演でラジオ『エホ・モスクヴィ』を念頭に、「対内対外政策での第五列」を批判した。これらメディアは相変わらず西寄りの宣伝機関でしかないというのである。ただし、経済雑誌らしく、西側との対立や孤立主義からは距離を置いた。

もっとも、プーチン大統領の外交において安全保障会議など政策論調の中心を形作っているのは、ミグラニャンやアルバートフ、カラガノフといったリアリストの政治学者たちであって、彼らは「新ロシア」が目的なのではなく、あくまで目的は「ウクライナの連邦化」である。ロシアによる軍事介入が目的ではなく、連邦化とロシア語文化の擁護であって、それ以上でも以下でもない。なかでもこの潮流の中心的存在であるプリマコフは7月初めのテレビ番組で、ロシアにとって必要であったのはクリミアの政治的統合であった、「新ロシア」などはかえってスラブ系民族の対立につながり、ロシアのマスコミは行きすぎた、という主張をはっきりと述べた。

プーチンの東ウクライナ政策の中心概念の一つは「ロシア世界」であった。かつての「近い外国」を再統合、ロシア語話者など同胞を擁護するという観念である。とりわけウクライナでは独立以来、ウクライナ語が政治家や外交官などの必須な国語となり、法律や学校教育でロシア語が差別されたと、その支持者は考える。もっとも「新ロシア」政策など東ウクライナへの介入策が、かえってウクライナを西側に追いやり、ロシアの平和を崩したという批判も根強く存在する。

ウクライナでも最大の組織を持つロシア正教会も、これらの企画には慎重であって、クリミア併合ではロシア正教会は中立を守った。「新ロシア」企画に対しては、モスクワ総主教系のウクライナ教会もキエフ政府側を支持し、なにより「ウクライナの領土保全」を主張した（Pro et Contra, 38, 41）。プーチン大統領を野蛮人と呼ぶ聖職者もいたという。こうした主流派のグループは、ロシア=ウクライナ関係改善と、欧米との信頼を回復することを主張した。

またソ連崩壊時からの「国家派」からの共産主義批判のイデオローグであったアレクサンドル・ツイプコは、クリミア介入とロシア編入こそが、「ルスキー・ミール（世界と平和の双方の意味がある）」の一体性と安定を破った、もはやそういう世界も平和も存在しない、と厳しく批判している。ソ連崩壊時ロシア一国独立派であるリベラル派の一部、とくにグラジェフらがウクライナ独立を利用した末に、それを「反ロシア国家」にした、将来はまったく見通せなくなったとコメント、「戦争党」の台頭を鋭く批判した。反米論調に合わせてスターリン復権を図る「全体主義」に反対したのはベルジャーエフだと、穏健保守主義者としての論調をつくった。最近の著作でもツイプコは、「バンデラ派を作ったのは……ヒトラーではなく、スターリンだ」とまで明言している（Tsipko14, 524）。クリミア併合こそが米国のエリートをして「予測つかない」ロシアへの審判をさせた、とも言う（530）。石油価格の下落を指しているのだろうか。

主要メディアでもリベラル・リアリストと批判派とが、たびたび登場する。リベラル・リアリストとしては、ドミトリー・メドベージェフ現首相のブレーンと目され、テレビ対論では保守派のドゥーギンと激しく渡り合った経済学者で「現代発展研究所」のイーゴリ・ユルゲンスが、経済学者ルスラン・グリンベルグらと並んで批判的である。ユルゲンスは日米欧の3極委員会のレポートEngaging Russia: A Return to Containment? にはじめてロシア人として執筆した（2014年4月）。これにはカーネギー・モスクワのドミトリー・トレーニン所長も参加している。彼らはポロシェンコ大統領のもとではウクライナの分裂はない、と見る。とりわけリアリストの陣営では、フョードル・ルキヤノフが、ウクライナの国家としての弱さ、長期的不安定への懸念を隠さない。彼の場合、文明論的なウクライナへの理解がある程度バランスをもたらしている、といえよう。

ロシアのリベラル派の見解は、政治学者ではリリヤ・シェフツォバやイーゴリ・クリャムキン、とくにウクライナや英国にいることが多いウラジーミル・パストゥホフ、経済学者で一時は政府顧問であったアンドレイ・イラリオノフ、政治家ではボリス・ネムツォフやウラジーミル・ルシコフ、テレビ・アンカーのエフゲニー・キセリョフらに代表される。もっともネムツォフは2015年2月に暗殺された。

マスコミではエフゲニヤ・アリバツ編集長の『新時代』、『ノーバヤ・ガゼータ』、『ヴェドモスチ』らがこの代表とされる。なかでも、『ヴェドモスチ』紙で経済学者イノゼムツェフはアンシュルス論を念頭にクリミア併合を批判した。テレビでも『ドッジ』などがこの見解を報じることがある。彼らは総じてオレンジ革命の理念を支持し、ウクライナの主権尊重を唱え、国内の民主化運動支持の観点からウクライナへの関与を批判してきた。

リアリストとリベラル陣営から欧米との対話の模索も始まった。6月には世界経済・国際関係研究所（IMEMO）のアレクサンドル・ディンキン所長らがキッシンジャー系のシンクタンクと米ロ和解のトラックII会議をフィンランド政府の仲介で始めた。キッシンジャーのオバマ政権への影響は大きいとはいえないが、このボイスト会議での24項目の合意は、停戦、そのOSCEによる監視、国連関与の平和維持、ドネツク、ルガンスクの特別の自治、といった内容であった。これが9月6日のミンスク合意Iでの12項目の下書きとなった。

ミンスク合意Iは、ベラルーシのルカシェンコ大統領が仲介し2014年9月5日に合意された。即時停戦と重火器撤去、親ロシア地域への特別地位の供与、ウクライナ憲法の改正を合意したものだった。和平を求めるために限定関与したロシア軍の攻勢とウクライナ軍崩壊危機を前にポロシェンコは合意せざるをえなかった。

もっともこの合意に対抗した米国民主党系のストルーブ・タルボットやズビグネフ・ブレジンス

キーらの欧米知識人たちは、米ロ和解のこの試みがウクライナの主権を無視するものだという国際的アピールを表明している。米国政府への影響をめぐる共和党系のキッシンジャーと民主党系ブレジンスキーという二人の政治学者の関係をFrenemy（友にして敵）という表現で表すことがあるが、二人の言説に見られるように米国も対ウクライナ、ロシア政策では混迷した。

ウクライナはロシアの合わせ鏡

プーチン大統領は２０１４年末の年次教書で、クリミア併合を１０２６年前のウラジーミル大公の受洗の地に戻ったと自賛した。コルスン、ヘルソネス、そしてセバストーポリでの受洗は、「文明的で聖礼的意義がある」。翌年7月28日をルーシ受洗の日とした。このようにウクライナは、ロシアにとって単なる隣国とはなりきれない運命を共にしてきた。他者というにはあまりに自己のアイデンティティにかかわる関係であったからでもある、という主張だ。このときが、プーチンの主張がもっとも高まったときであった。

ウクライナはロシアにとって一種合わせ鏡のような存在である。それがもし兄弟関係であったとすれば、そのめざす方向はあまりに異なった。しかし、基盤は似ていた。パストゥホフが指摘しているように、「ウクライナに革命」が起きれば「ロシアは反革命」であった。ウクライナでの民営化が野放図のオリガルヒを生み出せば、ロシアはその規制が政治家の旗頭となった。ウクライナが西を向けば（脱露入欧）、ロシアは東方シフト（脱欧入亜）となった。正教までもが、ウクライナではカトリック、つまり「第一のローマ」を志向するユニエイトとなると、モスクワは必然的に「第三のローマ」、つまり古儀式派の方向とならざるをえなくなる。

このような言説をめぐる「兄弟」間の確執は、モスクワの知識世界での争いの原因ともなったが、ウクライナはその最たる問題領域であった。「自由」主義者、「民主」主義者、原理主義から動員型に至る各種市場経済派、共産主義的ソ連復帰派、本来その対抗物であるはずだが奇妙にも結論が一致するロシア帝国礼賛派まで、東西関係でも「大西洋主義」からユーラシア主義者まで、いずれもがウクライナ問題と深く絡んできた。

ウクライナ危機は、欧米など外部の観察者、つまり旧ソ連学者やロシア、ユーラシア研究者たちをも、このような対立に巻き込んだ。ゴルバチョフ改革を支持したスティーブ・コーエンのような学者がプーチン政権とロシアの立場を支持し、他方、1930年代飢饉をウクライナ民族主義受難という観点から描いた『悲しみの収穫』の著者ロバート・コンクエスト、2014年までポーランド外相シコルスキの夫人でもあるアン・アプルバウムから、IMFでの民営化政策のイデオローグであったアンダース・オスランドのような学者がマイダン革命の熱烈な擁護者になった。ソ連崩壊でいったん終わったかに見えたこのような東西対立は、ウクライナ問題でも姿を変えこそすれ、消えることはなかった。

ティモシー・スナイダーのような米国の歴史研究者が、ウクライナ問題で「ヨーロッパ化」の旗を振ってきた。ロバート・レブゴロドのような冷戦期の専門家がこの危機を「新冷戦」と評したが、同様な表現をモスクワのカーネギー・センター所長トレーニンも紛争初期に使用した。もっとも彼も最近はその表現を批判しているが、たしかにウクライナ危機は冷戦といった文脈から見るには狭すぎる。ソ連崩壊以前から始まっていたロシアでの歴史の見直しと宗教の復活、「脱世俗化」は、ウクライナ紛争の直前に起きた同性愛問題などをめぐるプロテスタント世界と正教世界の東西間のぶつかり合いとなっていた。

5　ウクライナ問題の未来

見えない和解への道

２０１４年12月４日、恒例の年次教書でプーチン大統領はウクライナ危機以降の経済的・政治的変化を総括的に述べた。そのなかでクリミア編入を正当化するとともに、それに伴うＧ７諸国の制裁措置が長期にわたることを強調、これに対応する措置の必要性を説いた。なかでも９８８年のキエフ・ルーシ受洗の地を取り返したと、クリミア併合の歴史的な意義を説いたのが目立った。

２０１３年11月から顕在化したウクライナをめぐるロシアと欧米諸国との関係は悪化する一方だった。２月のヤヌコビッチ体制の崩壊とマイダン革命、これに対する３月のプーチン大統領によるクリミアのロシア編入、そして４月から本格化した東ウクライナ、「新ロシア」をめぐるウクライナの「反テロ作戦」と、それに対する「義勇兵」の内戦的展開、７月17日のマレーシア航空機撃墜事件といった事件の連鎖によって、冷戦後最悪の東西関係へと至った。

その間も４月のウィーンでのＥＵ、米国、ロシア、ウクライナでの四者協議のように紛争の沈静化、調停や和解の模索がなかったわけではない。なかでもOSCEは中心的な役割を果たした。5月の選挙で大統領に就任したポロシェンコ大統領は、やや柔軟な和解政策でプーチン＝ロシアとの接点を模索しようとした。

和解への契機は、東部ウクライナのルガンスク（ルハンスク）、ドネツク州のウクライナ内での自立を認めた9月5日のミンスク合意Iであろう。これによってウクライナとロシアとの一定の妥協の模索もなされた。

もっとも2013年秋以降も、ウクライナ内政の不安定さと経済破綻、制裁の強化といった問題もあって、紛争をめぐる内外事情は悪化の一途をたどっている。ウクライナをめぐる東西関係もまた安定していない。散発的な軍事行動はやむことなく、また10月末のウクライナ議会選挙ではヤッェニューク首相が率いる親米的、戦争継続派がリード、ポロシェンコ系の和平派は後塵を拝した。

紛争に際してウクライナには事実上二つのパワーセンターが存在したことが事情を複雑にした。親米であるが支持のまったくないヤツェニューク首相と、民族系だが力のない大統領ポロシェンコであった。他方、プーチン自身は欧米政権と同様、このウクライナ問題をめぐって戦争までを想定しているわけではない。事実、大統領は2015年の教書演説では東ウクライナ（新ロシア）について、原油価格下落と同様にほとんど触れなかった。

それでも、こうした変化の結果もあって欧米政府が進める制裁のレベルは、当初はプーチン周辺やクリミア併合に直接関与した人間から次第にエスカレート、9月には金融やエネルギーなどへの制裁に至った。欧米政府の目的も、あるいは制裁の範囲も必ずしも一義的ではないが、一部にはロシアでのプーチン体制のレジーム・チェンジをも射程におさめているという説も存在した。なかでもウクライナ移民が多いカナダでは、ハーパー首相らがプーチン体制打倒を唱えた。

これらの事情はロシアの通貨ルーブルの信用低下へとつながり、とくに２０１４年12月半ばには瞬間的には1ドル80ルーブルと、２０１４年当初から約45パーセントも減価したことになる。このことは次第に顕在化しつつある石油価格の下落傾向とも相まって、プーチン政権にとっては経済危機状況という大きな負荷を課している。

ウクライナとは繰り返し述べてきたように、スラブ系の普通名詞で国とか辺境とかいった意味である。固有名詞としてのウクライナは、ロシア帝国では１００年ほど前になって使われたといわれることは詳説した。１９２２年にソ連邦の構成共和国となった。ウクライナは主権国家ではなかったが、１９４５年にソ連邦やベラルーシ（ソビエト社会主義共和国の略、以下同様）と並んで国際連合を形成したときの原加盟国でもある。この背景に、第二次世界大戦の命運を決した同国の事情がうかがえる。それが１９９１年末のソ連崩壊とともに、ウクライナは晴れて完全に独立することになった。新たな国民の統一が求められた。

だが、２０１４年２月19〜22日に西ウクライナ勢力が東系のヤヌコビッチ政権を実力で打倒したマイダン革命は「２つのウクライナ」の亀裂をよけいに鮮明にした。４月以降これに反発してドンバスの反乱が生じると、ウクライナ東西間の内戦は不可避となった。しかも、それでもある程度緊張が緩和するかに見えたときに起きた７月17日のマレーシア航空機撃墜事件は、最大の被害者を出したオランダなど欧米世論を一挙に硬化、反ロシア化させた。東ウクライナ武装勢力を支援するロシアへの制裁の加速化が進んだ。

もっとも、そうはいっても事実上、破綻状況にあるウクライナ経済がそれで回復するわけでない。ロシアとの経済関係の断絶は危機を深めた。むしろロシアとの紛争激化により、軍隊など国家機能の解体が進むと、これにともなって欧米政府もウクライナ支援に及び腰となった。軍事面でも2月マイダン革命の暴力的要素はさらに加速され、5月初めのオデッサでの悲劇などを通じてオリガルヒは自己を武装化、内戦を通じた分裂が進む。8月末にはロシア軍が東ウクライナに限定介入した。それは、ウクライナ内戦でウクライナ政府の軍事的勝利を思いとどめる措置でもあった。事実上の徴兵制に踏み切ったウクライナ政府だが、ロシア正規軍の前に8月末の東部イロバイスクでの敗北などで「反テロ作戦」は無残な敗北を喫した。

プーチンの本音

このことが9月初め、やや逆説的な展開ではあったがミンスク合意Ⅰという、民間レベルから積み上がった和平案の採択を容易にした。軍事作戦ではなく外交交渉への切り替えであった。これには伏線があった。米ロ間での公式的関係の悪化とは別に、トラックⅡというべき民間での紛争解決への模索がなされ、オバマ政権のウクライナ政策に批判的であったヘンリー・キッシンジャー系の学者らは、6月末に、フィンランドで世界経済・国際関係研究所（ＩＭＥＭＯ）のディンキン所長らロシアの学者と協議、停戦に向けた24項目を提言してきた。これが結実したのが、9月初めのミンスク合意Ⅰであったことを前に述べた。もっともこの協定はウクライナを代表してクチマ元大統領、ロシアはプーチンが関与したが、米国政府と東ウクライナ二州の関係者は直接関与していない。

これらの紛争を通じてはっきりしたのは、ウクライナ政府のヨーロッパ志向である。２０１４年9月16日、ポロシェンコ大統領はウクライナとＥＵとの自由貿易協定を含む包括的な連携協定を批准した。これによって、マイダン革命以来の「ウクライナはロシアか、ヨーロッパか」という争いに、ある種の決着がついたといえる。ウクライナの国家意思は、明確に「脱露入欧」となった。ポロシェンコ大統領も、２０２０年までにＥＵへの加盟申請を行う方針を明らかにした。ウクライナ政界の西側志向というか「脱露入欧」は、今後ますます強まった。しかし現実のウクライナ経済は、とても加盟どころか連携協定に必要な条件からも絶望的に遠い。

もっともウクライナのＮＡＴＯ加盟となると、国内の意見は分裂気味であり、またそれよりもロシアとの関係悪化を恐れる周辺関係国は総じて否定的である。たしかにウクライナ議会ではこのような声は聞かれるが、実際に関係国、とくにロシアは絶対承認しないことは別としても、ドイツや周辺諸国も消極的である。

２０１６年になると、ＥＵはウクライナ問題どころではなくなった。シリア問題に由来する難民問題が深刻化、他方、ウクライナ政府の分裂と右傾化は、ヨーロッパでのウクライナへの援助疲れすらもたらした。なかでも象徴的であったのは、4月のオランダでのウクライナとＥＵ連携協定に反対する国民投票で、オランダの世論が、当初反対派が仕掛けた意図を超えて、否定的な反応が7割近い支持を得たことであった。ヨーロッパは、もはやロシアとの統一した政策を持つのに失敗しただけでなく、ウクライナをも受け入れる余力を失った。

筆者の見るところ、プーチン政権のねらいは、ウクライナの連邦化であっても「新ロシア」地域をロシアに併合する意思は当初からなかった。他方、ロシアが併合したクリミアは特別な地である。ミンスク合意もまた、クリミア問題を除外していることは重要だ。

ただし「新ロシア」はロシア本国にとってそこまでの存在ではない。ブレジネフ時代以来の軍産複合体の拠点ドニエプロペトロフスクなどは、コロモイスキー元知事のようなオリガルヒが最初から立場を固めていた。プーチン政権はこの問題での現地での支持に広がりがないと知ると、消極的となった。

ウクライナ問題におけるロシアの政策は、「ロシア世界（ミール）」を擁護するという目的を持ったが西側諸国から不信を招いただけでなく、結果的には「新ロシア」を除く多くのウクライナ人をも敵に回した。クリミアを得たもののウクライナを失った、という評価もあるぐらいだ。歴史的に「兄弟国」であるウクライナとロシアとが、事実上武力で争う事態に陥ったという意味で、「ロシアの平和（ミール）」を破壊したという国内での批判があった。ロシアと関係が深いカザフスタンやベラルーシからも理解が得られなかった。

外国だけではない。ロシア国内でも、この点では暗にプーチンを批判する声も聞こえる。ロシア軍の「新ロシア」駐留については、世論調査でもわずかの支持にとどまる。ロシアは「孤立主義」を歩んでいるという見方もある。ロシアが孤立を深めた最大の要因は、クリミアを併合したことである。しかし、プーチン・ロシアがクリミアを今後手放す可能性は皆無だ。もちろん、ウクライナもこと主権の問題となると引き下がることはない。こうして欧米による制裁の内容は状況次第で見直されるかもしれないが、クリミア問題での制裁レジーム自体は長期に及ぶだろう。そうでなくとも、金融分野を中心とした制裁が続けば、ロシアの長期的な成長低落は避けられない。

とはいえ、ウクライナ経済にとっての最大の債権者はロシアであるし、ロシアの援助抜きにウクライナ経済が成り立つわけではない。ＥＵとの連携協定は空文化し、自由貿易協定の発効については延期することが決まった。こうしてウクライナの「脱露入欧」は、実際にはスローガン倒れになる可能性が高い。実際、２０１６年3月にはＥＵの高官はウクライナのＮＡＴＯとＥＵ加盟は今後20年間難しい、と事実上断念を示唆している。それどころか、ＥＵの存在自体への懐疑の声がますます高まっている。

ウクライナ革命とは何だったのか

ミンスク合意の過程で明らかになったことは、ウクライナ「革命」とはいったい何であったか、ということである。関係大国も明確なビジョンも、いな現状認識も欠いたまま、それぞれ違った目的と都合でウクライナをめぐる地政学ゲームを行ったということである。その間も経済は崩壊の一途をたどった。貧しかったウクライナはますます貧しくなった。国家自体がメルトダウンしたというほかはない。その意味では当事者のウクライナも関係大国と並んでこの結果責任はまぬがれない。

なお、この紛争過程における教会の役割について触れる必要があろう。この紛争で果たした各派正教会の役割について、ロシアの雑誌『科学と宗教』２０１５年7月号では、次のように分析している。ウクライナの独立後、ロシア正教会はモスクワ総主教派とキエフ総主教派とに分裂、さらにソ連末期に復活したユニエイト教会の三潮流があることは述べた。「ツァーリのものはツァーリに」。最大宗派のモスクワ総主教派も、さすがにウクライナ政府の動向と異なる立場をとれない。同国のモスクワ総主教派もますます、本国と「離婚」し、自立する方向に向かっている、というのが同誌の分析だ。彼らは現在1万3000の教区を握る、という。これに対し4700の教区を握るキエフ総主教派は、正式にはまだ世界の正教会では認められていないが、現政府支持であるのは言うまでもない。そして、ユニエイト教会が、マイダン革命のアクティブな参加者であったことは言うまでもない。米国やカナダなどの在外同胞からの支持があり、もっとも民族主義的傾向が強い。モスカリ、つまりロシアの脅威を言うのは後の二者であると同誌も言っている。

こうした状況でカトリック教皇が、後者への影響力行使を求める動きは、クリミア併合後本格化していた。オバマ大統領もこの直後にバチカンを訪問したが、プーチン大統領もローマを訪問している。したがって2016年2月のキューバにおける教皇フランシスコとロシア正教会のキリル総主教との歴史的会見は、ウクライナ紛争を解決する方途として世界各国から歓迎された。ただしユニエイト派がこの会見に対して、ほとんど裏切りに近い感情を抱いたとしても不思議ではない。

紛争の現在、プーチン政権の立場

こうした状況下で現ウクライナ危機での最大の決定的な要素は、クリミア編入などを単独で決めたプーチン大統領という個性である。とくにシリア紛争でオバマ政権の空爆論に介入、平和的紛争解決を主張した。この結果『フォーブス』誌などグローバル・メディアで、世界を動かす最大の政治家として、オバマ大統領よりも高く評価された。もっとも、こうしたプーチン人気がロシアのグローバルな役割を好まない勢力を刺激した。こうしたなか、プーチン大統領は２０１４年に続き、翌２０１５年12月にも恒例の大統領教書演説を行っている。また12月18日には外国人を含むメディアとの記者会見に応じ、２１０６年４月にも恒例の国民対話を行っている。これらの内容を分析すると、現在のプーチン体制の性格や方向が一定程度浮かび上がる。

第一点は、プーチン大統領がこの過程を通じてロシア国内では押しも押されぬ立場につき、２０１８年の大統領選挙をも視野に入れた長期政権を意図していることであろう。つまりは、２０２４年までの大統領任期を構想しているともいえよう。彼に対抗する、あるいは潜在的なライバルは目下のところ存在しない。人気で彼に次ぐセルゲイ・イワノフ大統領府長官は年上であるし、その上２０１６年８月に日本勤務経験のあるアントン・ワイノに地位を譲った。セルゲイ・ショイグ国防相はトゥワ人というモンゴル系少数民族出身でほぼ同世代である。ウクライナ問題で東ウクライナ介入論だったロゴージン第一副首相も力不足、他方、釈放されたホドルコフスキーや、ブロガーのナバリヌイなど反対派の多くもまた周辺化された。

第二点は、プーチンは、ウクライナ問題での欧米政権との妥協や和解について今のところ考えてはいないということである。大統領府周辺ではやや妥協的な和解路線を模索するミンスク合意の遂行をめぐって人事異動もあったが、そのことが欧米、とりわけ米国政府非難をゆるめてはいない。このこともあって、プーチンらは欧米からの制裁レジームは長期化するという判断に立っている。幾人かの専門家は、プーチンは戦闘的モードにあると言っている。もっとも、２０１５年の経済後退などからプーチンは軌道修正を図ったことは重要であろう。2016年5月末の伊勢志摩サミットでもヨーロッパや日本で制裁解除論が出はじめたが、肝心のミンスク合意の実現が遅く、G7での方針にはならなかった。

第三点、しかし上に述べた判断は、プーチン体制にとって現在の方針以外に方途がないことを意味しない。とりわけ、ミンスク合意のさらなる進化をめざしたミンスク合意Ⅱができた。

2015年2月12日に実現したミンスク合意Ⅱは、ミンスク合意Ⅰの内容が履行されなかったことを踏まえ、特に外交解決に熱心な独仏首脳が、プーチン、ポロシェンコとともに推し進めた。ノルマンジー方式と呼ばれたこの合意は、それまでの停戦合意が実施されるどころか、米ロ関係が悪化し、ウクライナ軍の崩壊と米ロ代理戦争が起きる懸念から図ったものだった。

2015年秋の国連総会時、プーチン大統領はオバマ大統領と一時間半にわたって会見し、シリア問題を含めた調整を行った。ウクライナでも親米系で停戦に消極的なヤツェニューク首相は2016年に解任され、ポロシェンコ大統領の和解を追求する可能性は広がった。それでもシリアやイラクでのオバマ政権の微妙な軌道修正やEUでの動きと階調して、長期的な欧米との関係改善に積極的となっている兆候がある。

第四点は、これと関係するが2014年12月になって顕在化した経済危機のインパクトである。2016年にかけて原油価格が暴落し、ロシア経済はルーブルの大幅な下落、さらにはインフレといった危機に見舞われている。政府内でも経済ブロックの代表からは、経済の現況については批判的なコメントが聞かれる。なかでもプーチン系でありながらメドベージェフ首相の防衛予算増額に抗議して下野しているアレクセイ・クドリン財相は、経済が「全面的危機」に至っていると警戒感をあらわにし、とくに欧米のウクライナ制裁がロシア国債の危機を招くと警告した。彼は原油価格の下落はルーブル安の原因の一部でしかないと批判したが、彼もまた２０１６年には、プーチン政権のアドバイザーとして２０３０年の経済シナリオ作りで協力し、欧米にも次期首相待望論がある。

もっとも、このようなリベラルな経済ブロックからの批判もしばしば政治面では支持を得るに合っていない。経済危機にもかかわらず、ギリシャやその他のような大きな反政府暴動も起きていないし、銀行への取り付け騒ぎもない。ルーブルが４分１に減価した１９９８年の危機や、２００８年リーマン・ショックのような危機と比較して政府の信認は低下してはいない。ちなみに、一部専門家が予測した外貨準備高の減少と経済の崩壊は当たらなかった。２０１４年には約１０００億ドルほど減少したが、最近はやや増加傾向すら示し、２０１６年前半は３９００億ドルの水準を維持している。２０１６年の中国やサウジアラビアなどの準備高の減少とは対照的だ。

プーチン体制安定の理由は何か

このような内外双方の危機にもかかわらず、プーチン体制が安定している理由は何か。ロシア人の大多数の生活にとって、外貨や金融は無縁だし、ましてやロシア人の旅券所有率は28パーセント、ごくエリートを除けば外国生活はほとんど経験していない、という事情だ。ジャーナリストのボフトによれば約90パーセントのロシア市民は銀行預金すらしてはいない。つまり、欧米の制裁や、その結果ロシア経済の後退が起こったとしても、それは大多数の市民の生活と直接にはあまり関係がないことになる。もちろんインフレや年金の目減り、何よりエネルギー収入の減退などは大問題であるが、ロシア人はそれの耐える力や知恵がないわけでない。

プーチン大統領や政府の信頼がクリミア併合で150パーセント上昇し、他方、プーチンは指導者としてふさわしくないと思うものは12パーセントから4パーセントに低下した。1990年代の市場改革をリードしたリベラル知識人たちは、その経済的結果から見て信用されていない。この合意体制がどこまで制裁や経済危機に奏功するかが問われている。

こうしたこともあって、制裁が強まれば強まるほどプーチン支持率は上昇、体制は長期的制裁レジームであっても、その効果が限定的になると理解している。今のところ、プーチン大統領の8割を超える支持率は堅調で、「プーチン・コンセンサス」ともよばれている。

こうして第一に、欧米の経済制裁によるレジーム・チェンジが効果を持つことはほとんどない。このことは、オバマ政権が2014年12月のキューバ承認によって制裁解除したことによっても図らずも証明したかたちとなった。歴史的にみても、イランや北朝鮮もまた経済制裁でも変化しなかったし、中国の天安門事件では、鄧小平はむしろ国内経済の自由化で対応した(南巡講話)。

プーチンは潜在的脅威たりえたオリガルヒを取り込み、かれらの海外資産を罰することなく国内に戻す活動に着手した。プーチンは政敵であったユーコス社のホドルコフスキーを釈放、その政治活動を許容した。2015年12月19日にはその主なもの40名ほどをクレムリンに招いたが、そのなかには2014年に醜聞で一時逮捕されたエフトシェンコフも含まれている。メドベージェフ内閣の支持率や中央銀行の支持も低迷しているが、それが大統領にまで及ぶことはない。そして10年間の統治のもとで安定をプーチンが提唱している以上、国民の大多数はそれを支持する。

これら一連の変化が、クリミア併合、輸入代替、そして国防力の強化といった変化をもたらそう。しかし、それらが軍需産業を含めた動員型経済の強化となるかは単純にはいえない。英国の軍事経済専門家ジュリアン・クーパーによれば、２０１０年に始まる軍事近代化はそれまで現代兵器の比重が15％程度であったものを２０１５年に30％、20年には70％まで持っていくという野心的なものであった。しかし、ウクライナ危機と欧米政府の制裁でこのテンポは遅れ、達成は２０２５年にずれ込むという。それでもソ連崩壊以来はじめて兵器の現代化が進捗していると評価する（Cooper）。

他方で、経済自由化を重んじた政策に転換する可能性もありうるが、このことは大統領教書演説での中小企業奨励など一定の改革路線にも示されている。もっとも、まだ人事の行方も含め確定的とはいえまい。このことがプーチン政治の保守化、権威主義化となるか、それともクドリンらが提言した信頼強化をめざすかはまだ不透明である。

何よりこの間、欧米経済の中で進展しはじめている「第四次産業革命」の進展にロシア指導部の関心が高まっている。とりわけ、資源セクターの強かった極東シベリアなどで、人工頭脳やIoT、ロボット化などへの関心が高まっている。とくに極東は人口問題に悩むだけにこの問題への関心が意外に高いことを、２０１６年４月にサハ共和国のニコラエフ元大統領らと語って実感した。

ミンスク合意II以降のプーチンの戦略

２０１５年初めごろまでに、欧米首脳もロシアもどうやらウクライナ危機へのそれぞれの関与は、ウクライナの崩壊を進めるだけであって、かえって欧米とロシアの代理戦争になることへの懸念が次第に深まった。とくにメルケル独首相とオーランド仏大統領は、問題の外交的決着に動きはじめた。米国でもオバマ大統領やケリー国務長官も外交的和解の必要性は理解した。同年2月のミンスク合意Ⅱへの過程は、硬軟織り混ぜた模索であった。この前後の欧米ロでの動きを見てみると、この暫定的和解への動きははっきりしている。

第一に、既述した独仏による和解仲介への動きである。この過程ではISによるフランスでのテロ攻撃「チャーリー・エルボ」社への攻撃という動きがあった。それでも1月末オバマ大統領は、前年米国政府が危機のブローカー役となってきたことを意外に率直に認めた。このころ、サウジアラビアでのアブドゥラー国王の死去（1月）でシリア介入の強硬派が失脚したことも背景にあるかもしれない。これによってミンスク合意Ⅱへの動きが本格化する。

これに呼応したのが3月15日のロシア・テレビでのプーチン大統領による介入過程の詳説であったとみることもできる。これに対するロシアでのタカ派の不満と見られるのが、2月27日のネムツォフ元第一副首相の暗殺であったように思われる。しかしそれは、ネムツォフ暗殺後プーチンが10日ほど表に出なかったことは「世界を揺るがした10日」とまでいわれた。その間カディロフはプーチンに接触を試みるものの不首尾に終わり、他方FSBなどはネムツォフ暗殺の廉でチェチェン内務省関係者を逮捕した。カディロフはドバイにしばらく身を隠したという（Zygar,388）。反対派とはいえ元第一副首相というロシア政界要人の暗殺にまでいたった事件、欧米との和解派と、これへの強硬派との対立であった可能性は捨てきれない。

プーチンはウクライナ問題での行き詰まりをシリア問題へとシフトする新しい戦略に出た。この戦略は、どうやら年初のミンスク合意Ⅱのころから考えていたと、セルゲイ・イワノフ大統領府長官も指摘する。キーワードは「ヤルタ」、つまり２０１５年が戦勝70周年であることにちなんで、欧米との和解、反テロへの合流を図ろうとした点にあった。

イランをめぐる核問題での米ロ欧の和解も重要な柱であった。サウジアラビア国王の死去に伴う変化もこの状況には追い風であった。同国の反アサド派、２００５年から２０１５年まで安全保障評議会書記であったイスラム急進派に近いバンダル王子が1月に失脚した。シリア内戦は彼が責任者であったが行き詰まっていた。また化学兵器が使われていたという情報がロシアとイランから作為的であったとも報じられたが、4月に完全に職を解かれていた。

とくにシリアの内戦激化に伴って２０１５年夏に急浮上したのが、１００万のシリア難民のヨーロッパへの流入問題であった。この欧州への難民問題に続いて、プーチンは9月末国連でシリア・シフトを宣言、ロシア軍がＩＳ（イスラム国）を目標とした空爆を始めた。危機の本質はアサド政権だとその打倒を掲げる米国のオバマ大統領が、プーチン大統領の本音は政権擁護だと批判したが、オバマ政権による穏健反対派育成もまた完全に行き詰まっていた。このこともあってプーチンの戦略的転換は各国とも専門家たちからは評価された。

そうでなくとも、ウクライナ内戦が欧米とロシアの代理戦争になる危険性があった。このこともあって東西間で争点の転換が求められていた。ロシアの反体制派的軍事専門家フェリゲンガウエルのように、このシリア・シフトをヤルタⅡと言う論者もいる。再度、欧州、ロシア、米国が中東・

欧州の安定化のためある種の一括解決を図ろうというのだ。米ロがウクライナでの停戦を進め、対ＩＳでの共闘を通じても和解するというのである。

実際、プーチン大統領の２０１５年9月末の国連演説は、創立70周年と「ヤルタ」を切り口に欧米との反テロ統一を図ろうとしているかに見えた。背景にあるのは、ロシアのウクライナでの手詰まりと、米国のシリアでの手詰まりという双方での状況である。とくに米国はサウジアラビアなどイスラム急進派と組んだ反アサド戦略が失敗、穏健反政府派育成も挫折、対ＩＳ義勇軍はわずか数名といわれた。ヌスラ戦線という組織は、アルカイダ系となった。米国もアサドとの妥協戦略を進めるしかないようオバマ政権も追い込まれていた。

シリア・シフトにともなってプーチンのウクライナ政策にも転換が見えてきた。２０１５年10月から12月にかけて新人事が行われ、ロシアのコンタクト・グループ代表は、これまでの外交官レベルから、プーチンの重要なシロビキ系の政治家グリズロフに替えられた。プーチンがウクライナ側とドンバス統治をめぐり真剣な交渉を行う兆しだと欧米系の親ウクライナの経済学者オスランドは見ている。また、２０１４年放置するに任せたドンバス地域の経済も、10月末にロシア政府のコザック副首相が直轄して、ルーブル経済圏に組み込む方向で人事を進めている。経済的にもロシアの国営銀行が入ってきているという（Atlantic Council, Jan., 4, 2016）。また並行して、この紛争に火をつけた張本人でもある米国のヌーランド国務次官補とロシアのスルコフ補佐官とがカリーニングラードで直接話し合った。一部マスコミはこの米ロの和平交渉をミンスクⅢと言いはじめている。

これまでは２０１５年2月からのミンスク合意Ⅱであり、フランスのオーランド政権とドイツのメルケル政権、つまり欧州が中心になって停戦と紛争凍結をめざした。ウクライナの主権確認のうえ、ドンバスなどを分権化の枠で憲法上認めるという趣旨だ。しかし経済破綻に近いウクライナだが、この案には議会でも反対が強いうえに、メルケル首相など欧州もシリア紛争とＩＳテロ、流入する難民問題で手いっぱいだ。もっとも、これまでは米国が後ろ向きであったが、プーチンが提唱する反ＩＳ統一戦線も、アサド政権の行方や、それまでロシアとやや協調的であったトルコが突然ロシア機を撃墜するなど、足並みがそろわなかった。

急変する世界経済もこれらの動きに関係している。２０１４年１バレル１００ドルだった原油が、いまや30ドルを切る展開になっている大暴落である。世界の二大産油国サウジアラビアとロシアは「今年から別の国になった」、と２０１６年当初に評価されたほどだ。米国もシェール革命でエネルギーの輸出国となり、制裁解除となったイランからも安い石油が流入する。これに中国の経済後退も関係している。もっとも２０１６年半ばには50ドル前後に戻って小康状況である。

世界のマスコミでも、硬直して孤立したロシアというイメージが持たれたが、よく見ると意外に柔軟な国でもある。プーチンは２０１６年初め、ロシアは超大国にならない、また反欧米の立場はとらないとドイツ紙に表明した。こうしてケリー国務長官などとの間に米ロ関係は活発化、ＩＳ掃討とシリア和平とに着手し出した。プーチンの政治は、１９９９年のチェチェン紛争が示しているように、民族問題とイスラム急進主義の切り離しだった。シリアでもアサド政権の可否をおいて、ＩＳ問題を生み出したイラクのようにしないためにシリア国家・軍の崩壊を防ぐという観点から対応した。これについては次章で触れよう。

注

＊1　http://www.al-monitor.com/pulse/ru/originals/2014/11/russia-middle-east-policy-after-g20.html

＊2　www.rt.com, Feb.19, 2015

第5章

プーチンがめざす世界秩序の形成

地政学と地経学との結びつき

これまでは、ロシアの内外政策を国内の宗教や保守主義との観点から見てきた。ところで、そのような宗教、保守主義に関わる動向は、当然ロシアの外交や国際政治との関係でも重要な影響を与える。それどころか、いまやグローバル政治を動かすきわめて重要な要素となっているロシア、とくにプーチン政治は、世界秩序の方向を決める要因の一つでもある。したがって本章では、このような角度からロシア内政の外交・安全保障との関係を見てみよう。

ロシア連邦は世界経済の中ではエネルギーと軍需産業でこそ存在感があるものの、経済的には超大国であるわけではない。むしろエネルギー大国にすぎないと言ったほうがふさわしい。プーチンは2000年に大統領に就任するときに表明した「ミレニアム」論文で、米国の10分の1、中国の5分の1に低下したロシアの現実的な経済上の位置を示し、「強いロシア」の復活を唱えてきた。エネルギーのような資源は世界市場へのアクセスが課題である。しばしば数千キロのパイプラインを通じて市場につなぐ。ロシア経済のこの特徴を「地経学」と言うこともできる。

他方、「地政学」という角度からすれば、ユーラシアの真ん中で睥睨するロシアの位置は、太平洋と大西洋、そして北極海と中東世界といった間にあり、その挙動は世界に直接響く。つまり地政学的には依然として超大国としての重みを持っている。この地政学上の位置と地経学のそれとのギャップは、それ自体が問題でもある。実際、ロシアの安全保障に関する重要文書は、ロシアの経済力が安全保障にも直結すると、経済の強化を訴えている。

その場合ロシアと他の地域との関係においては、ソ連のようなイデオロギーという紐帯こそなくなったものの、代わってエネルギー輸出をはじめ、言語、宗教や文明といった、近隣国とのソフト・パワーとでもいうべき要素が大きな意味を持つようになる。外交や安全保障の関係文書、大統領教書は、いずれもこのような角度から実利主義、国連中心主義、そして多極化といった関連で、ロシアの外交と安全保障を進めると表明している。もっともプーチン・ロシアでは「ソフト・パワー」といっても、内実はソフトな強制だ、という説もある。

ロシアが重視しているのは、石油や天然ガスといったエネルギー輸出をめぐる政治的要因である。とくにソ連時代からのパイプラインを通じたエネルギー外交、とりわけウクライナを経由するガス輸出路線は、東西経済関係を左右する要因として死活的に重要であった。ソ連時代のデタントにおいては、西ドイツの東方外交の成果でもあったが、ソ連との経済的な相互依存が、結果的にドイツの統一を促した。もっともウクライナの政治的・経済的崩壊が次第に明らかになるプーチン政権期を通じて、ウクライナを経由するパイプラインが次第に問題となってきた。

とくに２００７年のウクライナをめぐるガス戦争では、ヨーロッパもまた、ウクライナ内政やその後のリーマン・ショックも相まって揺れた。したがって実は２０１４年、ウクライナ危機以前からウクライナ経由のガス供給の比重を下げ、代わりにノルド・ストリームのような、これを迂回しヨーロッパ市場に直結する輸出ルートの確保が重視されるようになった。地経学的に言う「ロシアの東方シフト」、筆者の言う「脱欧入亜」にとっても決定的な要因となった。

また、２０１０年までに明確となっていた米国のシェールガス革命も、ロシアを含む世界のエネルギーだけでなく安全保障環境までも変えつつあった。１９７０年代以降のＯＰＥＣ諸国によるエネルギーのコントロール能力が減退していたが、米国がエネルギー自給できるとなると米国の中東離れを加速した。他方、イランやサウジアラビアなどの中東諸国はロシアと同じ産油国であって、その意味でも地政学と地経学の点でロシアとの結びつきが深い。ロシアが「北のサウジアラビア」と揶揄されたのも偶然ではない。これに加え、プーチン政権が重視しはじめた北極海を通じたエネルギーや物流のルートの開拓は、ロシアのアジア・シフトへの動きが本格化していることを示している。

また国内に2割近くいるイスラム教徒との関係もまた、中東などイスラム世界との関係と結びついている。中東でもエジプトやシリアに正教徒がいるが、他方、ロシアなどのユーラシア国もイスラム教徒が少なくない。シリア問題など危機的な状況が進行するなかでロシアにとっての国益は何か、かつてのユーゴスラビアからシリア、エジプトなどの地域にわたってイスラムと正教との葛藤があるような世界でどのような影響があるのか。

本章では、このような角度からロシア外交と安全保障での利害と方向を考えよう。ロシアのアジア・シフト（ここでは「脱欧入亜」と呼ぶ）については次章で触れたい。

1　パックス・アメリカーナの終焉とプーチン外交

米国の中東関与の挫折

プーチン体制下のロシア外交にはソ連時代のようなイデオロギーはもはやなく、もっぱら国益、実利を軸として外交政策が進められてきた。とくにエネルギー価格に依存しているロシア経済の実態からして、当然そのような角度からプーチン・ロシアは世界を見ている。ウクライナ危機と関係して、ロシアの東方シフト、つまり「脱欧入亜」だけでなく、ロシアのイスラム世界への態度、つまり中東外交もまた、グローバルな安全保障の重要問題となってきている。しばしば「北のサウジアラビア」といわれるロシアだが、南のサウジアラビアなど中東との関係も重要だ。そして、もともとスターリンが1948年に建国を助けたもののその後アラブ社会主義との関係重視の結果もあり親米だったイスラエルでも、ソ連崩壊後、ロシアとの関係は移民などを通じてますます強まった。米国の例外主義と孤立主義とは、よく考えると同根である。大統領選挙をめぐる混迷とも合わせ、米国の影の薄くなる世界で米ロ関係はどうなるだろうか。

21世紀になっての米ロ関係史を少し振り返ろう。米国とロシアとは2001年9月11日のニューヨーク同時多発テロをきっかけに対テロ政策で足並みをそろえたかに思われた。そして、このことはロシアにとってエネルギー価格の高騰をもたらした。ところが、2003年に米国が英国とともに大量破壊兵器があるとの口実でイラクのサダム・フセイン政権を打倒したことから両者のあいだに距離ができた。しかし、米国はその後も2004年のG8で示した北アフリカまでも含む「大中東構想」や「アラブの春」といった政策で、中東だけでなく中央アジアにおいてもレジーム・チェンジ（体制転換）を図っている、とロシアは見た（Global perestroika）。しかしよく見ると、欧米とスンニー派のサウジアラビアとは同盟関係であっても、米国がサウジアラビアの民主化を促すことはなかった。

とりわけ、リビア、エジプトやシリアへの欧米の介入はプーチンの危機意識を強めた。「アラブの春」はふたを開けてみると、破綻国家か権威主義的独裁への逆戻りであった。とりわけ民主化シナリオをめざした「アラブの春」が暗転し、ムルシー大統領率いるイスラム同胞団政権が倒れ、ついには軍事独裁へといたったエジプト革命もあった。シリアやエジプトでは正教徒が一定部分存在したが、アルカイダやISに代表されるイスラム急進主義がアメーバのように広がり出した。2013年8月～9月の米国が空爆を示唆したシリア危機、そして2014年春のクリミア・ウクライナ危機は、21世紀に入ってからのグローバル世界が再び変動期にあることを示した。とりわけウクライナ紛争は、冷戦が終わってはじめてヨーロッパで戦争が生じる脅威が増したことで世界を驚かせた。他方、「世界の警察官」をもって任じてきた米国だが、その限界が明らかになった。シェールガス革命が米国のエネルギー自給による中東離れ、孤立主義を促していた。

背景にあったのは第一に、21世紀になって顕著となった米国一極主義、単独行動主義といわれた米国の中東やヨーロッパ政策の挫折であり、オバマ政権の政策転換に示されるように、「パックス・

アメリカーナの終焉」と呼ばれるような影響力の後退であった。ちなみにこの表現は、米国の有力誌『フォーリン・アフェアーズ』誌が２０１５年11月に使ったものでもある。

すでに指摘したように、21世紀に入ってからの米国はとりわけ２００１年9月11日のニューヨークでの同時多発テロ事件を契機として、ユーラシアへの関与を強化してきた。対テロ政策を重視したプーチン・ロシアにとっても対米協調の可能性が高まった。ところが２００４年初めにブッシュ政権は、コンドリーザ・ライス補佐官と国務省が２０２５年までにこの地で「大中東圏」を作るという野心的な提案をＧ８で示した。それは、アラブ諸国だけでなくイスラエル、トルコ、パキスタン、イランといった諸国を加え、将来的には中央アジア諸国を含むイスラム諸国の民主化、女性参加、そして知識社会を作るといった、野心的な政策であった。

もちろん、中東の現実を無視したとしか言えない関与政策は、「民主化」を国是とする米国での国内向けのスローガンという側面があった。実際には、最大の同盟国サウジアラビアに対して米国はこのような政策をほとんど求めなかった。それどころか「サウジアラビアと西側」が組んで、ロシアとシリアなどの利益と衝突し出した。

そこでも、その結果は問題だった。２０１３年のプーチン大統領が主宰するバルダイ会議でセルゲイ・イワノフ大統領府長官は、ソ連のアフガン介入の失敗に続いて、米国もまた同じ轍を踏んでいることを指摘したことがある。この紛争が始まった当初、欧米の批判的論者は、米国は勝てる相手と戦って自己のヘゲモニーを示そうとしたと批判したが、実際には世界最強の米軍がアフガニスタンやイラクで13年もかかって所期の目的を果たせなかったことになる。サダム・フセインの「大量破壊兵器」保持を口実としたイラク介入も、ＩＳ（イスラム国）の台頭は招いてもサダム・フセイン後の統治モデルを提供できなかった。この問題は米欧間の亀裂を深めた。米国のネオコン系論者ロバート・ケーガンは、「米国人は火星人で戦うが、ヨーロッパ人は金星人で戦わない」と言ったことがあるが、彼の夫人がヌーランド国務次官補、ウクライナ紛争の火つけ役だった。

米国の中東関与政策については、中東の現状に通じたフランスなどヨーロッパ諸国もまた懸念を示したが、当然にもアラブ社会だけでなく、イスラム諸国全体をも怒らせた。むしろ、コーラン（クルアーン）にもとづくＩＳ、イスラム国を育てる結果となった。ＩＳとは、もちろん国家ではない。7世紀のムハンマド以降の神政政治的な系譜を今に蘇らせることを課題とする復古的存在であるが、２０１４年秋以降のその登場は世界を驚かせた。現在では、サダム・フセインの旧バース党系組織がＩＳを支えていることも明らかになっている。実際、それは特定の領域を支配するミニ国家と言ってもよい存在だ。

このような状況のなか、プーチン大統領はついには２００７年のミュンヘン演説を契機として、米国の中東政策を公然と批判しはじめた。米国はイラク、シリアなどのバース党系など「アラブ社会主義」的要素を攻撃してその「民主化」を進める一方、サウジアラビアなどスンニー派の保守勢力には不可侵であった。２００８年にブッシュ政権に代わった民主党オバマ政権も、この問題に対する基本的な取り組み姿勢は変わらなかった。

それどころか、北アフリカから中東まで、正当な手続きで選ばれた主権国家にまで、対テロ政策の口実で関与しだした。もっともそれは米国に限った話でなく、リビアの場合は米国だけでなく、フランスまでがこれに関与したことによりロシアの不満は高まった。

２０１０年からのシリアのアサド政権への米国の一方的関与は、さらに国際的な危機を深めた。とくにロシアが懸念を示したのは、中東で唯一ロシアの基地があるシリアへの米国の関与であった。シリアもまたイラク同様、一種のモザイク国家であって「バース党」の支配がイスラム保守派の批判の種であった。実際には、同国でのイスラム系の多様な共存は、バース党系アサド政権の強権政治によってかろうじて確保できてきたものだった。問題は、これを一方的に崩壊させようとした欧米諸国とサウジアラビアなどが、アサド政権に代わる「穏健反対派」の養成に失敗したということだった。

オバマ政権は他方で、中東への関与からの政策転換を図る。とくにイラクから撤兵する方針を明らかにした。この転換の背景にあったのは、シェールガス革命にともなうエネルギーの自立と中東への依存の低下であった。それがオバマ米政権の中東からの撤退、パックス・アメリカーナの終焉への動きを加速した。２０１２年、シャングリラ対話でのパネッタ米国国防長官によるアジア重視の宣言にも明らかだが、「中東の春」以降の危機と混沌も手伝って、米国のグローバルな危機管理能力は低下し、俗にいう「世界の警察官」の役割の放棄に至った。オバマ政権は、その後はややトーン・ダウンしているが、アフガニスタンからの米軍の撤兵も宣言することで中東危機をいっそう深刻にした。

危機を招くイスラム主義の台頭

この点と関連するのが、イスラム世界自体の変容である。キッシンジャーは近著の『世界秩序』の中で、17世紀以降のウェストファリア的世界を支えた要因として、中東での世俗的イスラム勢力の台頭を挙げている。とりわけ冷戦期は、ソ連も米国もこの地域でもウェストファリア的な世俗化を促してきた。アラブ社会主義を名乗るバース党はシリアとイラクで有力であったし、エジプトとアルジェリアも、共産党ではないがソ連的な路線にどちらかといえば従ってきた。他方、ヨルダン、サウジアラビア、イランは米国の影響下にあった。この二分法については、イスラエルが米国のユダヤ系組織とスターリンの強力な支持で建国されながら、その後は冷戦終焉まで親米であったという事情も付加できる。

ところが冷戦後、この二極的枠組みは壊れた。湾岸戦争でのイラクのフセイン政権と米国などとの対立が分水嶺になった。逆説的だが、エジプトやトルコをはじめイスラミズムの台頭が生じた。なかでもサウジアラビアやカタールでのサラフィズムという急進主義的潮流が顕著である。すなわち、世俗化とは逆の宗教的原理への回帰という動きである。カタールのTVアルジャジーラはいまや北米などに進出し、グローバルな世論に影響を及ぼすまでになった。トルコ政府やエジプトの反対派イスラム同胞団の背景にもカタールの影響があるといわれる。ロシアの代表的イスラム学者A・マラシェンコによれば、これらの結果としてスンニー派・シーア派の対立が激化したとみる。シーア派は、とくにイランとの核問題が解決に向かうにつれてその台頭が著しい。

こうしたなかで、2015年秋にロシアのIS空爆によって再燃したシリア内戦の危機は、アサド政権の行方だけでなく、シーア・スンニー両派の衝突、そしてトルコをも巻き込んでの紛争の危険が生じた。とくにシリア紛争が激化するにつれ、両派の分極化が進みはじめた。２０１6年1月のサウジアラビアとイランの断交は、この危険な兆候であろう。

世界の大動脈の変化

この中東危機と関係するのは世界の大動脈の変化である。スエズ運河からインド洋をへてマラッカ海峡に至る大道は、上記の変化にともなって危機含みになってきた。ボーア戦争の張本人だった英国の政治家セシル・ローズは「紅海」をおさえる者は世界をおさえる、と言ったことがある。またマラッカ海峡の王者は、16世紀まで世界のハブだったベニスののど元をおさえるとまで言われたことがある。その双方を結ぶ中東での交通路で、危機の水位が上がった。

この大動脈の変化とはまた、世界のエネルギーや資源をはじめとする物流事情の変化ともかかわる。ただでさえ伝統的なヨーロッパ市場が停滞し、かわってアジア市場の比重が高まっている。こうした事情に加えてとりわけ米国のシェールガス革命により、米国の中東依存が低下している。とすればこれからはアメリカの「地政学」的関心、特にシー・パワーとしての米国の海軍力の比重は下がることになる。そうでなくともトランプ候補は、もし大統領になったら、サウジアラビア石油の輸入を禁止すると公言している。

こうなると米海軍の中東展開の比重が減少することになりかねない。他方、中国の「一帯一路」政策によるインド洋から地中海にいたる海軍力の増大が、中国のエネルギー・シフトに伴って生じている。他方米国海軍の展開の減退とも相まって、にわかに水上ルートの不安定化を導きかねない。あるいは同じくエネルギー需要が高まっているインドと中国の競合がインドと中国の海軍の対立に至りかねないという議論がある。南シナ海での航海の自由に対する中国の戦略を見ているとこの可能性は十分ある。ロシアはこの南シナ海問題には中立の立場だが、他方でロシアは中国の海軍の脅威が北に、特に北極海にまで及ぶことは内心穏やかでない。

もちろん伝統的な地政学と新たな地経学の現実とがこのような悲観的なシナリオ通りに動くとは限らない、という見方もありうる。中国にとってもまた中東・アフリカ、そしてヨーロッパからのエネルギーや資源、商品輸入を確保するために米国と軍事的に対立するというのは非現実的だ。米国もまたインド洋を重視しているし、インドもまた対中関係には慎重である。それでも世界の大動脈が、このような中東危機やパワーシフトにともなって従前通りに動かなくなってきたことも事実である。

他方では、世界の物流が、中ロなどユーラシアの経済変化によって、海上輸送と比較して陸上の輸送コストが低下している、という議論もありうる。ジョンズ・ホプキンス大学のケント・カルダーが『新ユーラシア主義』で展開しているのは、このパイプラインや鉄道などのインフラ整備により陸上ルートの安価さによる新しい地経学によって、ユーラシアの潜在的価値が高まっていることである（カルダー）。中国などは陸の「一帯一路」によってこの潜在的価値を強めている。

しばしば伝統的な地政学論者が、これまた20世紀的な冷戦思考による中ロ蜜月・同盟論によって、中ロが「結託」して、このような可能性を追求していると議論しているが、皮相的にすぎる。むしろこの数年ではっきりしてきたことは、この陸を通じた輸送ルートをめぐっても中ロ間に利益の相反すら見られることである。中国の陸のシルクロード構想では、中国とヨーロッパとが結びつく一方、ロシアはバイパスされる可能性が高まっている。ことに6章でも議論するが、ロシアがねらっている「脱欧入亜」の戦略はベクトルが東を向いている。つまりシベリアや極東へのインフラ整備を通じたアジア志向だ。これに対し中国は、西側志向であることから相反する期待が生まれる。

それとともにアムステルダムから北極海をへて極東に至るルートが新たな交通路として注目を浴びる。もちろんまだこの北極圏は物流の流れからいえばまだ試行段階の域を出ない。それでもノルウェーとロシア、日中韓、それにシンガポールが加わって北極海ルートをめぐる国際的コンソーシアムが動き出した。そして北極圏はエネルギーの宝庫ともいわれる。事実、北極海協議会には日中韓、それにシンガポール、インドまでがオブザーバーとして参加している。プーチン・ロシアがここでも重要な関心を示しているのは言うまでもない。これらの地経学の変化が地政学的な変化に連動する。ロシアはその変化の中心に位置している。

2　プーチンと正教外交

「ロシア外交概念」が明確に示すプーチンのねらい

こうしたなかでプーチンのロシア外交は何をめざしているのか。実はプーチン外交の政策目標は、かなり明示的に提示されていることに注目すべきであろう。なかでも２０１３年２月にプーチンが承認した「ロシア外交概念」は、同年２月に大統領の署名がある公文書で、一種の大統領の行動綱領である。このような文章は抽象的な作文にすぎず、重要ではないという説がある。しかしロシアは大統領外交の国であり、一義的には大統領が外交の最高方針を決める。したがって、このような文章の言葉遣いのわずかな変化にも重要な意義がある。とくに欧米ではリベラルとも評された２００８年７月のメドベージェフ大統領時に策定された「外交概念」と比較するとき、プーチンの保守的なスタンスと東方シフトという外交の方針が顕著である。

このようなロシアの政策文書は、エリツィン時代から外交、安全保障などで存在してきた。エリツィン時代に書かれた外交関連文書は、市場経済移行を前提に、民主化、市民社会の台頭といった、ややロシアの実態とかけ離れた政策目標をめざしたとすれば、プーチン時代にはよりプラグマチックで、現実主義的な目標へと変わっている。プーチン時代は、このメドベージェフ的な近代化論と、次第に顕在化するプーチンの保守主義化との混成が特色となった。

次の表は、「外交概念」の２００８年版、２０１３年版で登場する事項の頻度の比較を示したものである。これによると、北極をはじめ、ソフト・パワー、市民社会、といった概念がプーチン外交で重視されていることがわかる。アフリカ、ＢＲＩＣＳなども重要となってきた。他方Ｇ８はすでに軽視されていた。

同時に多極世界という言い方で世界政治を見るとき、核や経済力といった理解から、次第に宗教的な多元主義を強調する意図もある。つまり、ロシアにはキリスト教、とくに正教世界とイスラム

メドベージェフ政権とプーチン政権の「外交概念」の比較（2008年版／2013年版）

項目	2008年版	2013年版
市民社会	4	8
北極	3	12
ソフトパワー	0	3
現代化	2	4
エネルギー	14	10
CIS（独立国家共同体）	16	17
G8	4	0
極端主義	2	4
BRICS	0	3
国連	8	4
NATO	6	6
上海協力	2	1
アフリカ	5	8
ASEAN	2	4
EU	6	5

（注）各「概念」をもとに筆者作成

世界とにまたがる大国としてのアイデンティティが存在するということである。このような関心は、2000年にプーチン時代最初の「安全保障概念」が作られたとき、社会の道義的価値、愛国主義と人道主義といった観点が強調され、宗教の要素も新たに書き込まれた。

もっともウクライナ危機の結果、2015年末に出された「国家安全保障戦略」では、「西側」の「カラー革命」とか「体制転換」といった側面により敏感となり、危機感が増したことは否めない。それでも、ウクライナ危機後のNATOについて、危険とはいっても脅威とまで言っていないことは注目される。実際、この文書では、世界秩序がいまや多極化しただけでなく、ロシアにとっての厳しい局面が増えていることを明らかにした。核を含めた戦争の危機についての論究も増加している。とくに中東での危機や、ＩＳに象徴されるイスラム急進主義に対抗して、宗教的・文明的対話で対峙していることが興味深い。とくにロシアは、このようなソフト・パワーを含めた外交をめざしている。以下、ロシアの宗教を含めた外交について触れよう。

正教外交から見た周辺国との関係

この２０１３年版の「ロシア外交概念」では、「ロシアの国家安全保障」（第32条）という項目の中に、ロシアの外交面でも「ロシア正教会や他の基本的宗教組織と協力し」、「極端主義や社会思想の強化に対抗しつつ」安全保障を図るとある。同じ箇所では、「イスラムの穏健派代表」とのコンタクトをも求めている。このような角度からロシアの他の正教世界との関係を見てみよう。

同じ正教世界の国としてもややユニークなのが、２０１５年にジョージアと英語読みに改称したグルジア正教会（カトリコス）の場合であろう。というのも同国は、政治面ではサーカシビリ政権時にロシアに批判的立場をとってきたなかで２００８年のジョージア戦争に至ったが、同正教会はある種の緩衝的、政治的ともいえる役割も演じたからだ。

このジョージア正教会はロシア正教会よりもさらに古く、すでに4世紀までに国教化していた。18世紀半ばにはロシアのニーコン改革と同様の改革を行ったが、ジョージアは19世紀初めにロシア帝国へ併合され、これにともなって全ロシア（ロッシースキー）正教会の一部となり、「カトリコス」

という呼称もなくなった。ジョージア正教会は１９１７年革命で自立性を得た。１９４３年にスターリンがロシア正教会を戦争目的で復活させたとき、両者の関係は回復したという。その名残でもあったが、一部の宗教専門家は、戦後ソ連でロシア正教は事実上の国教であったと考えている（Ware）。

ちなみに、かつてこの地の神学生でもあったスターリンのロシア観や宗教観が「大ロシア人よりロシア的」であった背景には、このロシア正教会の制度観があったとも考えられる。ただしそのロシアとは、全ロッシースキーが原語であった。ロシア革命後スターリンが描いたソビエト国家の構想（１９２２年）では、ロシア共和国の上に一応「ソ連邦」を考えた師のレーニンよりも硬直的であった。帝政期と同様、ロシア（ロッシースキー）が最高位に位置し、「ウクライナ」や「ベラルーシ」、そして「ジョージア（当時はザカフカース）」、といった単位はそれに従属するものとされていた。

現ジョージア＝カトリコス総主教のイリヤ2世は、戦後モスクワの正教アカデミーで教育を受け１９７７年から現職にあるが、モスクワとの関係も深い。このこともあって２００８年のジョージア戦争時、親米的なサーカシビリ政権とジョージア正教会との関係は「交響」的とは言いがたかった。もっとも同戦争後、いち早くロシア正教会は政治が宗教と関係しないことを伝えた。

このこともあってイリヤ2世は、12月のロシア総主教アレクシー2世の葬儀に出席し、メドベージェフ大統領とも会見している（Wikipedia 閲読２０１５年10月11日）。とくに戦争５周年の２０１３年には、イリヤ2世はロシアとの和解を主張、また1月に首相のメッセージを持ってプーチン大統領とも会見している。このこともあって、ジョージア総主教と当時の西欧的なサーカシビリ大統領との対立にまで発展した。反ロ派の大統領は総主教を裏切りと批判したが、年末の大統領選挙で敗北、ウクライナに亡命することになる。

2013年5月に同正教会が同性婚反対のデモを呼びかけると、100万人（同国人口は426万）がデモに参加したというから、その動員力は無視できないし、政治力は政治家も看過しえない。ジョージア正教会は、同性愛問題ではもっとも強硬な反対派であって、世界の教会統一運動（エキュメニズム）でも明確な立場を保持する。同時に、同性愛に批判的な正教的世界と、同性婚に積極的な欧米のプロテスタント世界との対立も広がっている。

正教会の統一という意味で言えば、1917年の革命後分裂していた米国などを中心としたロシア在外正教会と、ロシア正教会との国際的な和解は重要な問題であった。2007年前後までにこの両教会の和解の過程は進み、90年近くにわたった分離の道を単一教会へと導くことができたという。もっとも在外教会の信者には、総主教キリルがイスラム教徒などと写真撮影まですることへの嫌悪はいまだ残っているようだ（NGR17/07/13）。

旧ソ連諸国でロシア正教会と正教での関係があるのはベラルーシである。ベラルーシには総主教座がないからだ。かわりにベラルーシ大司教のもとにある。人口の8割が正教徒である。

中央アジアやバルト3国のロシア人と関係するのは、ロシア正教会との関係、である。エストニアの正教徒は前総主教アレクシー2世がその地位にあったことが示しているように、関係は重要である。

ちなみにロシア正教会は、中国や北朝鮮の正教会をも管轄している。北朝鮮でのロシア正教徒がはたして本当に信徒であるのかは不明であるが、一応正教会が作られ、ウラジオストクの司教が担当している、という。

ロシア外交という観点から、正教でのつながりが重要な国にセルビアがある。ユーゴスラビア紛争でロシアが親ユーゴであった背景には、セルビア正教会との関係もある。コソボ問題でロシアがその分離独立に反対であった理由は、この地が1389年にオスマン・トルコに滅ぼされた正教国家の聖地であったからだ。

プーチンの正教外交が、ウクライナなど正教世界との関係をソフト・パワーという観点から築く目的があるなかで、キプロスとの関係では、正教にとっての利益という点で特殊な要素がある。キプロス正教会は5世紀に独立正教会としての地位が与えられた。この由来もありロシアとの関係は密で、同島へのロシアの投資は異常に突出している。これも、ギリシャ正教以来のロシア・エリートに対する一種の刷り込みであって、トルコとギリシャが争うキプロス島問題ではソ連・ロシアの指導層は常にギリシャの側に立った。なかでもソ連崩壊前後から、ロシア人は別荘から投資まで多くの富を同島に移してきた。今でもロシアへの対外投資の2割はキプロス島からのものであり、ロシアからの対外投資の25パーセントは同島に向かうという。ロシアの企業は同島に190億ドルの資産を有するという評価もある。したがって、キプロスの銀行破綻という2013年初めの危機はロシアにとっても大問題となり、ロスネフチ、ガスプロムといった政府関係企業がその救済に回った。ドイツがこの問題で厳しい姿勢を示したことは、さしものロシア＝ドイツ関係にも影響が出たほどである。

正教外交といえば、ウクライナ危機後プーチン大統領が訪問したヨーロッパ諸国では、イタリア、ハンガリーに続いて、2016年5月末に訪問したギリシャが挙げられる。正教が優勢な地域としてはじめてであった。さらにはプーチンが以前にも数度訪問したことのある正教の聖地アトス山を、キリル総主教とともに訪問している。ロシア人が同地に入山して1000年という触れ込みであった。もっともアトス山は事実上の自治であったが、オスマン・トルコの400年にわたる支配期にロマノフ王朝が手厚い庇護を行ったという。今はイスタンブールのコンスタンチノープル総主教がコントロールするが、キリル総主教らモスクワは、コンスタンチノープル総主教がウクライナ正教会との関係を深めることに懐疑的ともいう。[*1]

カトリックと正教との関係修復

正教外交が前面に出ると、スラブ系であってもカトリック系ポーランドとロシア正教会との関係は困難となる。ウクライナ問題はこの距離をさらに広げた。それでも「カチンの森」事件など両国間の歴史をめぐってロシア正教会とカトリック教会との関係は、歴史和解にも一役買った。このことは両国のパラレル・ヒストリー企画に両国の教会が関与したことでもわかる。2010年にロシアとポーランドの「複雑な問題」グループが作った『白点と黒点』は、日本の企画『日ロ関係史――パラレル・ヒストリーの挑戦』（東京大学出版会、2015年）にとってもモデルとなったが、ポーランドでは教会といったNPOも関係した。

ロシア正教の総主教とローマ教皇との関係は難しかった。実際、世俗化とポスト世俗化のあいだでローマ教皇もジレンマをかかえていることは、前ベネディクト16世の突然の生前引退に示されている。前教皇は保守派であって再キリスト教化をめざし、したがってヨーロッパでも支持が広がっている同性間の結婚に反対した。しかし英国やフランスの議会が賛成したため失望したという。その意味では正教会の立場と近かっただけに、引退はセンセーションとなった。現教皇フランシスコが2013年3月に誕生したとき、イラリオン府主教らのロシア正教会代表が参加したにもかかわらず、キリル総主教自身は出席を見送った。ローマ教皇とモスクワの正教の関係は、ベルルスコーニとプーチンとの関係ほどには円滑にはいかなかったようである。事実2013年11月、ゴルバチョフとの会見から二十数年ぶりでプーチン大統領が教皇を訪問した折も、宗教面での正教との関係改善は進まなかった。

したがって2016年2月のカトリックのフランシスコ・ローマ教皇（79）とロシア正教会のキリル総主教（69）のキューバでの会見は、やや驚きをもって迎えられた。ましてやテロ根絶や過激派組織IS（イスラム国）によるキリスト教徒への迫害阻止を呼びかける共同宣言を出したことは注目された。両教会トップの会談は、実は史上初である。キリスト教会は、かつて正統性をめぐってローマ・カトリック教会と東方正教会とが対立、1054年に互いを破門して分裂した経緯がある。東方正教会は、建前はいくつかの総主教座の連合体だが、実際はモスクワを総本山とするロシア正教会に中心が傾いている。

分裂から約1000年後の今、歴史的和解に至ったのは、ISの台頭などが契機になった面もあるが、根底にはキリスト教の根本原理が揺らいでいるという危機感もあろう。例えば聖書には同性愛者を容認するような表現がなく、世界的に増えている性的マイノリティーに対応できない。そうした諸問題に協力して対処すべく、聖書の解釈の違いを乗り越えようという気運が出てきていた。ただ、これまでは和解の話が出ては立ち消えになっていた。例えば二代前のローマ教皇のヨハネ・パウロ2世はポーランド出身だが、かつてロシアに支配されていたポーランドは反ロシア感情が強いこともあって20年越しの会見は延期された。他方、ロシア正教会でも今回の会見がようやく直前になって公表されたように、世論のカトリック嫌いには厳しいものがある。しかし、ロシアとは確執のない南米アルゼンチン出身のフランシスコ教皇の即位で和解への動きが加速した。

この背景には国際政治上のあやも作用している。というのも、オバマ米大統領には、ロシアがクリミアを併合した直後の２０１４年3月にフランシスコ教皇と初会談して以来、ウクライナ問題の根本には宗教問題があり、軍事力や政治力だけでは解決できないという考えがあるからである。一方、プーチン大統領もフランシスコ教皇とは、シリア・アサド政権に対する欧米の武力行使を非難する立場で一致する。ロシアと欧米との確執を生んでいるウクライナとシリアの問題を同時解決するために、宗教というソフト・パワーが利用できるという読みもあっただろう。そこから今回の和解というシナリオが出てきた可能性がある。

ちなみに、米国務省はあらためて世界の宗教組織の政治的・外交的重要性についてようやく気づいたのか、積極的なコンタクトに乗り出していた。そのなかでロシア正教会については、マクフォール大使時（２０１１～２０１４）にキリル総主教とのあいだで対話がなされた。この点では、ロシア外務省よりも正教会渉外部のほうが積極的だと評論家はコメントしている（Religiopolis ホームページ）。

また、原油安による財政悪化に苦しむロシアは、経済制裁の解除が喫緊の課題である。欧州側にもフランスを中心に制裁解除に向けた動きがあり、プーチン政権は、ここで一気に欧州との距離を縮めようとロシア正教会を動かしたとも考えられる。プーチン・ロシアは宗教というソフト・パワーを見せつけたのである。

3 「イスラム国」とロシアの中東政策

イスラム急進主義とプーチン

ロシアは、国内に約2割のイスラム人口を抱えている。10世紀ごろには、現在のダゲスタンあたりはアラブのイスラム世界の北限だった。このことから、イスラム世界との関係にも独特なものがある。ロシアの代表的イスラム専門家アレクセイ・マラシェンコは、世界のイスラム世界で、イスラミズムとでもいえる宗教的急進潮流が台頭、それが「力のセンター」の一角を構成していると指摘する。米国、中国、その他ロシアを含む新興国と並んで「イスラミズム」があるというのである。

それまで、国際世論ではイスラムの急進的潮流、テロリズムのみが注目されているが、それは一時的現象であろうという考えである。しかし「アラブの春」の前からチュニジア、リビア、トルコ、エジプトでの政治変動に見られるように、イスラムの理想を掲げて政治に進出する勢力がイスラムの世界で顕著になってきた。それどころか、２０１６年初にはスンニー・シーア両派の対立まで顕在化しており、マラシェンコの言うように広い角度から政治的イスラムを分析する必要が増している。

前にも指摘したように、イラク介入後の米国による「大中東圏」構想が、皮肉にもこのような勢力を政治の表面に押し出した。政治の世界では「敵」にするということは相手にパワーを与えることでもある。米国がイスラム急進派を「敵」と比定すれば、世界の穏健派も含めたイスラム主義者は黙過できないことになる。このことはアフガン戦争の教訓のあるロシアにとって、そして国内に2割のイスラム勢力を抱える側の懸念でもあった。２０１３年秋、ロシアの外交評議会は、世界経済・国際関係研究所（ＩＭＥＭＯ）のディンキン、東洋学研究所のナウムキンといった有名シンクタンクの所長クラスが執筆した『ロシアと大中東圏』という報告で、「アラブの覚醒」といった組織が主導して政治変動を巻き起こしたものの、総じてイスラムでの急進派、崩壊国家といった結果しか生み出さなかったと結論づけた。同じころ出版された学術雑誌でマラシェンコらも、イスラム国としてのロシアの役割は、こうしたイスラミズム全般に対抗するのではなく、その中の急進的潮流に対抗することでロシアの影響力が増すと強調した（NR,No.8,13)。彼が指摘するのは、とりわけダゲスタン、タタールスタンなど北カフカースでの和解経験の蓄積である。

周知のように、中国もまた国内の人口の2割がイスラムに関連する。プーチンも言うように「フィリピンからコソボまで」、いな北アフリカ全体を巻き込んで、確かにイスラムはユーラシアにとっても大問題である。そしてこの問題は、世界のエネルギー事情とも深く関係している。インドや世界最大のイスラム国インドネシアも含め、政治経済分析にも宗教といった新しい視点が必要になっている、というのがロシアのイスラム学、東洋学の伝統である。

なかでも2014年になって突如登場したIS、つまり「イスラム国」もまたこのような潮流の最尖端に位置する。「シャリアート」と呼ばれる厳格なイスラム法、つまり「7世紀のムハンマド」のような、厳格な「神の国」を求める潮流が勢いを増している。「カリフ制」と呼ばれる神政政治を行うが、これをサダム・フセイン政権崩壊後イラクの官僚勢力が支えているという。

もっとも「イスラミズム」といっても一枚岩ではない。アラブの団結すら達成できなかったことが示すように、それらが単一の「イスラム国家」を作ることは幻想であるが、問題はそのような雑多な勢力が、とくに米国の政策的失敗の上にアメーバ状になってグローバルに広がっていることである、と彼らは見る。なかでも「イスラム国」問題が浮上したが、この勢力を誰が支持しているかという問題も深刻である。ロシアでは、トルコやカタールが石油などの密輸を通じて、彼らを援助しているとも言われた。

とくに、チュニジア、リビア、とりわけエジプトをめぐる「アラブの春」が挫折、2010年ごろからシリアでのアサド政権打倒を掲げるにいたって、米国の対中東戦略に対するロシアの懸念が高まった。親米ムバラク政権の崩壊からムスリム同胞団系のムルシー大統領の台頭と没落、そして軍事クーデターといった一連の変動は周辺国を驚かせた。米ロ関係のリセットを掲げるオバマ政権にもかかわらず、ロシアをもレジーム・チェンジの対象にしかねない米国に対して、プーチン政権の懸念が強まった。

なかでもシリアは歴史的には聖地エルサレムとも近く、アンティオキアに総主教座が置かれるなど東方正教の拠点もある。現在も人口の1割は正教徒である。十数度戦われた露土戦争、なかでも最初のクリミア戦争は聖地管理権をめぐる欧米、トルコとロシア帝国間の闘争であった。米ロ関係を指して「新冷戦」の再来と理解する学者もいるが、シリアをめぐる欧米とイスラム世界（オスマン・トルコ）、そしてロシアの抗争には、はるかに長い歴史がある。

実際2015年9月28日、プーチン大統領は国連演説でシリアでの空爆を開始することを表明した。これに対し、IS（イスラム国）はエジプトでロシア民間機を撃墜、その後11月にはパリでのテロを断行した。この惨劇をきっかけに、反テロ統一戦線が結成されるかに見えた。一説によると、このようなウクライナ危機からシリアへの政策転換は、2015年2月ごろから準備されたという。米国のシリア関与が穏健反政府勢力育成といいながら、現実にはテロリストの急進勢力を育成しているにすぎないことに不満だったフランスなども、このシリア・シフトを歓迎した。とりわけ、シリアからヨーロッパに100万人単位で難民が流入したことも引き金となった。

もっとも、事態はそれほど単純ではなかった。冷戦期ですら一度もなかったシリア国境での12月のトルコによるロシア戦闘機撃墜をきっかけに、ロシアとトルコが一触即発の対立へと暗転する。ちなみに、2012年にはシリア機を撃墜したエルドアン・トルコ首相（当時）は、「多少国境侵犯したからといって撃墜する口実にならない」と言ったことがある。2015年末の同政権によるロシア機撃墜の真意は不明確だが、トルコとロシアの関係は一挙に暗転する。同じ対テロ政策といっても、トルコは、実はクルド側によるテロへの対策に重点を置く。対ＩＳ地上戦にクルド人が関与すれば、米ロが独立を促すのではないかと警戒しているという。またロシアは、石油売却の仲介を通じてトルコがＩＳと間接的関係を持つことを疑った。

それでも、２０１６年８月９日にはクーデター騒ぎで欧米と距離のできたトルコのエルドアン大統領とプーチン大統領が首脳会談を行って、戦略的な関係再構築に向けた動きを加速させた。トルコ・ストリーム建設などは、ともに悪化する欧米との関係をにらんでの動きである。かつての「第二のローマ」と「第三のローマ」との関係は常に「第一のローマ」との関係が伏在する。

ロシアとトルコの紛争については、ウクライナ紛争が正教リバイバルとカトリックの関係を把握しなくては理解できないのと同様、１４５３年の東ローマ帝国崩壊にさかのぼる正教、カトリックとイスラムとの確執を理解する必要があろう。実際、ロシアがＩＳのテロを懸念したエジプトやシリアでは、国内に少数派とはいえ正教の拠点もある。

それだけでなく、ロシアは、国内に一説で４０００名はいるといわれるＩＳ支援者の存在も懸念している。中央アジアからボスニアまで、正教徒とイスラム教徒との接点でイスラム急進派が増殖しがちだ。スンニー派の急進派潮流はサラフィズム、あるいはワッハーブといわれる。これとの対比でシーア派は中央アジアでの利害とも絡むが、今の脅威はない。プーチン・ロシアがシリア情勢で現アサド体制を支持してきたのは、欧米によるリビア関与への意趣返しという要因はあるとしても、シーア派とは対話も可能だという要因もあろう。

実際、２０１３年のエジプトの事態は、このロシアの懸念を裏書きした。イスラム同胞団の支援を受けたムハンマド・ムルシーは2012年に民主化革命の波に乗って6月の大統領選挙で勝利、大統領となった。しかし彼らの理想とする政治とは、7世紀のムハンマドの神政政治に範をとった初期のサラフィズムである。権力を握ったからといって、これらの人々は現代の国家運営にもともと慣れていない。こうしてムルシー政権は経済政策などでも失敗、混乱を拡大、2013年7月に軍のクーデターを招いた。イスラミズムと民主主義とは両立できないと言われても抗弁できなかった。

ロシアのエネルギー戦略と中東

ロシアがイスラミズムへ高い関心を示す理由はもう一つある。いうまでもなく、エネルギー問題でのライバルであるイラン、イラク、何よりサウジアラビアなどの存在があるからだ。なかでも積極になりはじめているのは保守的なイスラム国家サウジアラビアである。かつては沈黙の大国ともいわれたサウジアラビアであるが、2015年1月、アブドゥラー国王が亡くなり、代わって80歳になるサルマン国王の就任にともない、より不安定化の兆しが見えている。中東の権威主義的な指導権を得ようとしている。他方、最近改革派が大統領に就いたイランのほうが世俗的である。そうでなくとも、21世紀に入ると中東でのイスラムの覚醒と世界市場でのエネルギー価格の乱高下とが、世界の政治経済の基本的パラメーターを変えてきた。

とりわけガス市場でのロシアのライバル、カタールが突出してエジプトのイスラム同胞団やトルコを支援している。ロシアの中東研究者のY・サタノフスキーによれば、カタールの新しい指導者タミムは野心的で、アルジャジーラを含め、エジプトのムスリム同胞団を支援しているという。そのアルジャジーラは世界の情報発信においても影響を持とうとしている。人口150万、面積は日本でいえばやや大きな県程度というこの国だが、イスラミズムの代表的メディアの同社は、米国でも、最近閉鎖したものの宣伝活動を展開した。それどころかカタールは、サウジアラビアとイスラム世界への影響を争うまでになった。サラフィズムとかワッハーブ主義といわれる古典的潮流は、1000億ドルものガス代金を自由に動かすカタール首長タミム・サーニーのリーダーシップもあって活発になっている。

実はロシアも同じ視点、つまりソフト・パワーとしての宗教（イスラム）とエネルギーという観点から世界を見ていることが重要かもしれない。先のサタノフスキーは、2013年7月のエジプトでの「中東の春」の挫折とムスリム同胞団系大統領ムルシーの没落に、サウジアラビアとカタールとのイスラム世界での指導をめぐる確執を見ている。とくにエジプト危機を通じてさしものアラブの大国が、産油国にしてサラフィズムのカタールの影響を受けた。エジプト危機を通じて、ムスリム同胞団が権力をうしなった結果、カタールはロシアに対してもサラフィズム、つまりイスラム急進主義の立場を強化しはじめている、と彼は言う。もっとも政治は常に状況的、2016年初めカタールの首長は訪ロ、プーチンとの接近を顕示している。

いったん政治化したイスラム勢力は、ますます「イスラムと民主主義は両立できない」という風に考えていると、『独立新聞』の「宗教」特集は伝えた（20/07/13)。とくにサラフィズム系の政治的イスラム潮流は、世俗的西欧民主主義からいっそう離れている。もっともスンニー派の世界では軍の役割など世俗化した勢力も根強く、単純に政治化したイスラミズムが勝利する可能性も少ない、とロシアのイスラム学者・分析家は考える。ポスト世俗化はこうして宗教と、エネルギーなど世俗的な政治・経済の複合体からなる時代と見ておくべきだろう。

その意味では、ソ連崩壊後のロシアは先進国の移行経験を後追いしたのではなく、むしろイスラムの政治化をめぐる争点では、チェチェンの経験、対テロ対策を通じてその先頭を走っていたのである。なかでもプーチンは、チェチェン危機を通じて、この地の民族主義とイスラム急進主義とを分離させ（チェチェンのチェチェン化政策）、後者を「テロ対策」の対象にしたという意味で、現在の世界のテロ対策では最先端にあった。

ウクライナからシリアへ、「ヤルタ」がキーワード

２０１５年9月28日、国連で「反テロ統一戦線」で演説したプーチンはミンスク合意をめぐるウクライナ問題での行き詰まりをシリア問題にシフトすることで双方の問題の解決を探るという新しい戦略に出た。どうやら2月のミンスク合意Ⅱのころから、このシリア・シフトを考えていたようである。もっとも、アフガニスタン介入の後遺症のあるロシア、旧ソ連圏外への介入はコストがかかることもあり、ロシアにとって戦略的意義のある地域に限られ、しかも地上軍の派遣は除外されていた。それでもソ連崩壊後、旧ソ連圏以外での軍事作戦ははじめてであった。

キーワードは「ヤルタ」であった。つまり２０１５年が戦勝70年であることにちなんで、欧米との和解を図ろうとした点にあった。同時にこれは、プーチン政治の原点にある「反テロ」連合に欧

米政権をうながし、ウクライナ紛争での妥協をも引き出すというねらいにもつながっている。舞台となったのは、創設70周年で世界の首脳が集まる国連総会であった。ラブロフ外相やウシャコフ補佐官といった関係者を率いたプーチン大統領が演説で、このときのキーワードをウクライナも絡んでいる「ヤルタ」から始めたのは偶然ではなかった。

米国がアサド政権打倒を掲げ4年が経過したシリア内戦だが、米国は自由シリア軍など「穏健反政府派」の軍事的梃子入れを図り、アサド政権打倒には反対するロシアとの対立に発展していた。そうでなくとも、バース党というアラブ民族社会主義を掲げて1970年のクーデターで成立した父ハーフィズ・アサドの息子バシャール・アサドは2000年7月、大統領選挙で政権を受け継いだ。モスクワとの戦略的な提携関係は歴史的にも深かった。父子ともソ連空軍で軍人としての教練を受けたという。宗教的にも少数派のシーア派系アラヴィー派であり、世俗民族主義としてムスリム同胞団系を弾圧した。

実は、ウクライナ紛争とシリア紛争をめぐる米ロの確執は、シリアとウクライナとに絡む。その関係はゲームのようだ。2013年米国がシリア空爆を仕掛けたとき、プーチンは化学兵器の廃棄案でこれを回避、一躍平和の旗手になった。『フォーブス』誌など世界のメディアではプーチンがオバマを抑えて世界の人気第1位となった。ところがその直後の2014年2月、ウクライナをめぐってヤヌコビッチ政権への政変を欧米が仕掛けてから紛争は一気にクリミア併合、ウクライナ内戦へといたった。このことでプーチン・ロシアは一躍、制裁対象となった。

とくにシリアの内戦激化で急浮上したのが、シリア難民のヨーロッパへの流入問題であった。

2015年夏の欧州への難民問題に続いて、ロシア軍が9月末からISを標的とする空爆を始めたことで事態が複雑化した。危機の本質はアサド政権だと、その打倒を掲げる米国のオバマ大統領が、プーチン大統領の本音は政権擁護だと批判している。あるロシア側の分析（サタノフスキー）によれば、シリアは事実上分割されており、空爆前には政府支配地域が2割、ISが4割、ヌスラ戦線は1・5割、そしてクルドが1・5割という（VKP紙28/09/15）。

こうしたなかで、アサド政権を主敵とするという欧米の戦略には米国の友好国イスラエルも賛成できなかった。トルコやサウジアラビアがねらっているアサド政権が崩壊すれば、イスラエルはさらに「テロの脅威」にさらされることになるからだ。そうでなくともイスラエルはイランとの和解に動くオバマ政権への不満もあって、ロシアとの関係強化に動いた。9月末の米ロ首脳会談も開かれる国連総会を前に、イスラエルのネタニアフ首相ら最高首脳がモスクワを訪問していた。第二次世界大戦時、ウクライナで170万ものユダヤ人が親ナチ的ウクライナ勢力の犠牲となった歴史があることからイスラエルは、国連総会でのロシアのクリミア編入無効決議には欠席している。

こうした根回しをへて、ロシアはシリア・アサド政権側でISへの空爆介入を行った。ウクライナ危機は欧米とロシアとの関係を悪化させたが、2015年までにミンスク合意、とくにヨーロッパ諸国とのあいだでミンスク合意Ⅱを追求した。一説によればこれを決めたのはプーチン、イワノフ、そしてショイグであったという（Ivanov, Tass, 19 Oct. 2015）。このとき同時に、米国とは反IS統一戦線として、いわばヤルタ会談の70周年として和解をめざした。したがってシリア・シフトはミンスク合意Ⅱ交渉と裏腹であったことに注目できる。もっともプーチンが国連演説後、メドベージェフ首相を米国に派遣しようとしたものの、そこまで米ロ間には信頼がなかった。大統領府長官セルゲイ・イワノフは、シリア介入のために２０１５年2月から9ヵ月準備していたと明らかにした。

反テロ作戦というが、実際は、宗教的な紛争が始まっているかのようだ。ロシアの政治学者サタノフスキーのような人物は、シリア紛争後の中東情勢を「宗教戦争」だと言う。彼は、２００８年の南オセチア紛争、２０１４年のクリミア紛争と比較して、ロシアは２０１５年9月末からのシリア紛争では米軍とも協調しつつ、より効果的な介入をしたと評価する。しかも、アサド政権のお墨付きという関与の正当性を持っている。もちろんアフガニスタンでムジャヒディンの抵抗にてこずった経験を持つロシアは、シリア直接介入までは考えない。アサド政府側に地上戦を任せるともいう。

この戦略を、ロシアの野党系軍事専門家フェリゲンガウエルがヤルタⅡと言ったことは前にも触れた。１９４５年2月と同様、ユーロッパ、ロシア、米国が地域の安定化のためにある種の一括解決を図ろうというのである。米ロはウクライナでも和解、対ＩＳも和解するというのである。実際、プーチン大統領の国連演説は「ヤルタ」を切り口に欧米との反テロ統一を図ろうとしているかに見える。その背景には、ロシアのウクライナでの手詰まり、そして米国の反アサド介入の手詰まりがある。確かに、双方とも安全保障で行き詰まっている。東ウクライナ武装勢力は独自の利害で動くものの、プーチンが手を引いた9月以降、同勢力もまた手を引いた感がある。

他方、米国もまた反アサド戦略が失敗し、穏健反政府派育成も挫折、彼らの組織する対ＩＳ義勇軍はわずか数名といわれた。対テロ作戦でＩＳと対峙するにはある程度アサド政権と妥協を進める以外に選択肢がないところにオバマ政権も追い込まれていた。事実、２０１６年末までの撤兵を約束したアフガニスタンでは、一転して米軍の長期にわたる駐留を２０１５年秋に決定し、２０１６年7月にも確認した。「世界の警察官」にはならないと宣言してはみたものの、簡単にそれまでの関与を断ち切るわけにもいかない。オバマ政権のジレンマもあった。

エネルギーという次元

このような反テロをめぐる中東、欧米とロシアとの関係には、エネルギーをめぐるこの三者の関係というやや異なった次元の問題もかかわる。とりわけエネルギー価格をめぐっては、米国が２０１０年ごろから顕著となったシェール革命により、エネルギーの輸出国になりつつある米国の経済・エネルギー事情がある。

これに対し、２０１５年までにロシアとサウジアラビアなどＯＰＥＣ（石油輸出国機構）諸国は価格調整よりも増産で対抗したが、このことはイラン制裁の終わりとも絡んで、原油価格の大幅下落をもたらしている。輸出の7割近くをエネルギーに依存することでしばしば「北のサウジアラビア」とも揶揄されてきたロシアだが、前に述べたように、そのサウジアラビアとの結び目も、サルマン新国王就任とイスラム急進主義のバンダル王子失脚後は、とくに強まっているかに見える。

この背景には世界のエネルギー価格の決定が、これまでのようにＯＰＥＣでなく米国が握るようになったという事情もある（２０１５年11月、セーチン・ロスネフチ会長の東京での発言）。このことは米国の中東離れとならんで、中東の米国離れをも促す結果となっている。ロシアの対中東政策の活発化は、この米国の中東離れにともなう米国同盟国（トルコ、イスラエル、サウジアラビアなど）のオバマ政権との関係の希薄化ともかかわっている。

このことは、シリア・シフト後ロシアの中東でのプレゼンスの拡大を促した。仇敵のはずのイスラエルとイランとがともに、2014年3月の国連総会でのクリミア編入無効決議に欠席することでロシアに恩を売ったが、ロシアのこの地域での立ち位置を示す重要な要因となった。2016年1月のマトビエンコ代表団訪問は、イスラエル＝ロシア関係が改善方向にあることを示している。そのイランもゴラン高原問題でイスラエルとの関係は慎重に動いている。

他方、イランに対しては、米・ロ・独などの六者協議が2015年7月に核問題に関する制裁解除へ動き出し、2016年1月には正式解除した。ロシアは米国が主として推進したイランの制裁解除に、原油価格の下落というリスクを冒してまで賛成した。シーア派のイランとの関係は政治的には近いものの、エネルギー政策をめぐっては相反する利害があるにもかかわらず、である。

同様なことは、イスラム急進派のカタールについてもいえる。ロシアとカタールにはガス生産国という共通性がある。2016年1月タミム首長はクレムリンでプーチンと会見、テロとの戦いで協調すると述べた。カタールは、エジプトのイスラム同胞団を支持するなど、むしろサウジアラビアより急進派といわれていたので、距離を置いているように見える。2月にはプーチンはバーレーンの国王ハマドと二度会見し、エネルギーとシリアなどを議論したという。オバマ政権の中東政策が行き詰まっているとき、プーチンの中東での立場が強化されているかのようだ。

もっともこのことは、ロシアとトルコとの関係悪化という想定外の展開を招いた。シリア空爆後トルコは、2015年12月ロシア機を撃墜し両国関係が急変した。背景には、シリアで対ISの地上戦を闘うとすると、クルド独立問題が再浮上するという文脈があるからである。ロシアはある意味でクルド独立派の隠れたスポンサーであったからだ。

ロシア帝国とトルコ帝国の崩壊の比較という興味深いテーマの本を書いたマイケル・レイノルズによると、ロシア帝国のクルドへの関心は、実にクリミアを併合したエカテリーナ大帝の時期に由来するという（Reynolds）。クルド研究は18世紀からロシアの東洋学研究の重要な対象であったという。またロシア軍はクルド人部隊を対トルコやペルシャとの戦いで利用した歴史もある。1923年には「赤いクルド」という名で、ソ連邦の地域ができた。第二次世界大戦後にはスターリンの支持で一時期クルド国家ができ、1年間続いたという（Raynolds,261）。NATOがトルコとの関係を強めると、ソ連はクルド・カードを用い、クルド独立問題をちらつかせた。こうしてクルドとモスクワの関係はイデオロギーをも超えていた。実際、アゼルバイジャンの大統領だったヘイタル・アリエフにはクルド人というわさがあったが、3000万人ともいわれるクルド人問題はウクライナが独立した後の最大の民族問題ともなっている。

もっとも今回のロシア、トルコの衝突はインドの外交官、ロシア専門家バドラクマールも言うように、トルコの戦略や国益というよりもエルドアン大統領の個人プレーという側面も強い。というのも、クリミア併合に際しては、トルコとロシアとが事前に話し合った形跡があったほど関係はよかったからである。NATOメンバーでもあるトルコのこの急進化、ロシアとの関係悪化には、シリアでの対ロ協調へ傾いたケリー長官までもが牽制に走ったほどである。だれもが紛争激化は望まないものの、古い歴史的怨念が前面に出ると収拾が困難になる。

案の定、２０１６年７月にはトルコとロシアとは関係改善に動き出した。６月末エルドアン大統領はロシア機撃墜を謝罪する書簡を送り、両国関係は再び改善に向かった。トルコとＥＵの関係が移民問題で悪化し、ＥＵ加盟問題が絶望的になっていることもある。

同時にこの決定が、トルコとイスラエルとの関係改善に向かっていることも見逃せない。先にも述べたように、２０１６年８月９日にはトルコのエルドアン大統領とプーチン大統領が首脳会談を行って、戦略的な関係再構築に向けた動きを加速させた。エルドアン大統領は、直前に親米系のアフメト・ダウトゥール首相を解任したばかりであった。２０１４年８月からトルコ首相になったダウトゥールは、クリミア・タタール系でマレーシアでも教鞭をとった政治学者である。イスラエルとトルコの関係が正常化されると、今度は、イスラエルからのトルコへのガス輸出に向かう。そしてそのことで、いったん凍結していたロシアのトルコ・ストリーム交渉が再開される運びとなった。[*2]

なお、アジア系戦闘員が多いＩＳの拡散を恐れる側にインドが正式メンバーとなった上海協力機構があることも、この関係で触れるべきであろう。中央アジアやウイグル系でもＩＳ支持者、戦闘員が増えることが背景にある。またマレーシアやインドネシアでもその拡散が問題となりはじめている。

このように、猫の目のように変わる中東情勢では、撤退気味の米国に対し、ロシアの重要性が増している。だが、プーチンが首相となったときのチェチェン問題、イスラム急進主義をめぐる国際関係と、現在のシリアのＩＳをめぐるロシアを含む中東の安全保障環境はまったく異なってきたのである。

注

＊1　http://carnegie.ru/commentary/2016/06/06

＊2　http://www.dailysabah.com/energy/2016/07/02/israeli-gas-leads-russia-to-put-turkish-stream-back-on-table

第6章

東を向くロシア

2012年5月に再選されたプーチン大統領は極東・シベリアをめぐる経済開発や安全保障での新しい東方重視政策を展開しはじめた。就任直後の大統領令「長期の国民経済政策について」では「シベリアと極東」の発展について指示、これにもとづいてロシア政府は新たに極東発展省を設置し、前ハバロフスク州知事で極東管区の大統領全権代表であったビクトル・イシャーエフを新大臣として任命した。また2013年3月には「ロシア極東とバイカル地域の社会経済発展」という国家計画を採択、2018年までの大規模な投資計画を明らかにした。

もっとも1年後の8月、同省の活動結果に不満であったプーチンはイシャーエフを更迭、代わって若手実業家のガルシカを新大陸に据えた。彼の監督役として副首相兼極東全権代表となったのがユーリー・トルドネフである。ドミトリー・メドベージェフ首相もまた、12月に「2018年までの極東バイカル地域の社会経済発展計画」を承認した。本章では、このプーチンの「東方シフト」戦略、あるいはアジア重視の「脱欧入亜」といわれる外交・安全保障政策での新機軸について考える。

なお、ここでロシアの極東地域とは、2000年に作られた極東管区に加わるサハ（ヤクート）共和国、ハバロフスク地方、沿海地方、およびカムチャトカの3地方、アムール州、マガダン州、サハリンの3州、そしてユダヤ自治州、チュコトカ自治管区という9主体からなる。その面積は日本の16倍となるが、人口は630万人、ロシア連邦の5パーセントである。これに対し極東・シベリア開発と一括されることもあるシベリア地域だが、西シベリアまでを包摂すると広すぎる。このため極東に近接するシベリア管区のうちバイカル地方、とくにザバイカル地方、アムール州、イルクーツク州という3主体が「極東・バイカル」地域として分類されることが多い。2013年の大統領教書演説では、とくに極東・シベリア地域に東シベリアのクラスノヤルスク地方、ハカシヤ共和国を含めた地域を経済特区に指定し、やや広域な地域を重点的な「東方シフト」の対象地域としている。

これら地域も念頭に置きながら、プーチンの東方戦略を考察する。内容的には第一に、ロシア政治での東方重視の系譜をたどり、第二にプーチン政治における「東方シフト」の現代的位相を考える。そのうえで第三に、その安全保障を含む現在的含意を考察、第四として、日本外交への含意を最後に考察する。

1　ロシアの「東方シフト」

2013年の年次教書演説でプーチン大統領はシベリア・極東の台頭が「21世紀全体を通じての国家的プロジェクト」であり、それがアジア太平洋のビジネス・センターに匹敵する中心となるべきことを訴えた。ロシアのアジア太平洋への「方向転換」は経済に新しい可能性を与えるだけでなく、「積極的な外交政策の実施」への手段をも提供する、こう訴えてアジア太平洋への「東方重視」政策をいっそう明確化した。

このようなプーチン外交のアジアへの東方シフトは、もとはといえば2006年12月の安全保障会議決定で決まったものであった。その目玉であった2012年9月のウラジオストクでのアジア太平洋協力会議（APEC）を成功させて以降、ますます顕著なロシア外交の特徴ともなっている。なぜロシア外交のベクトルが、このようにアジア太平洋地域という東側を志向してきたのか、そのような政策が日本の外交にとって有する含意や機会についても考えたい。

東方シフトと「ユーラシア主義」

ヨーロッパとアジアにまたがる大国であるロシアにとってアジア・太平洋地域、つまり「東側」の位置は、歴史的には欧米のような「西側」と比較すると、主要とまではいえなかったものの、戦略的にはしばしば重要な位置を占めてきた。この東西の地政学的な相関関係は、19世紀には「西欧派」と「スラブ派」のように世界観的な対立にまでいたった。なかでも1856年のクリミア戦争の敗北後、ゴルシコフ外相は当時の中国や日本といった東方政策に関心を示した。日露戦争以降の展開が示しているように、20世紀ロシアにとって「東方」は単に戦略論的「第二戦線」的な重要性とか東西バランスといったレベルを超え、ロシアの歴史的運命やアイデンティティにもかかわった。このこともあってロシア革命後には、ニコライ・トルベツコイなど亡命ロシア人の間でロシア国家のアイデンティティを「東方」に求める「ユーラシア主義」といった潮流が生まれ、この東方重視の流れはソ連崩壊後に再評価されることになった。

現実政治の世界でもスターリン時代には、日本の満州事変と満州国建設など東側からの脅威に対抗し、1933年末米国との国交回復を図るとともに、ソ連極東での軍備を増強した。冷戦期にはこの関係が一転、米国がソ連にとってのアジア太平洋でも主敵となったが、１９６０年代から１９８０年代までの中ソ対立期には中華人民共和国もまた、ソ連にとって「東」からの危機の源泉ともなってきた。

実際の資源配分という観点から見ると、極東に対する資源投入がもっとも精力的に行われたのは満州事変後のスターリン期であった。しかしそれ以降ソ連では、ブレジネフ期にシベリア開発などの試みが行われたものの、中央の目標に対し現実に投入される資源は時を経るにつれ漸減していった。とりわけソ連崩壊後の１９９０年代には、極東・シベリアでの分離主義も高まるなか、連邦中央から地域開発に与える資源はほとんどない状態だった。

プーチンと「東方」重視政策

しかし21世紀になって、このような考え方に変化が生じる。なかでもプーチン政権は極東・東シベリア地域、そしてアジア太平洋地域への関心を新たに提起している。このような志向は単なる重点的な地域政策という枠を超え、ロシアがアジア太平洋国家でもあり、極東が積極的にアジア太平洋への窓となるというプロジェクトへとなっている。その背景には、世界経済と政治の中心が「大西洋」から「アジア太平洋」へとシフトしてきたという基本的な認識の変化がある。

そういった意味で、プーチンはアジア太平洋地域がロシアにとって与える重要性を最初に理解した指導者となった。なかでも彼の政治課題を最初に示した２０００年の「ミレニアム」論文では、ロシアの経済規模が中国のそれの５分の１にすぎないと指摘、台頭するアジア太平洋、とくに中国に注目し、対中正常化に精力を注いだ。

２００１年には江沢民政権と戦略的なパートナーをめざす善隣友好条約を締結、また２００４年11月には４３００キロの国境線を画定し、難問だったアムールの島を折半で決めることで戦略的な中ロ和解の頂点となった。同時に、プーチン大統領は国際デビューとなった２０００年の沖縄サミット直前に、ソ連期を通じて最高首脳としてはじめて朝鮮民主主義人民共和国訪問を行うなど、プーチン外交での東へのベクトルは高まった。

このプーチンの東方シフトは、ロシアの経済・貿易構造の変化とも関係している。ロシアは２０１１年の連邦予算のほぼ半分（49・8パーセント）を石油・ガス関連産業から賄ってきたように、いうまでもなくエネルギー資源輸出経済となっている。しかも、その輸出の半分はヨーロッパ市場向けであった。しかし２００７年のウクライナをめぐるガス紛争と２００９年のリーマン・ショックにより、ロシアのヨーロッパなど西側市場への燃料の販売には限界が見えた。なかでも約２割のエネルギーを海外に依拠してきた米国では、自給が可能となるシェールガス革命が起きていた。ロシアの欧米、西側重視の貿易・輸出政策は深刻な再検討を求められた。

この結果、２００６～２００７年前後から、ロシアの最大の輸出産品である石油ガス市場の販路を成長著しいアジア太平洋へ方向転換するという顕著な変化が生じた。東シベリア・太平洋パイプライン（ＥＳＰＯ）の建設が始まったのは２００６年であったが、このパイプラインは２０１２年末にナホトカ郊外まで開通、太平洋向け石油輸出が可能となった。また２００９年頃からサハリンのＬＮＧガス輸出も始まった。２００７年に採択された「東方ガス計画」のように、中国やアジア志向のガス田開発とパイプラインを通じてのアジア太平洋への輸出に重点が移ってきた。

シベリア・極東開発とアジア重視政策の連携

とりわけプーチンが、このような東方シフトを東シベリア・極東の地域開発と結びつけたことが特徴である。プーチンは土地、エネルギーや水など巨大な資源がありながら、ほとんど未開拓であったこのフロンティア開拓に関心を示した。2006年12月の安全保障会議において、プーチン政権は極東の人口がソ連崩壊後毎年1パーセントずつ減少し、いまや630万人になったことに注目、この傾向を覆すための大規模な極東開発の戦略的決定を採択した。また同様に、アジア太平洋でのロシアのプレゼンスを確保するため、APEC（アジア太平洋経済協力）だけでなく、東アジア・サミット、ASEAN地域フォーラム、アジア欧州会合（ASEM）といった主要機構にロシアが参加することを志向、このため2012年9月にAPEC会議をウラジオストクで開催するなど、アジア太平洋への関心をいっそう深化させた。カザフスタンの独立によってバイコヌール宇宙基地が自由に使えなくなったため、かわりのボストチヌイ宇宙基地をアムール州に建設する計画も2007年から始まり、2016年4月末に完成、プーチン大統領らが見守るなかで、最初の宇宙船ソユーズ2・1aを打ち上げた。

これらの目標のため6000億ルーブル以上（約2兆円）という巨額の資金を投入した。2006年の大統領教書でも「21世紀のロシアの発展ベクトルが東である」と宣言、アジア太平洋地域の発展のなかでロシアの比重を高めるための方策をとるよう要請した。経済的特典を付与するなど内政との連関を強化すると同時に、太平洋地域でのダイナミックな外交を展開することを示した。この中には、対日関係を複雑化した２００７年から２０１５年までの「クリル経済発展計画」も含まれていた。

しかし、世界市場にこれら資源を輸出するためにはパイプラインや鉄道を通じて数千キロにわたる輸送コストがかかる。純経済的合理性のみからいえば、多くの経済専門家も指摘するように、東シベリア・極東開発はそのままではコスト高となって割に合わない。したがって、その政策展開には純粋な経済的合理性を超えた次元もまた存在する。というか、アジア・シフトはプーチン政治の本質部分である。プーチンはアジアをめざしている。

2 「東方重視」の戦略的背景

こうなると東シベリア・極東地域の開発の目的は、単なる資源開発と輸出志向と同時に、戦略的思考や安全保障など、ほかの理由にも求めざるをえない。そのような要因としては、⑴世界経済の軸がアジアに移り、ロシアにとっての新市場となったこと、⑵東アジア政治のリスク、とくにロシアからいえば対中関係への不安、朝鮮半島での危機などといった地政学的要因が挙げられる。

シベリア開発の国内要因と中国の含意

現代ロシアの東方シフト外交は、こうして国内での東シベリアや極東の開発と不可分に絡んでいる。とりわけ、東シベリアや極東での豊富な燃料エネルギーをソフト・パワーとして戦略的に展開しているプーチン政権は、その新たな販路としてのアジア太平洋地域に注目している。アジア新興国経済が、ロシアのエネルギー輸出にとって新たなフロンティアとなった。２００９年はロシア極東がアジア市場へはじめてＬＮＧガスを輸出し、そして東シベリア・太平洋パイプライン（ＥＳＰＯ）を稼働したという意味で、「入亜」の画期となった。

なかでも、世界経済の55パーセント（２０１０年）を超える比重を持つにいたったアジア太平洋地域の重要性については多言を要しない。とくにリーマン・ショック後の経済的落ち込みがはげしいヨーロッパに対し、アジア経済のダイナミックな成長をロシアは重要視している。２０１２年のロシア大統領教書や大統領の5月指示、さらには２０１３年2月の「ロシア連邦の外交概念」など外交、安全保障の重要文書、さらには各種シンクタンクの政策文書が共通に指摘しているところである。

たとえば「外交概念」は、世界の政治経済の重点が漸次移行しているアジア太平洋でのロシアのプレゼンスを拡大することはますます重要性が増していると指摘、この傾向を利用してシベリア・極東経済を立ち上げると同時に、アジア太平洋での安全保障のアーキテクチャーを集団的な基盤の上に作ることを主張している（第75項）。

とくに経済的にはロシアをはるかにしのぐ超大国と化した中国との関係への不安もまた、ロシアの東方重視政策の背景となっている。軍事的な意味での中ロ戦略関係について論じることは紙幅の関係もありできないが、ロシアの対中武器輸出なども、ほぼ２００６年前後をピークとして次第に減少していることはよく指摘されている。

とりわけ重要なのが、ロシアにとっての中国市場の拡大と同時に、経済安全保障の観点である。つまりロシア極東の資源開発も、そのまま放置すれば中国の「燃料基地」に化すのではないかという危険もまた存在する。実際、プーチン政権初期の最初の重要な内政的事件となったミハイル・ホドルコフスキー事件も、単なる民間企業への国家的介入とか、政治志向を持つオリガルヒへの牽制といった意味だけでない。そうではなくて、ホドルコフスキー率いるユーコス社が１９９０年代半ばから中国への民間パイプラインを通じたエネルギー輸出を考えていたこととも関連していたことを指摘することは無意味ではない。

この紛争を通じて、石油エネルギーやその運搬手段など戦略資源の国家管理を主張したのがプーチンであった。エネルギー開発をめぐって戦略的思考を重視すべきと進言したのがブレーンでもあるサンクト・ペテルブルク鉱山大学のウラジーミル・リトビネンコらであった。こうして、中国の大慶へ民間パイプラインを促進しようとしたユーコス社やこれを支持した当時のミハイル・カシヤノフ首相は交代し、プーチンを先頭とするシロビキ系エリートの台頭へと至った。

シロビキとは、ＫＧＢや軍など強力（力、つまりシーラ）官庁のエリートで燃料（ロシア語でシリヨ）戦略資源を管理することを図った権力エリートを指しているが、彼らはこの論争でアジアへの国有パイプラインを通じた輸出を決めた。２００４年５月にはシロビキ系のミハイル・フラトコフ内閣が成立、以降、プーチン政権はアジア太平洋パイプラインなど国営のトランスネフチ社を通じたアジアへの市場拡大へと舵を切った。２００９年に第1段階である中国ルートが完成、続いて２０１２年末には極東ナホトカ近郊のクジミノ港ルートも完成した。ここには中国市場にのみ依拠しないというプーチンのバランス感覚がある。

このように、ロシアのエネルギー輸出問題には政治と経済とが常に絡み合う。つまり東シベリア、極東アジア開発への転轍は、同時にどのようなパートナーとともにこの地域開発を模索するかという問題とも関係している。実際に、ロシア政府の研究機関、高等経済院のクジミノフ学長、経済学者マウらリベラル派の学者がプーチン第二期政権成立時に提示した「戦略２０２０」（２０１２）などには、東への志向が市場志向と親欧米外交と関係していると主張する。中国の現代化はロシアにとって脅威となるという考えから、シベリア開発のモデルを「韓国、日本、米国」に求めるのが改革派の潮流である。極東開発をめぐってはV・イノゼムツェフら改革派学者だけでなく、反政府系のニコライ・ルシコフなどリベラル反対派の政治家も中国への慎重さを求めている。

もっとも対中問題では科学アカデミー「極東研」など親中系の保守派の学者集団がある。保守派ではないが、かつて安全保障担当書記であったアンドレイ・ココーシンも、中国との関連で極東シベリア開発を主張する論客である。またプーチン・ブレーンでもあった政治学者セルゲイ・カラガノフらは中国とのバランスをとりつつウラジオストクを第二の都にすべきであるといった主張を行った。彼は、ノルウェーからシンガポールなど、日中韓にロシアを加えた六者からなる北極海・極東企画のロシア側の中心人物である。とりわけプーチン大統領の顧問会議であるバルダイ・クラブは、『大洋をめざして――ロシアのアジアへの突破』1号（2012)、2号（2013）を通じて、ロシアのアジア太平洋進出をめざす方針を積極的に提起した（Towards)。

プーチンとメドベージェフとの対立

このように、プーチン政権は東方シフトに応じてアジア極東に力点を移してきた。2006年末のアジア・シフトへの決定が当時政府ではなく、安全保障評議会（ニコライ・パトルーシェフ書記）でなされたのは象徴的である。パトルシェフ自身も北極圏航路に関心が深い。日本のNSC（国家安全保障局）との関係改善、民主党・野田政権時に始まった2プラス2への関心も深そうだ。

2012年5月に発足した極東発展省は政府計画を監督する権限を持ち、ハバロフスクに拠点を置いた。また対外経済銀行にBAMやシベリアといった鉄道の現代化やインフラ整備、チャヤンダなどガス開発の優先的投資計画を提示した。さらには9月のウラジオストク・サミットでも政権の東方シフトを明確にした。もっとも中央政界に基盤が乏しかったイシャーエフ極東担当相は、東シベリアや極東に重要な既得権益を持つエネルギー部門や交通、軍需産業の権限にはほとんど切り込めなかった。このため、極東発展計画は地域の要求を総花的に寄せ集めたものであると批判された。

プーチン第二期政権のもとで政治指導部のコミットと、実際の経済的成果とを比較すると、依然として経済的効果は進捗しているとは言いがたい。当初1年間、極東諸州などでの経済などのパラメーターは悪化、とりわけ東シベリア・極東で顕著となった。2012年9月からの1年間での全国の収入減は1・3パーセントであった。なかでも収入減がワースト・テンのうち、極東・東シベリアの8地域（ユダヤ人自治州、トゥワ共和国、マガダン州、ハバロフスク地方、ブリャート共和国、アムール州、アルタイ共和国、カムチャトカ州）も占めているのは、極東重視を掲げた当局にとって危機的であった。これらに2013年夏の極東での水害が重なってイシャーエフ担当相の交代に結びついたと考えられよう。

さらに極東開発をめぐっては、プーチン大統領とメドベージェフ首相とのあいだに、温度差や接近法をめぐる明らかな対立があることも知られている。なかでも2011年3月の東日本大震災と福島第一原発事故では、プーチン、セーチンらがエネルギー支援を申し出た。ショイグらの非常事態省も救援隊を日本に送った。

2013年8月末に極東を訪れたプーチン大統領は、それまで大統領補佐官であったY・トルトネフを副首相兼務で極東担当の大統領代表とし、またプーチン直系の「全ロシア国民戦線」、「実業ロシア」共同議長だったA・ガルシカを極東担当相に任命した。トルトネフはもともと石油関連の教育を受け、共産党青年組織から市長、州知事をへて、プーチン時代は天然資源エネルギー相、そして2012年からは大統領補佐官を務めた。また、ガルシカ新極東発展相は若手企業人として大統領や政府で財政などの委員会に多く関与し、先の改革派の「戦略2020」にも参加してきた経緯がある。

新たに政府の極東発展社会経済問題委員会の委員長となったメドベージェフ首相は10月24日の極東コムソモリスク＝ナ＝アムーレでの多くの閣僚が関与した政府会議で、極東開発のコンセプトを輸出志向に転換することを主張した。この会議では、連邦政府機関の権限が極東発展相に移されたことで同省の権限は大幅に拡大した。ガルシカ新大臣はアジア市場への極東からの輸出が2パーセントになれば、年間6パーセントの経済成長が可能となり地域総生産高の倍増が可能になると、競争力ある経済特区創設など輸出志向経済への転換を訴えた。マスコミはこの会議を指して、極東発展省に地域発展の全権を与えるものと、トルトネフ大統領代表の勝利と評した。

このような一連の人事は、プーチンが極東開発に多様な人材を登用、競合させることで、アジア太平洋に参加する極東開発への刺激とする意図と見ることができる。他方、極東への国家的コミットを軽視してきたメドベージェフ首相への厳しい批判の表れと見ることもできる。それでも2013年12月の大統領教書もその後の人事政策も、メドベージェフ首相の交代までは進めなかった。また、第一副首相からロスネフチ会長となったセーチンや、マガダン生まれで極東と縁の深いシュワロフ副首相などの影響もまた産業界では強まっている。国家が極東開発にコミットするという意味での極東開発公社構想の生みの親であったショイグ国防相も、極東開発には個人的意欲を示している。

なお議会レベルで極東、とくに対日政策に影響力を持っているのは、現在国家院議長であるセルゲイ・ナルイシキンであり、10年ほど前から毎年のように日ロ文化フォーラムを通じて日本を訪問している。首相への寄び声も高い。議会では対日議連のミハイル・スリペンチューク議員はアルタイ共和国出のエネルギー部門出身である。反対派ではウラジーミル・ルジコフ議員も同共和国出で、農業食糧問題に造詣が深く、シンガポールでのバルダイ会議に参加した。

なかでも2016年8月、それまでの大統領府長官であったセルゲイ・イワノフが更迭され、かわって日本勤務経験を持つ大統領府副長官のアントン・ワイノ（１９７２〜）を起用したことは最も注目に値する人事である。というのも、イワノフは英国勤務のほか、中国との関係も深かったからだ。対してワイノは、エストニア共産党第一書記を祖父に持つ外交畑の出身、モスクワ国際関係大学で日本語を学んだあと日本勤務だった点は、プーチン大統領のアジア・シフトの観点からも重要だ。

3　ウクライナ危機後のアジア・シフト

安全保障：軍事・エネルギー、そして食糧

冷戦後ロシアの安全保障概念は、総じていえば、冷戦期のイデオロギー的かつ軍事優先的な狭義の概念から、気候変動、経済やエネルギーなどを包含した広義のそれに変わった。日本でいう総合的安全保障という概念に近いが、人口や民族問題など国内的脅威が対米・対中など対外的脅威よりも重視された。

もっともウクライナ危機後の２０１５年12月末に改定された新版では、対外関係の急変を反映し、とくに欧米が仕掛ける「カラー革命と腐敗」が脅威であることを強調している。そのほか、米国の生物学兵器の脅威、ＮＡＴＯ拡大、ウクライナにおける極右勢力の動向、国際情報戦を警戒している。このため、核削減は条件付きとなり、また国益保護のための軍事力、また経済の弱さと資源依

存なども問題として強調されている。もっとも、これらの変化は太平洋ロシアともよばれるようになったこれら地域に直接は関係していない。

ロシアの狭義安全保障との関連での中国問題は、前節で指摘したので繰り返さない。しかし、中国との関係はエネルギーから食糧や人口など広義の安全保障とも絡み、いずれにしても対中関係はロシアにとって包括的な問題となっていることは言うまでもない。

ロシアのソフト・パワーとして、とくに21世紀に注目を浴びたのは石油・ガスといったエネルギー資源だった（Shevtsova05）。経済成長著しいアジア、つまり「東」では3・11の東日本大震災以降、中東の政治的不安定とも絡んでロシアのエネルギーの魅力が増している。実際、震災直後の当時、プーチン首相は対日ガス支援を訴えた。また世界のＬＮＧの半分は日本と韓国とが消費する。一方、北朝鮮をめぐるロシアのガス・パイプライン構想は実力者、張成沢の粛清や処刑など金正恩体制の不安定もあって棚上げとなっている。しかし中国、韓国、日本などにロシアは積極的である。

この点で注目されるのは、２０１３年2月、いまや世界最大のエネルギー会社となったロスネフチ社のセーチンが事務局長を務める大統領燃料エネルギー委員会がガス輸出でのガスプロム社の独占を排除したことである。このこともあってロシアは２０１３年末で、ウラジオストクのガスプロム社によるＬＮＧガス工場、同じくロスネフチ社のサハリンの工場、そしてヤマルネネツ半島でのノバテク社による各ＬＮＧ工場建設を進行させている。これらの企画はいずれも、⑴エネルギー安全保障と極東、⑵アジア太平洋という新しい問題構成を提供する。

この文脈で日ロ協力の大きな可能性があるのは、北極海航路の創設とルート確定における協力である。ヤマルネネツでのＬＮＧ企画には中国の石油ガス集団ＣＮＰＣ社と並んで日本の企業（日揮、千代田化工、商船三井）が関係している。数年前から日本企業は北極海ルートを利用する見通しに立って、大規模な調査を実施している。北極海ルートが通常のものとして使えるようになれば、全長２万３０００キロのスエズ運河、インド洋経由による日本から欧州への航路を縮めることができる。

この企画には、欧米市場の不調を抱えているノルウェーなども大きな関心を持っている。調査プロジェクトはノルウェーや日本、中国、韓国、シンガポールを加えた大型国際コンソーシアムとなり、２０１３年12月にシンガポールで創立記念シンポジウムが開催された（International）。最近はドイツもオブザーバー参加している。もっとも気候変動の予測は難しく、砕氷船を必要とする冬期の輸送コストは高くつくことから即座に転換が生じるかは問題である。とくに２０１５年以降エネルギー価格の下落はやや気勢をそいでいるが、他方では、２０１６年初めのサウジアラビアとイランの国交断絶などの湾岸危機はロシアにとって新たな機会となる向きもある。将来はウクライナ制裁との関係が微妙だが、これに米国やインドなども加盟する可能性がある。

また同様に、サハリンと日本とのガス・パイプライン敷設の可能性は10年以上にわたって検討されてきた。安価なエネルギーを必要とし、その源泉を中東以外に多角化することが求められる３・11後の日本にとって、同地は近接で、しかもＬＮＧによる輸送より安価であることもあって可及的速やかな展開は望ましくもあろう。また同様に、極東ウラジオストクと新潟とのパイプライン敷設も可能性がある。電力輸出もまたこのような可能性が検討されている有力企画である。

食糧安全保障との関連は、2012年ウラジオストクでのAPEC首脳会談で提起された新課題でもある。ロシアのシベリア・極東は世界の水資源、耕地面積などに恵まれ、気候変動や地球温暖化の影響もあって世界の食糧庫となる可能性がある。たとえばアムール州での寒冷地農業協力が進んでいる。東シベリアのアルタイ共和国はやや交通手段に難があるが、穀類生産では耕地面積は極東南部だけでなくアルタイなども有望である。漁業資源もまた日本などの市場に開かれており、中国やアジア太平洋地域が重要な輸出先となる。このように食糧、エネルギー、人口などの安全保障問題が、狭義の軍事面での安全保障とも絡みながら展開される。

第四次産業革命

そして今、極東開発に注力しているプーチン指導部を突き動かしているのは「第四次産業革命」をめぐる国際競争であろう。2016年のダボス会議などでこのコンセプトが登場し、ドイツや日本の政府の公文書にも表れはじめたが、このコンセプトについては多少は説明がいるだろう。この考えの主導者によれば、人類と機械の関係には四つの革命的変化が生じたという。

第一次産業革命は、ワットの蒸気機関に代表される。石炭と蒸気を組み合わせたこの革命は、1780年ごろから紡績など大規模生産を促し、政治的にもフランス革命をもたらした。それから100年後の第二次産業革命はエジソンの電球など電気エネルギーと大量生産の組み合せで、日本の明治維新や米国の経済的台頭などの結果を生み出した。さらに100年たった第三次産業革命はパソコンなどのデジタルな情報革命であって、この政治的な帰結としてソ連のペレストロイカや中国の改革がもたらされた。

これに対し２０１０年ごろから始まった第四次産業革命では、ＩＴ革命やモバイル、インターネットで世界がつながった人工知能（ＡＩ）時代がやってきた、という。運転手のいない車や介護ロボットなどが普及目前だ。日本では、ロボット化という言葉で言い習わされてきた。人間の代わりを機械がやってくれる。おそらく「産業」革命という以上の人類史の転機だ。ゲノムを調べると、たとえば病気の罹患率や予防、適した保険までわかる。人工細胞による治癒も可能となる。モノがインターネットで世界につながる。コンビニエンスストアは世界大のサービス業の端末となる。それを利用したビッグ・データは人工知能を通じて意思決定にも影響を及ぼす。

しかし、いいことばかりではない。人類がロボットに負けるかもしれないという悪夢は、ロボットという造語の発明者であるチェコの劇作家チャペックが暗示したものだ。そもそも「ロボット」という言葉は、スラブ系の奴隷（ラブ）とか苦行とでもいうべき言葉に由来する。いまやチェスや囲碁で世界チャンピオンが人工知能に敗れるということが現実化している。

この革命的な変化は、政治もまた地球規模で瞬時に変えている。ＩＴをテロの拡散に使いはじめたＩＳが代表的だ。あるいは、世界の富の半分を61名の超金持ちが握るという世界的格差社会の登場もその表れでもある。パナマ文書の暴露といったタックスヘイブン問題に続いて、その本拠である連合王国のＥＵ離脱決定（２０１６年６月）が世界を驚かせた。

こうしたなかでロシアの各産業革命への対応を考えると、面白いことに気づく。産業革命は海洋への進出と関係しているのだ。第一次産業革命の基本である鉄鋼業についていえば、ロシア人はもともと金属器を使っていたスキタイ人の末裔（と自分で思っている）であり、18世紀の英国での鉄鋼業の発展に先んじてウラルの古儀式派が開発を進めていた。ロシア軍産複合体の内陸での発達は、ロシアの鉄鋼業の中心であるマグニトゴルスクから今日まで続く伝統だ。

しかし蒸気機関や鉄道となると、ピョートル大帝の海軍建設から19世紀末のウイッテ蔵相のシベリア鉄道まで、間延びした対応だった。電力と大量生産という第二次産業革命への対応は、レーニンの電化計画とスターリンの工業化という非人道的悲劇をともなった過程だった。よけい問題であったのは１９７０年代のパソコン、ＩＴ革命へのブレジネフ体制の対応である。ウクライナに時代遅れの重厚長大型、エネルギー浪費型の軍産複合体という仕組みを無理やり作った。現代ウクライナ問題の背景にはこの変異もある。

そういった負の遺産を抱えながら、ロシア極東は６３０万人前後の人口減少社会でもある。新たな「アジア・シフト」、そして第四次産業革命への対応をどう実現できるだろうか。現実を見ると懐疑的になるが、それでもロシアの先見性は、宇宙基地と連邦大学建設を急いだことであろう。

４　日ロ関係への含意

日・ロ「戦略的パートナーシップ」の形成

これまで述べてきた２０１２年以降のロシアの発展は、とりわけ東日本大震災以降の新しい方向を模索する日本での政治・経済の動向と軌を一にしはじめている。とりわけ福島第一原発事故後のエネルギー源への新しい模索のなかでロシアの東方シフトについては、日ロ両国間で多くの利害の一致、ないしは近接点が見られる。

ロシアのシンクタンク、外交評議会の対日関係の報告書（２０１２年）でも指摘しているように、領土問題を除くと、日ロ関係には戦略的に大きな意見の相違がなくなってきたことも事実である。アベノミクスなどの新経済政策から見ても、日本の省エネ技術や医療、食糧など、またハイテクなどはロシアとの関係に展望がある。さらには観光なども対ロ関係でも、またロシアの観光客誘致でも可能性が広がる。

なかでも日ロ関係での戦略的な変化を象徴するのは、２０１３年11月初めに東京で開催された「2プラス2」の外交、防衛担当閣僚会議の制度化であろう。東京で日ロ間の外務・防衛閣僚協議（つまり2プラス2）が開かれたのは、２０１３年４月の安倍首相とプーチン大統領とのモスクワ首脳会談で合意されたからであるが、ラブロフ外相とショイグ国防相、日本側からカウンターパートである岸田・小野寺両大臣が出席した。この「2プラス2」というフォーマットについては、日本では米国やオーストラリアの2ヵ国ほどとしか実現していない。ロシアもまた、英国、米国、フランスなど5ヵ国としかやってこなかった。「戦略的パートナーシップ」を象徴する外交安保レベルの会議体が定例化される、このような会議が開かれるようになったこと自体、日ロ関係の文脈が大きく変容したことを象徴している。ウクライナ制裁によって多少停滞が見られるものの、２０１６年４月の安倍首相訪ロ後、それが再開されている。

背景にあるのは、プーチン・ロシアの政治的・外交的な優先順位の変化であろう。その前の2007年には、第一次安倍内閣で日ロ戦略対話がはじめて開かれた。そのとき担当した谷内正太郎外務次官が、安倍第二次内閣で制度化され12月に発足した日本版国家安全保障局（NSC）の初代局長となったことも注目に値する。ロシアはこのような日ロの安保対話の重要性を自覚し、2012年10月には安全保障会議のニコライ・パトルシェフ書記を野田政権に送って戦略対話が開始された。この2プラス2の制度化によって、日ロ関係は文字どおり戦略的なパートナーシップへと関係が格上げされてきた。このような戦略的協力の背景に、日本海からオホーツク海をへて北極圏へいたるルートが将来の北極経由の石油、ガスなど交通の要衝となる地経学的変化も見て取れよう。

背景には超大国でありながら、不安定化する中国への対応といった側面も注目される。中国の「一帯一路」政策では、海のシルクロード、陸のシルクロードがよく喧伝されている。西側のウクライナ制裁後、プーチン大統領は毎年中国を訪問しては、中ロ蜜月を印象づけている。しかし、第三の道として「氷のシルクロード」があることについては、ロシアとしても無視できない。北極海のルートを逆にたどれば、北極海からの中国海軍の脅威が現実化することの懸念もある。

2013年4月のモスクワでの安倍―プーチン会談以降、日本政府は数度にわたる首脳会談が示しているように、日ロ関係改善への積極的な取り組みを示している。平和条約問題も次官級での交渉が加速された。また内閣官房には官房副長官を中心とする対ロ政策の調整機関が作られたが、これは民主党政権以前にはなかった制度である。

そのほか、日ロが戦略レベルで取り組むべき課題として浮上している最大の地域課題としては、朝鮮半島危機をめぐる問題もある。２００６年の北朝鮮による核実験強行以降、六者協議は朝鮮半島核問題解決の枠組みとして機能停止に陥っている。ロシアの朝鮮半島縦断ガス・パイプラインも２０１３年秋の段階で棚上げ状態である。とりわけ２０１１年12月の金正日国防委員長死去と金正恩第一書記就任による継承を経てますます不透明感が増している。いまだに不安定な金正恩指導部周辺には、先軍政治の継続を掲げる軍部と、これに消極的な金一族との関係など不透明な確執があり、とりわけ経済をめぐる対立も激化してきた。こうしたなかで２０１３年12月に金正日の実妹金敬姫の夫、張成沢の粛清・処刑が行われた。彼は対中関係改善と改革路線に積極的であったといわれ、したがって彼に代わった朝鮮人民軍政治部の崔竜海など軍内部の保守派の影響力も強まり、核問題での朝鮮半島の不安定さもいっそう高まっている。日ロ関係改善は、この面でもいっそうの緊密化という課題がある。

ヨーロッパかアジアか、ロシアの選択

以上の変化が、ロシアの東方シフトを加速するのか、それとも停滞させるのか。この問題を占う上で重要なのは、ロシア政府周辺の、ヨーロッパかアジアかをめぐる最近の論争である。ウクライナ危機後の２０１４年11月、「ロシアはヨーロッパでない」というメジンスキー文化相の発言が話題をよび、メドベージェフ首相も「ロシアはヨーロッパ」と言いつつ、しかし「アジアに注視している」ことも付言した。ウクライナのヨーロッパ志向が明確になるにつれ、ロシアの「脱欧入亜」をめぐる議論もまた盛んになっている。なかでもラブロフ外相は、同年11月の外交安全保障評議会

の発言で、ウクライナ危機後のロシアの役割をアジアとヨーロッパとの媒介と評価している。外交的には、ロシアが外相の言う「キリスト教」を基盤としたものとなる以上、ヨーロッパから断絶することはありえない。しかし、ウクライナが「脱露入欧」する度合いに応じて、ロシアが「脱欧入亜」、つまりロシアの東方シフトが起きよう。

東西のアイデンティティ論争は、経済だけでなくロシア政治の発展方向をめぐる議論にほかならない。とりわけヨーロッパ経済の混迷に加えて、サウス・ストリーム建設が制裁もあって中止されるとなると、エネルギーを含めた東方シフトは加速される。ドイツのメルケル首相は建設再開を示唆、ブルガリア政府も同様に態度を変化させているが、基本的にヨーロッパ経済の低迷がロシアのヨーロッパ統合への意欲を減退させている。

他方、2014年11月のAPEC開催時にアルタイ・パイプライン建設などが進められ、5月に合意された「シベリアの力」などと併せてロシアの4割のエネルギーが東方を志向することになろう。ラブロフ外相は、中ロ関係は「テクノロジー的同盟」と考えられる一方、日本との関係では日米同盟を牽制する発言をしている。

もちろん、BRICS（ブラジル、ロシア、インド、中国、南アフリカ共和国）諸国全体が一気に反米に傾き、米ドル離れするようなことはないだろうが、少なくとも基軸通貨としての米ドルの威光にも陰りが見えることになりかねない。事実、BRICSは7月15日、BRICS開発銀行（正式には新開発銀行）を設立することで合意した。ロシアと中国が主導するかたちで、独自の金融システムを模索する動きが徐々にではあるが具体化しつつあるのだ。初代総裁はインド人だが、本部は上海となる。とくにインフラ整備での投資について欧米に対抗する中国の意図が強まろう。当然長い歴史を持つ欧米主導の金融システムが、すぐに転換するようなことはないとしても、少なくとも対抗措置の意味はあろう。

同様に設立を提唱した中国や賛意を示したロシア、インドだけでなく、ふたを開けてみるとドイツや英国まで創立に関わったことで世界を驚かせたのが2015年末に旗揚げしたアジアインフラ投資銀行（AIIB）である。中国の戦略、とくに一帯一路構想に投資することで、日米主導のアジア開発銀行と差異化した。もっとも中国人が総裁である一方、ロシアは存在感が薄く、その不満も透けて見える。

一方でロシアは、関税同盟を結ぶカザフスタンやベラルーシとの関係ですら、盤石というわけではなくなっている。現にカザフスタンでは、ナザルバエフ大統領が関税同盟脱退の可能性をほのめかした。実際に脱退するとは思えないが、ロシアの〝盟友〟も、ロシア世界優先というプーチンの強硬姿勢には困惑しているのだ。そうでなくともカザフスタン資源の4割以上が中国の手中にあると、ロシアの専門家は見る（マスロフ高等経済院教授）。

日本を重視せざるをえないプーチン

エネルギー紛争を一つの契機として、ロシアではヨーロッパ中心だったエネルギー輸出を改め、東アジアにシフトする動きが強まった。もちろん、中国経済が急速に台頭したこと、2011年の原発事故をきっかけにして日本での天然ガス需要が高まったことも影響している。2014年のウクライナ危機はさらなる決定打であり、急速に東方シフトが進んでいくだろう。

さらに、石油や天然ガスをウラジオストクで精錬して石油化学基地にするという構想も動き出した。また、北朝鮮の統合を促す目的もあって、韓国に鉄道や縦断パイプラインを通すという構想もある。日本とのガス・パイプラインも、原発や代替エネルギーより安価で確実なエネルギー源となりうる。世界のLNGガスの半分は日本と韓国が使っており、北東アジアに天然ガスをパイプラインで輸送することは、日本にとって価格交渉という意味でも重要であろう。

東日本大震災が起こる前までは、日本のロシアへのエネルギー依存度は、石油が4%、天然ガスはほぼゼロだった。それが2016年当初では、石油も天然ガスもおよそ9%をロシアから輸入している。なかでも石油輸入についてはもはやロシアを抜きにして、日本のエネルギーは語れなくなってきている。

米国がシェールガス革命によってエネルギーの輸入国からその輸出国になることは、最近の米国の中東離れや孤立主義の傾向に示される急速な外交・安全保障政策の転換に表れている。ウクライナ危機以前、1バレル＝100ドル前後だった原油価格は、イラン制裁解除の動きのなかで2016年初めには40ドルを切っている。同年7月現在は45〜50ドルといったレベルであるが、不安定な状況に変化はない。

いずれにしても、原油安とシェールガス革命によりエネルギー大国・ロシアの地位は脅かされている。中国でも、将来的には省エネ型のシェールガス革命が成功するかもしれない。プーチンは実際、シェールガス革命の影響を相当気にしている。ロシアとしては、米国によるシェールガスの貯蔵や輸送のメカニズムが完成する前に、一刻も早くアジアに出て優位性を保ちたいだろう。

このようにエネルギー大国であるロシアは、「北のサウジアラビア」的状況から脱却したいという思いが非常に強く、エネルギー以外の産業育成を多角的に志向するようになった。そこでプーチン政権がめざしているのが、エネルギー輸出の強化だけではなく、ハイテクやＩＴなどによる経済の近代化・多角化である。経済の近代化・多角化を進めるためには、支援を受けるためのパートナーが必要である。しかしウクライナ危機によって、欧米に頼ることは精神的にも難しくなった。中国は〝市場〟として魅力的だが、ロシアが期待する技術支援はあまり期待できない。結果的に最適なパートナーとして残るのは、日本となる。

先に、第四次産業革命がロシアのアジア・シフトを促すことになりうることを示唆したが、２０１６年５月のソチにおける安倍・プーチン非公式会談で安倍首相が提起した「安倍８項目」が新しいアジェンダを示しているように思われる。その８項目とは、⑴健康寿命の伸長、⑵快適・清潔で住みやすく、活動しやすい都市作り、⑶中小企業交流・協力の抜本的拡大、⑷エネルギー、⑸ロシアの産業多様化・生産性向上、⑹極東の産業振興・輸出基地化、⑺先端技術協力、⑻人的交流の抜本的拡大、である。興味深いのは、この会議直前にプーチンが極東のボストチヌイ基地からの宇宙船打ち上げに立ち会っていたことだ。

日米同盟が存在するがゆえに、安全保障上の配慮をしなくても日本との付き合いができる。逆説的だが、安全保障と経済協力の切り分けがしやすいという意味でも、プーチンは日本と手を組みたがっている、といえよう。

ウクライナ危機のさなか、ロシアはシベリア極東のエネルギー資源を「川上」、つまり元の資源を含め、その獲得に乗り出した。チャヤンダガス田や西シベリアの石油に象徴される中国の圧倒的プレゼンスを前に、ロシアのアジア専門家もまた、中国との関係が強まっていると指摘する。2015年11月に日本を訪問したセーチン・ロスネフチ会長は、率直に日本に有望な東シベリアでの川上、川下での投資を要請して日本人参加者を驚かせた。

また、2006年のESPO・パイプライン、2014年の「シベリアの力」パイプラインといった東に向かうパイプラインは、それまで欧米市場向きであった石油ガスなどがアジアに向かう契機となった。ただし、2003年に民間パイプラインを通じて中国とつながろうとしたユーコス社が民間パイプラインを敷こうとして、戦略資源とパイプラインの国有化を図ろうとしたプーチン政権との間で生じた確執が示すように、パイプライン施設をめぐる決定は文字どおり、地政学と地経学が交錯する場所でもある。事実、コビクタ、チャヤンダからガスを中国などの市場に運ぶ「シベリアの力」は、中国の前払いが期待できなくなったこともあってあまり進捗していない。

北極海航路の可能性

日本重視のさらなる根拠として、北極海航路についても触れておこう。地球温暖化の影響もあって、厚い氷によって航行が制限されてきた北極海が、現実的な航路に生まれ変わることが近い将来に期待されている。もちろんユーラシア大陸の東西を結ぶ主要な航路は、マラッカ海峡から紅海を抜けてスエズ運河を通る伝統的ルートであるが、中東での危機発生の懸念もあってこれからは問題含みかもしれない。仮に北極海航路が順調に開拓されることになれば、より短い時間でユーラシア大陸の東西を結ぶことが可能となる。

それまでどちらかといえば軽視されてきたが、プーチンのロシアは、「東方」とならんで「北方」を志向しているのが現実だ。地球温暖化とともに極東にいたるルート開発は急務となり、2018年からはヤマルネネツのLNG基地も開設される予定であり、それは夏場には東アジア市場へと搬送される。

また、テロ対策という意味でも魅力的だ。北極海航路には、今のところ、テロリストもイスラム過激派も海賊もいないため、安全性も高いルートであると言える。とはいえ、過去4〜5世紀にわたって世界の流通を支えてきた南回り航路が、一気に廃れることはない。それでも、米国の中東依存の低下とともにその安全保障には懸念が増す。速さと安全性の観点から、将来的には北極海航路の重要性が増していくことはまちがいない。

とりあえずはヤマル半島のLNGなど北極海周辺に眠る豊富な地下資源開発との絡みで北極海航路の開発は盛んになっていくだろう。当然ながら、日本も無関係ではない。北回りが欧州により近い。北極海航路をめぐっては、すでに日本の商船会社が、2018年から定期航路を持つという話が決まっている。問題点は、氷が溶ける夏場はともかく、冬場には砕氷船が必要となりコストがかかることだ。

また2015年9月にはウラジオストクで、東方経済フォーラムが大統領の肝いりで開かれた。責任者のトルトネフ副首相はあえて、日本の企業の対応の素早さを中国の遅れと対比させるといったリップサービスまで見せた。２０１６年9月に安倍首相が参加すれば日ロ関係の重みが増す。

この地域は新しい戦略的な地域ともなり、担当者のドミトリー・ロゴージン副首相らを中心に、エネルギー・資源超大国としての地位を保証できるかが課題である。経済制裁と２０１５年からのエネルギー価格の低落もあって、北極海航路がどう進展するかが問題となっている。人口が少なく、エネルギー基地を航空機やパイプラインといったネットワークで結んでいるのが現状である。したがってインフラなどは開発コストがかかる。

他方、中国は「中国の夢」としての「新シルクロード構想」を展開している。その中では、陸と海のルートに関心が向いているが、実は第三のアイス・シルクロードへの関心を深め出している。すなわち日本海から千島列島をへて、ベーリング海、北極海をめぐるルートである。しかし、これはロシアの安全保障も密接に絡んでくる。その一環としての中ロの共同ステーション構想が浮上したが、ロシア側が断ったといわれる。

千島列島の地政学的価値の高まり

さらに「東方」における極東開発と、「北方」における北極海開発が組み合わさったとき、きわめて重要な地理的ポイントとして浮上してくるのが、北方領土を含む千島列島である。北極海からアジアの国々へとエネルギーを輸送するには、ベーリング海から千島列島、オホーツク海を経て宗谷海峡を通り、日本海にいたるルートが最短かつ有望となる。つまり、千島列島は北極と南部へのゲートウェーであり、ロシアの東方シフトは、日本がカギを握っていることになる。

それは、日本外交にとっても大きな試練が訪れることを意味するだろう。ロシアの中国シフトが進めば進むほど、日本は中国とのバランスを失うからだ。そして、このことは日米関係にとっても百害あって一利なしだ。むしろ日本としては、ロシアと日本とが正常なパートナーとなったほうが東アジアの安定に役立つ。そのためには対ロ政策交渉をあきらめることなく、ウクライナでの建設的役割を含め、むしろレベルアップさせる必要があろう。

ロシアはこのように、政治・地理的超大国としての側面と、経済面・人口面では単なる技術経済大国という側面の混成である。新たに10の連邦大学建設や極東での宇宙基地建設、北極海企画など、科学技術でも近年ようやく連邦予算が使えるようになったが、再び２０１５年からの緊縮財政のもとで、依然として行使できるソフト・パワーはいまだに限定されている。

ロシアには国際政治的に依然として超大国としてのリソースと課題設定能力があることを示したのが最近のプーチンである。しかしロシアは、経済的には依然としてエネルギー大国ではあっても単なる大国でしかない。他方、シェールガス革命で中東依存が不要になった米国は、最近の中東でのジグザグと退出傾向はあっても、エネルギー価格の規定力は次第に米国に移ると、２０１５年11月に訪日したセーチン・ロスネフチ会長が語ったことは重要であろう。ロシアのジレンマは、この政治力と経済力との懸隔にある。

新しい展開としては、ウラジオストク自由港構想が２０１６年早々動き出した。ソ連崩壊後ロシアでもっとも遅れてきたのが、最近ロシア人が太平洋ロシアと言うようになった極東である。

２０１５年９月初め、ここではじめての東方経済フォーラムが開かれ、ウラジオストクの自由港が宣言された。経済的にも先進発展地域として、税制上の優位や投資が促進され出した。またビザも８日程度免除になるはずだったが、実際は簡素化であった。エネルギーの８割を中東に依存する日本は、直近はともかく、将来はエネルギー面でも戦略的関係パートナーとなろう。ちなみに、トルコとの紛争でもロシアがエネルギー制裁に動かなかったことに注目したい。

ペシコフ補佐官もまた、２０１５年11月のトルコで開催されたＧ20に際して、安倍首相とプーチン大統領との非公式首脳会談をロシアの地方都市で開くことを提案し、実際に２０１６年５月６日にソチ会談が設定された。そのソチでの日ロ非公式首脳会談では、２０１６年９月のウラジオストク東方経済フォーラムへの安倍首相の招待、その後年内のプーチン大統領訪日を含め、日程も決まりはじめている。

日本としても、ロシアと敵対するわけにもいかない。欧米にはそれができるかもしれないが、現代の超大国・中国を含むアジアにおいては、ロシアというプレーヤーもますます重要になってくる。そうした東西の地政学的差異をＧ７諸国に説明しながら、日本は対ロ政策を深めることができよう。その成否が、アジア、ひいてはグローバルな安全保障の確保にもつながるだろう。

日本は、Ｇ７諸国に対しても、ウクライナ問題を含め、ロシアとの対話を呼びかけていったほうが望ましい。いずれにしても日本は、東方に向かうロシアとの関係強化を各レベルで進めていくことが重要だ。アジアにありながらＧ７国であるというユニークな日本の地位と、中国にはないテクノロジーを通じて、対ロ外交を進めるべきであろう。

終章

揺れ動く世界を読み解く基盤としての宗教

英国EU離脱から見えてくるロシア

当時はまだソビエト連邦だったが、ロシアという国を研究する目的で1980年代に英国のバーミンガム大学のロシア東欧研究センターに滞在したことがある。そのロシアを理解するのに、英国という国が比較対象としても、また歴史研究の蓄積からも最適であると最近つくづく思うようになった。

ロシアがウクライナ紛争でG8から離脱したのにつづいて、今度は英国が国民投票でEU(欧州連合)から脱退することになった。英国がEUから離脱するとしたら、今度はスコットランドやアイルランドの連合王国からの独立問題が再燃しそうだ、という観測までがくすぶっている。

筆者に言わせれば、これもまた、この間のウクライナ紛争が引き起こした玉突き現象に見える。ソ連崩壊後のグローバリゼーションに対する一種の逆流現象であるとも言えるし、さらに言えば17世紀以降生まれた現代国際関係の源流であるウェストファリア体制が新たな転換期を迎えていることになってきたのかもしれない。ロシアがウクライナと別れ対立するとしたら、イングランドがスコットランドとも「ヨーロッパ」とも別れることに、実は不思議はない。

英国史家である君塚直隆の『物語イギリスの歴史』(中央公論新書、2015年)には、織田信長らがポルトガル人にこの島国の名前を聞いたら「イングレス」と答えたと記されている。隣国のスペインやフランス、スコットランド王国に挟まれ戦々恐々としていたこの国がやがて大国となり、スコットランドと合邦して大帝国になっていく(1707年)。その「英国」が、今またEUから離脱していくという「不思議な国」の姿は、実はロシアを理解するための鏡像でないだろうか。

そう思わせるほどイングレスを「ロシア」に、スコットランドをウクライナに置き換えると、この二つの国は似てくる。ロシアが「キエフ・ルーシ」の末裔ウクライナとの半世紀ほどの合邦話の末に帝国に成長するのが1721年である。「イングレス」のスコットランド王国との合邦による帝国への道に進んでから、わずか14年後のことだ。

ウクライナもロシアも、988年、キエフにあった「ルーシ」がキリスト教に受洗したことから始まった。その国が「ロシア帝国」となり、20世紀の革命的ドラマの中でソ連へと成長した。1991年末、そのソ連はウクライナの独立によって崩壊していった。カギはモスクワの選択であった。

その際、ウクライナがどこまでロシアなのか、それともヨーロッパなのか、という問題が常に絡んでいた。同じスラブ系でもポーランドはカトリックであり、ヨーロッパはその国境で終わると考える。あるいは、今のポーランド人はそうでもないかもしれないが、19世紀を通じて米国に移民した多くのウクライナ人、ポーランド人の末裔は、ロシアはヨーロッパではないと考えがちだ。そしてこのことが、2013年末からのウクライナ紛争の一つの引き金となったように思われる。ウクライナの未来をめぐる一種の国際的権力ゲームとなった。翌2014年2月、親ロ的と見られていたヤヌコビッチ政権が、欧米が仕掛けたといわれるクーデターによって崩壊した。今度は、その意趣返しのようにロシアがクリミア半島を「国民投票」によって併合した。

それから3年後、2016年半ばのウクライナの現況はといえば、EU自体が英国の離脱決定によって崩壊の危機に当面していることもあって、3年前のEU連携どころか、ウクライナにかかわれる余裕は今のEUにはないというのが現実だ。欧米諸国は金融支援をあきらめた。ウクライナ内戦はいっこうに終わっていない。2004年のオレンジ革命と同様、10年後のマイダン革命もまた「裏切られた革命」にすぎなかった。欧米もロシアも、肝心のウクライナが分断国家であったという冷酷な現実を学ぶのに3年かかった、ということである。

ロシアとウクライナとの関係は、東ローマ帝国という「第二のローマ」由来の正教国家の影響下で形成された。その故地がオスマン・トルコによりイスラム化した1453年後、いかに対応するかという問題がキリスト教世界全体で生じた。

併合と独立、そもそも「ロシア」にウクライナはどうかかわってきたのか。ウクライナはロシアの一部なのか、それともまったく別なのか。

この問題はロシアとは何かという、すぐれてモスクワによる選択の問題でもあった。「第三のローマ」という「国民国家」の選択をロシアは17世紀末に拒否し、最終的にロシアはウクライナと合邦することで帝国化した。帝国は軍事を含めヨーロッパをめざし、「近代化」した。

ロシアは「第二のローマ」をいつかは奪還するという国家目的も持っていた。したがって、かつてはギリシャ植民地で、ユダヤ系トルコ人やタタール系が住んでいたクリミア半島がロシア帝国の新たな軍事拠点となった。開発したのはドイツ人女帝のエカテリーナである。

同時に地政学もまた関与した。この陸の帝国は、海の帝国である大英帝国の絶妙なランニングメイトとなった。ナポレオン戦争で双方が協力して勝利してから1914年にいたるまで、実に100年間ほど両国は競合しつつ、協調してきた。ヨーロッパとユーラシアは、好き嫌いは別として安定化した。ロマノフ王朝は英国の王室と縁戚関係でもあった。

もっともクリミア戦争に見られるように、聖地管理権という宗教上の理由よりも、大陸におけるパワーバランスを英国は重視し、パワー・ポリティクスを拒否しなかった。宗教の代わりに地政学がキーワードとなった。

地政学と宗教的次元への回帰

ウクライナとロシアの対立に始まるポスト冷戦の最新頁は、こうして現在、ヨーロッパだけでなくグローバル秩序の再編成を生み出している。グローバルな金融、エネルギーから産業までの革命に、宗教もまた微妙な国際政治的ニュアンスを帯びている。グローバル化のもとで消えかかっていた「主権」をロシアが行使しているが、それは同時にそのままでは孤立の道でもある。

しかしロシアがヨーロッパ的グローバリズムから離れるのと同時に、今度は英国がEUから離脱する経緯をたどっているかのようだ。そうするとスコットランドに続いて、カトリックのアイルランドまでもが連合王国から独立の道を歩むかもしれない。

そうでなくとも「3兆ドル」以上（スティグリッツ教授）を費した米国のイラク戦争はISを生み出すにいたった。シェールガス革命ともあいまって米国は孤立主義の傾向がますます強まっている。もっともこの傾向ももとはといえば米国の「例外主義」とコインの裏表の関係でもあった。

こうしてウェストファリア体制以来の「政教分離」に基づく主権国家体系という現代国際政治の基礎が揺らぐことになる。ロシアの主張する「主権」という、グローバリズムへのややアナクロニズム的主張が、いまやグローバル世界を引き裂こうとしている。

これまではロシア「帝国」も、ソ連邦も、ウクライナというネーションを事実上「ロシア」の一部としか見なかった。しかし、いったんウクライナが独立してみると、どうしても地政学と宗教的次元が戻ってくる。ウクライナが自己主張すればするほど、モスクワもまた独自のアイデンティティがより浮かび上がる。ウクライナがヨーロッパに回帰しようとするとき、ロシアは自立的な「第三のローマ」にこだわる。つまりは「北東ルーシ」＝ロシアといわれた固有性への回帰だ。

問題は、単に旧ソ連圏や現社会主義国での潮流だけではない。現代の中東やユーラシアの紛争地域は、かつての宗教的対立地域であった例が少なくない。ソ連やユーゴスラビア、あるいはイラク、シリアのバース党（アラブ社会主義）などを含め、20世紀という「社会主義の世紀」によって覆い隠された古い宗教などに起因する紛争が新しいかたちでよみがえってきた感がある。19～20世紀の啓蒙と無神論の時代は21世紀にはグローバルに転換し、脱世俗化しつつあるが、その先頭を走っているのはロシアだ。

何より「イスラム国」ＩＳを掲げ、カリフ制復活を主張する勢力が中東で台頭、20世紀的世俗化に対する反動的潮流が強まっている。イスラム原理主義と呼ばれる潮流は7世紀のムハンマドの世界に戻れと主張し、これまた欧米社会との距離を広げている。テロや難民問題におびえる世界だが、その根底には中東、スラブ世界でも牢固として生き残った宗教といった岩盤が存在し、そこに根づく紛争が露頭しているのかもしれない。

それに由来するシリア難民などが、ＥＵというボーダーレスな世界を回路として無制限に入りはじめたとき、英国をはじめとする「主権」が目を覚ました。冷戦後、世界は核戦争の恐怖から解放されたと思ったが、代わって「隣に住む」異教徒のテロという「安全」への脅威を感じた。

このような危機に対して「テロ」という無機質な、想像力をかきたてない表現しか持ちえないところに、現代文明が持つ危機の暗渠があるのではないか。政治に宗教を持ち込まない、ということが現代世界の出発点となった。１６４８年に成立したウェストファリア体制である。しかし、その根底が揺らぎはじめているかのようだ。

そのもっとも遅れた反動的な国とマルクスをして言わしめた「ロシア帝国」で20世紀に革命が起き、一部の人々には最先端のイデオロギーと思われたマルクス主義の無神論、イデオロギーによる政治が代わって導入された。宗教といったカテゴリーは本当に歴史から放逐されたと理解する論者も多かった。しかしそうは問屋が卸さなかった。１９９１年、ソ連邦は崩壊し、宗教は復活した。

冷戦後、イデオロギーの代わりとなるのは民族主義だと言った学者や評論家が多かった。しかし21世紀の今日、現代世界の危機の根底にあるのは、たかだか１５０年程度の歴史を持つ「想像の共同体」＝ナショナリズムでもなかったようだ。という言い方がもし誤解を招くなら、それだけではなかった。地政学といった言い方で解く立場も復活したかに見えるが、もちろん古い19世紀的な教義の焼き直しというよりも、もっと古い宗教とか、文明といった見えにくい次元が、現代世界を覆っている危機をより理解するためのカギとなる。歴史と政治の基盤としての宗教が絡むからだ。

そのロシアは、ウクライナとの協調と競合、そして支配と対立というサイクルを繰り返してきたが、その在り方は、グローバル秩序そのものの縮図でもあろう。ロシアが帝国化する以前の古儀式派的ロシア、プーチン・ロシアの思わぬ「岩盤」が、ウクライナ危機を通じて露呈した。しかしそれは、実はロシア革命からソ連崩壊まで、通奏底音のようなかたちで響き続けていた問題でもあった。

21世紀になって明らかになったことは、ロシア革命を担った人々の多くが、この古儀式派的世界で育った人々であったことだ。「ボルガ」生まれだが無神論的な革命家レーニンは直接は無関係であったようだが、ソビエトの国家元首のカリーニンをはじめ1920年代の反体制派的革命家シュリャプニコフや、古儀式派村で隣同士であった二代目首相ルイコフ、三代目のモロトフ、あるいはレニングラード攻防から冷戦初期の「闘士」ジダーノフ、マレンコフ、ブルガーニン、そしてソ連崩壊にかかわるモスクワの政治家、アンドロポフ、グロムイコ、ウスチノフ、それにエリツィン、おそらくプーチンも含め、こうした人々はロシア主義の源流、古儀式派的環境にいた人々である。その度合や因果関係の解明は、筆者の次の課題となろう。

G7の日本だが、岡目八目というか、ウクライナ紛争やその制裁に深入りしなかったことは賢明であったと思う。その結果ともいえる日ロ新時代の問題を含め、本書がそのような変貌するロシア政治解明の一助となれば幸いである。

末筆になったが、本書は日本経済新聞出版社の田口恒雄氏のお勧めによって出版のはこびとなったことに感謝したい。またこの間、原稿の一部についてコメントいただいた山崎貫氏、国際問題研究所のプロジェクトや古儀式派研究会の皆様にも御礼申し上げたい。

参照文献

朝日新聞国際報道部『プーチンの実像——証言で暴く「皇帝」の素顔』朝日新聞出版、２０１５年。

油本真理『現代ロシアの政治変容と地方』東京大学出版会、２０１５年。

石川陽平『帝国自滅——プーチンvs新興財閥』日本経済新聞出版社、２０１６年。

石郷岡建『ソ連崩壊１９９１』書苑新社、１９９８年。

黒川祐次『物語ウクライナの歴史』中央公論新社、２００２年。

佐藤親賢『プーチンの思考』岩波書店、２０１２年。

同『プーチンとG８の終焉』岩波新書、２０１６年。

塩原俊彦『ウクライナ・ゲート』社会評論社、２０１４年。

下斗米伸夫『独立国家共同体への道』時事通信社、１９９２年。

同『スターリンと都市モスクワ——１９３１－34年』岩波書店、１９９４年。

同『ロシア世界』筑摩書房、１９９９年。

同『ロシアとソ連——歴史に消された者たち』河出書房新社、２０１３年
同『プーチンはアジアをめざす』NHK出版新書、２０１４年。

下斗米伸夫編『ロシア史を知る50章』明石書店、２０１６年近刊
高木徹『ドキュメント戦争広告代理店——情報操作とボスニア紛争』講談社、２００５年。

中井和夫『ウクライナ・ナショナリズム——独立のディレンマ』東京大学出版会、１９９８年。

山我哲雄『キリスト教入門』岩波ジュニア新書、２０１４年。

ケント・E・カルダー（杉田弘毅監訳）『新大陸主義——21世紀のエネルギーパワーゲーム』潮出版社、２０１３年。

A・キリチェンコ（川村秀編、名越陽子訳）『知られざる日露の二百年』現代思潮新社、２０１３年。

A・グロムイコ（読売新聞社外報部訳）『グロムイコ回想録——ソ連外交秘史』読売新聞社、１９８９年

(A.A.Gromyko,Pamyatnoe,kn.1,1988.12)。

A・ソルジェニーツィン（木村浩訳）『甦れ、わがロシアよ』日本放送出版協会、１９９０年。

ティモシー・スナイダー（池田年穂訳）『赤い大公：ハプスブルク家と東欧の20世紀』慶応義塾大学出版会、２０１４年。

N・ゲヴォルクヤン『プーチン、自らを語る』扶桑社、２０００年。

ポクロフスキー（石堂清倫訳）『ロシア史Ⅰ』勁草書房、１９７５年（M.Pokrovskii,Ruskaya Istoriya v samom czhatom ocherke,M.,1934)。

マヴロージン（石黒寛訳）『ロシア民族の起源』群像社、１９９３年。

ロバート・コンクエスト（白石治朗訳）『悲しみの収穫』恵雅堂出版、２００７年。

M.Artamonov, *Istoriya khazar*, L., 1962.
Atlas sovremennoi religioznoi zhizni Rossii, t.1-3, M., 2006.
A.S.Baburin, *Krym naveki s Rossiiei*, M., 2014.
N.Berdyaev, *Padenie Svyashennogo Russkogo Tsarstva*, Astrel.2007.
V.Buldakov, *Krasnaya smuta, priroda i posledstviya revolutsionnogo nasiliya*, Rosspen, M., 2010.
F.Chuev, Sto sorok vesed s Molotovym, M., 1992.
Dnevnik Evromaidana, *Revolyutsia glazami zhurnalistov reportera*, Kiev, 2014.
A.Dugin, *Putin protiv Putina, Byvshii budushii president*, M., 2012.
D.Doder, *The Yugoslavs,* Newyork, 1978.
Dnevnik Evromaidana, Revolyutsia glazami zhurnalistov reportera, Kiev, 2014.
S.Byshkov, A.Kochetov, *Evromaidan imeni Stepana Bandery, ot demokratii k diktature*, M., 2014.
Engaging Russia: A Return to Containment?, The Triple Commission, 2014.
Epokha Yeltsina, Ocherki politicheskoi istorii, M., 2001.
L.N.Gumilev, Ot Rus k Rossiya, M., 1994.

A.Grinchikova, Raskol ili sryv Russkoi reformatsii?, M., 2008.
IMEMO, *Rossia v sisuteme mezhdunarodnikh otnoshenii blizhaishego desyatiletiya*, M., 1995.
D.Kiezza, *Voina Imperii, Vostok Zapad*, M, 2006.
V.O.Klyuchevskii, Sochneniya, t.1-6, M., 1957.
I.A.Kurlyandskii, *Stalin, vlast, religiya,* M., 2011.
Aleksei Miller, *Ukrainskii vopros v Rossiiskoi imperii*, Kiev, 2013.
O.Matveichev, A.Belyakov, *Krymskaya vesna 30 dnei, kotorye potryali mir*, M., 2014.
Mechta o russkom edinstve, Kievskii synopsis (1674), M., Izd. Evropa, 2011.
A.Migranyan, *Russia v poiskakh identichinosti*, M., 1997
Rossiya. Ot khaosa k poryadku? M., 2001.
Y.Mukhin, *Kak natravit Ukrainu na Rossiyu*, Yauza.2014.
P.Milyukov, *Ocherki po istorii Russkoi kulitury*, CP., 1904.
V.Nikonov, *Epokha peremen*, M., 1999.
Epokha peremen, M., 1999 *Kod tsivilizatsii, chto zdet Rossiyu v mire budushego?* M.2015.
V.Pastukhov, *Ukrainskaya revolutsia i Russiskaya kontrrevolyutsia*, M., 2014.
Aleksandr Putin, *Rod prezidenta Putina*, 2013.
Mikhail Polikarpov, *Oborona donbassa, Igor Strelkov*, Knizhni Mir, 2014.
Boris Minaev, *Yeltsin*, M., 2014.
Viktoria Putinina, *Pochemu Ukraina ne Evropa*, Algoritm., 2010.
A.Pyzhikov, *Grani russkogo raskola, zametki o nashei istorii ot 17 do 1917 goda*, M., 2013.
Korni Stalinskogo bolshevisma, M., 2015.
V.K. Semibratov, *Dukhovnaya kul'tura staroobryadchestva v kontse 19-perboi treti 20 v.Kirov*, 2005.
L.Shevtsova, *Rossiya Putina,* izd.2-e, Fond Carnegie, Washington, 2005.
Sovetsko-Izraliskie otnosheniya, dokumenty, 1941-1953, t. 1 kn. 1-2, Mezhdunarodnyie otnosheniya, 2000.

N.Starikov, D.Belyaev, *Rossiya, Krym, Istoriya*, Piter, 2015.
Rossiya-Ukraina 1990-2000, dokumenty i materialy, M., 2001.
A Tsipko, *Pochemu ya ne "demockat"*, M., , 2005
Perestroika kak Russkii proekt, M., 2014.
Boris Yeltsin, *Prezidentskii* Marafon, M., 2000.
M.Z. Zakiev, *Tatary, problemy istorii i yazika*, Kazan, 1995.
Sergei Zenkovskii, *Russkoe staroobryadchestvo*, Tserkovi(reprint), 1995.
Mikhail Zygar, *Vsya kremlevskaya rat, Kratkaya istoriya sovremennoi Rossii*, M., 2016.

J.Billington, *The Icon and the Axe*, 1966.（藤野幸雄『聖像画と手斧』勉誠出版，２０００年）
T.Bremer, *Cross and Kremlin, A Brief History of the Orthodax Churchin Russia*, W/ B. Erdmans Publishing Company, U.K, 2013.
G.Bush, B.Scowcroft, *A World Transformed*, AlphredA. Knopf, 1998.
Timothy Colton, *Yeltsin: A Life*, Basic Books, 2011.
J.Cooper, *Russia's state armament programme to 2020*, FOI, 2016.
A.Dynkin（ed.,）, *Global Perestroika, Transformations of the World Order, Ves Mir Publishers,* Moscow, 2015.
J.Huang and A.Korolev, *International Cooperation in the Development of Russia's Far East and Siberia*, Palgrave/Macmillan, 2015.
G.Hosking, *Rulers and Victims, the Russians in the Soviet Union*, Belknap, 2000.
H.Kissinger, *World Order, Reflections on the Character of Nations and the Course of History,* Penguin, 2015.
Marcel H. and Van Herpen, *Putin's Propaganda Machine, Soft Power and Russian Foreign Policy,* Rowman & Littlefield Publishevs, 2015.
BoBo Lo, *Russia and the New World Disorder,* Chatham House, 2015.
Catherine Merridale, *Red Fortress, History and Illusion in the Kremlin*, Metropolitan Books, New York, 2013.

Robin Milner-Gulland, *The Russians, The People of Europe*, Wiley-Blackwell, 1997.
Michael A.Reynolds, *Shattering Empires, The Clash and Collapse of the Ottoman and Russian Empires 1908-1918*, Cambridge University Press, 2011.
Lilia Shevtsova, *Putin's Russia*, Carnegie, 2005.
Timothy Ware, *The Orthodox Church*, New Edition, Penguin, 1993
The Orthodox Way, Crestwood, 1995.
Andrew Wilson, *The Ukrainians, Unexpected Nation*, Yale University Press, 2009.
Ukraine Crisis: What it Means for the West, Yale University Press, 2014.

なお本書では、欧米ロシアなどの多くの雑誌、新聞も参照・引用しているが、参照文献では煩瑣となるため最低限にしている。それでもNauka i Religiya（科学と宗教）はNR、Nezavisimaya Gazeta（独立新聞）はNG、その付属の宗教特集はNGR、Ekspert はE、Vestnik Evraziia（ユーラシア通報）はVEといった風に省略して表記している。

ヤクーニン、グレブ　85
ヤクーニン、ミハイル　213
ヤコブレフ、アレクサンドル　88, 217
ヤゾフ、ドミトリー　90
谷内正太郎　354
ヤツェニューク、アルセニー　260, 267, 278
ヤヌコビッチ、ビクトル　229, 231, 235, 259～261, 264, 266, 267, 279, 367
ヤブリンスキー、ゲオルギー　191, 247
山我哲雄　65
ヤルゼルスキ、ヴォイチェク　86
ヤルリカポフ、アハメット　156
ユーシェンコ、ビクトル　259, 260, 262
ユスーポフ、フェリックス　32, 187
ユルゲンス、イーゴリ　273
ヨハネ・パウロ2世（教皇）　85, 316

【ら】

ライス、コンドリーザ　301
ラーザル、ベレル　172
ラザレンコ、パブロ　252
ラストルグーエフ、バレリー　149
ラスプーチン、グリゴリー　176, 186
ラスプーチン、リレンチン　89
（ラビ）シャエビッチ、アドルフ　170
ラブロフ、セルゲイ　136, 325, 353, 355
ランサム、アーサー　98
李鳳林　202
リーベン、アナトール　266
リーベン、ドミニク　53
リトビネンコ、ウラジーミル　203, 342
リャブシンスキー、ウラジーミル　183
リャブシンスキー、ステパン　182
リュディゲル、アレクセイ（アレクシー2世）　141
ルイコフ、アレクセイ　40, 81, 121, 172, 227, 372
ルーズベルト、フランクリン　24
ルカシェンコ、アレクサンドル　274
ルキヤノフ、アナトリー　89, 93, 246
ルキヤノフ、フョードル　218, 273
ルシコフ、ウラジーミル　254, 255, 273, 346
ルシコフ、ニコライ　343
ルシコフ、ユーリー　122～124, 151, 197
ルナチャルスキー、アナトリー　116, 133, 183, 212, 215
レイノルド、マイケル　330
レーニン、ウラジーミル　40, 45, 76, 79, 80, 82, 83, 90, 133, 147, 171, 172, 176～179, 181～183, 188, 200, 215, 244, 311, 352
レーベジ、アレクサンドル　255
レブゴロド、ロバート　276
レムチューク、コンスタンチン　270
ローズ、セシル　305
ロゴージン、ドミトリー　263, 269, 285, 362
ロゴフ、ウラジミール　270
ロゾフスキー、スロモン　168, 169

【わ】

ワイノ、アントン　285, 347
ワウェンサ（ワレサ）、レフ　86
ワシレフスキー、アレクサンドル　40, 79

ホドルコフスキー、ミハイル　166, 171, 201, 202, 205, 259, 285, 288, 342
ボフト、ゲオルギー　287
ボボ、ロー　9
ポポフ、ガブリール　122
ボルトニコフ、アレクサンドル　240
ホルブルック、リチャード　48
ボロシーロフ、クリメント　40, 81, 96, 116, 123
ポロシェンコ、ペトロ　94, 261, 269, 273, 278, 281, 286, 294
ボロジン、ビャチェスラフ　106, 107, 184, 214
ボロダイ、アレクサンドル　232
ボンチ＝ブルエビッチ、ウラジーミル　80, 115

【ま】

マイスキー、イワン　168
マカルキン、アレクセイ　143
マキャベリ、ニコロ　123
マクナマラ、ロバート　58
マクフォール、マイケル　316
マゴメドフ、マゴメドサラム　159
マスロフ、アレクセイ　357
マックフォール、マイケル　205
マトビエンコ、ワレンチナ　329
マラシェンコ、アレクセイ　159, 304, 317
マラフェーエフ、コンスタンチン　148, 232
マルクス、カール　45, 51
マルコフ、セルゲイ　218
マレンコフ、ゲオルギー　79, 372
マロフェーエフ・コンスタンチン　213
ミーニン、クジマ　210
三浦清美　10
ミグラニャン、アンドラニク　128, 271
ミコヤン、アナスタス　81
ミズーリナ、エレーナ　184, 207
ミナエフ、セルゲイ　257
ミナエフ、ボリス　122
ミニハノフ、ルスタム　165
ミハイロビッチ（皇帝）　37, 71, 73, 109, 241
ミャスニコフ、アレクサンドル　40
ミリュコフ、パーベル　69, 73, 99, 244
ミロシェビッチ、スロボダン　49
ミンチェンコ、エフゲニー　218
ムソルグスキー、モデスト　28
ムルシー、ムハンマド　300, 319, 322
メジンスキー、ウラジーミル　134, 178, 355
メドベージェフ、ドミトリー　7, 105, 134, 163, 165, 205, 225, 261, 264, 273, 286, 288, 308, 326, 334, 344〜346, 355
メドベチューク、ビクトル　255, 260
メリデール、キャサリン　76
メリニコフ、フョードル　85
メリニコフ＝ペチェルスキー　112
メルケル、アンゲラ　290, 293, 356
モロゾフ、オレグ　107
モロゾフ、サッバ　113, 179
モロゾフ、ビャチェスラフ　182, 183
モロトフ、ビャチェスラフ　40, 54, 79, 81, 86, 110, 169, 262, 372

【や】

ヤクーニン、ウラジーミル　184, 211, 262

143, 151, 166, 176～178, 181, 182, 184, 187, 192～194, 195, 197～199, 202, 204～206, 208, 214, 240, 257, 258, 260, 262, 275, 277, 284～286, 288, 292, 293, 296, 302, 314, 315, 319, 320, 325, 326, 329, 334, 335, 337, 339, 340, 345, 353, 363, 364, 372
プーチン、シメオン・フョードロビッチ　186
プーチン、スピリドン　176, 179, 186, 188, 189
プーチン、ファデイ・ヤキモビッチ　186
プーチン、ミハイル　188
プーチン、ヨシフ　190
フールツェワ、エカチェリーナ　188
フェドトフ、ミハイル　125
フェリゲンガウエル、ペーベル　291, 327
フセイン、サダム　301, 302, 319
ブッシュ、ジョージ、H・W　91
ブッシュ、ジョージ・W　258
ブハーリン、ニコライ　80, 85, 121, 137
ブブノフ、アンドレイ　40, 79, 133
フメリニツキー、ボフダン　70, 71
フラトコフ、ミハイル　259, 342
プラトノフ、アンドレイ　209
フランシスコ（教皇）6, 12, 284, 315, 316
フリードマン、ミハイル　171
プリバロフ、セルゲイ　134
プリマコフ、エフゲニー　49, 57, 59, 106, 151, 171, 191, 197, 198, 211, 254, 255, 257, 268, 272
ブルガーコフ、セルゲイ　154, 215
ブルガーコフ、ミハイル　85, 121, 154
ブルガーニン、ニコライ　40, 79, 372
フルシェフスキー、ミハイロビッチ　242
フルシチョフ、ニキータ　5, 29, 71, 79, 83, 91, 193, 209, 227, 238, 246, 253
ブルダコフ、ウラジーミル　176
ブルブリス、ゲンナジー　247, 249, 250
フルンゼ、ミハイル　79
ブレジネフ、レオニード　79, 83, 91, 137, 209, 227
ブレジンスキー、ズビグネフ　274
ブローク、アレクサンドル　212
プロハノフ、アレクサンドル　209, 252, 269
プロハノフ、イワン　209
プロハノフ、ゲオルギー　208, 270
フロポーニン、アレクサンドル　162
ペシコフ、ドミトリー　364
ペトロ、ニコライ　59
ベネディクト16世（教皇）315
ベネディクトフ、アレクセイ　268
ペリー、ウィリアム　58
ベリヤ、ラブレンチー　193
ベルジャーエフ、ニコライ　14, 42, 85, 115, 176, 182, 215～217, 273
ベルルスコーニ、シルビオ　315
ベレゾフスキー、ボリス　166, 191, 197, 259, 260
ベロフ、ワシリー　89
ボービン、アレクサンドル　193
ポクロフスキー、ミハイル　39, 133
ポジャルスキー、D・M　212
ポチョムキン（公爵）32
ホッブス、トマス　44

トロツキー、レオン　80, 81, 147, 172, 227

【な】

ナウムキン、ビタリー　265, 318
なかにし礼　111
ナゴルニー、アレクサンドル　271
ナザルバエフ、ヌルスルタン　96, 357
ナバリヌイ、アレクセイ　285
ナビウリナ、エリビラ　155
ナルイシキン、セルゲイ　262, 263, 346
ナロチニツカヤ、ナターリャ　145, 269
ナロチニツキー、アレクセイ　145
ニーコン（総主教、改革）　28〜30, 35, 69, 70, 74, 78, 81, 98, 108〜110, 135, 180, 256, 257, 310
ニーチェ、フリードリヒ　51
ニキータ・ミハルコフ　262
ニコノフ、ビャチェスラフ　54, 262
ニコラエフ、ミハイル　204, 289
ニコリスキー、ニコライ　39
ニネリナ、ユリヤ　140
ヌーランド、ビクトリア　230, 266, 267, 292, 302
ネタニアフ、ベンヤミン　326
ネブズリン、レオニード　171
ネムツォフ、ボリス　106, 273, 290
ノギン、ビクトル　79, 116, 172

【は】

ハーパー、スティーブン　279
ハーバーマス、ユルゲン　14, 46, 103
バイダコフ、ミハイル　211, 213
バイデン、ジョー　205
バザーロフ、ウラジーミル　116
バサエフ、シャミーリ　194
パストゥホフ、ウラジーミル　244, 259, 273, 275
ハスブラートフ、ルスラン　102, 154
ハッタブ、アミール　194
バドフスキー、セルゲイ　216
バドラクマール、メルクランガラ　330
パトルシェフ、ニコライ　240, 344, 354
パネッタ、レオン　303
バブーリン、セルゲイ　253, 255, 269
ハブトジノフ、アイダル　164
パブロフ、ワレンチン　89
ハマド（国王）　329
ハルチェフ、コンスタンチン　87, 88
バンダル（王子）　161, 194, 264, 291, 328
ハンチントン、サミュエル　33, 42, 53, 57
ピジコフ、アレクサンドル　78, 80, 180, 185
ヒトラー、アドルフ　238
ピャット、ジェフリー　231
ピョートル（大帝）　31, 37, 69, 73, 74, 101, 104, 110, 352
ヒル、フィオナ　192
ビルト、カール　266
ファデーエフ、ワレリー　271
ファリコフ、ボリス　87
フィロフェイ（修道士）　7, 27
プーシキン、アレクサンドル　28
プーチナ、アンナ　188, 190
プーチン、アレクサンドル　185, 186
プーチン、アンドレイ　189
プーチン、ウラジーミル　3, 14, 15, 24, 41, 43, 49, 57, 64, 77, 80, 106, 125,

ステパーシン、セルゲイ　106, 191, 211, 257
ストルーベ、ピョートル　45
ストレルコフ、イゴール　213, 233
スナイダー、ティモシー　222, 242, 276
スリペンチューク、ミハイル　346
スルコフ、ウラジスラフ　158, 195, 198, 213, 216, 292
スルコフ、ビャチェスラフ　105, 270
ズロービン、ニコライ　218
セーチン、イーゴリ　203, 328, 345, 346, 348, 360, 363
セマシノ、イホル　241
ゼルジンスキー、フェリックス　192
ソーロキン、ピティリム・A　215
ソクーロフ、アレクサンドル　179
ソビャーニン、セルゲイ　124
ソプチャーク、アナトリー　177, 191
ソルジェニーツィン、アレクサンドル　100, 248
ソロウーヒン、ウラジミル　89

【た】

ダウトゥール、アフメト　268, 331
タジュッディン、タルガット　135
タミム、サーニー　323, 329
タラネツ、セルゲイ　38
タルボット、ストルーブ　192, 274
チーキン、ワレンチン　89
チーホン＝シェフクノフ（僧院長）　144, 210
チェルネンコ、コンスタンティン　86
チェルノムイルジン、ビクトル　191, 254
チホミロフ、ビクトル　180, 183
チャーチル、ウィンストン　24
チャプリン（長司祭、ロシア正教会渉外部長）　126, 135, 149
チャペック、カレル　351
チュバイス、アナトリー　250
張成沢　348, 355
チョルノブイル、ビャチェスラフ　92
チンギス・ハン　7, 56
ツィプコ、アレクサンドル　128, 217, 218, 272
ツェレテリ、ズラブ　123
月村太郎　48
ツチコフ、エフゲニー　141
ティモシェンコ、ユリア　226, 259〜261
ディンキン、アレクサンドル　274, 280, 318
デリャーギン、ミハイル　269
デリューシン、レフ　193
ドゥーギン、アレクサンドル　181, 208, 252, 257
ドゥドコ、ドミトリー　146, 147
トゥルチノフ、オレクサンドル　267
ドストエフスキー、フョードル　38, 77, 112, 178
ドブルイニン、アナトーリー　170
トムスキー、ミハイル　79
ドラチ、イワン　92
トランプ、ドナルド　305
トルストイ、レフ　24, 77, 114
トルトネフ、ユーリー　334, 345, 361
トルベツコイ、ニコライ　336
トレーニン、ドミトリー　273, 276
トレチャコフ、ビターリー　269

ケストラー、アーサー　167
ケナン、ジョージ　58, 169
ケリー、ジョン　331
ゲルツェン、アレクサンドル　45
ゲンシャー、ハンス＝ディートリヒ　47
コーエン、スティーブ　223, 276
ゴーゴリ、ニコライ　121
コーズイレフ、アンドレイ　59, 249, 254
ゴーリキー、マクシム　116, 183, 212, 215
ココーシン、アンドレイ　343
コザック、ドミトリー　158
コズイレフ、アンドレイ　171
コスチン、コンスタンチン　216
コストマロフ、ニコライ　112
コノバロフ、アレクサンドル　183
ゴルシコフ、アレクサンドル　336
コルトン、ティモシー　257
ゴルバチョフ、ミハイル　41, 57, 64, 84, 86, 89〜93, 204, 217, 263
ゴルバチョフ、ライサ　92
ゴロシャポフ、コンスタンチン　211
コロモイスキー、イーゴリ　282
コンクエスト、ロバート　97, 223, 276
コンスタンチヌス帝　26

【さ】

サーカシビリ、ミヘイル　310
崔竜海　355
ザイヌーリン、ザキ　164
サクワ、リチャード　223
サタノフスキー、エフゲニー　171, 322, 326, 327
ザトゥーリン、セルゲイ　145, 256
ザハルチェンコ、アレクサンドル　233
シードロフ、ワジム　164
シーモノフ、コンスタンチン　25
シェフクーノフ、ゲオルギー　144
シェフチェンコ、ミハイル　269
シェフツォバ、リリヤ　273
シコルスキ、ラドスクフ　266, 276
ジダーノフ、アンドレイ　40, 79, 246, 372
シチェルビツキー、ウラジーミル　92
ジノビエフ、グリゴリー　81, 172, 227
ジミャーニン、ミハイル　87
シャイミーエフ、ミンチメル　151, 162, 163, 204
シャエビッチ、アドルフ（ラビ）　135
シャフナザーロフ、ゲオルギー　193
ジュガーノフ、ゲンナジー　57, 67, 252
ジュガリ、ミハイル　246
シュベルニク、ニコライ　40, 116
シュリャプニコフ、アレクサンドル　40, 79, 172, 372
シュワロフ、イーゴリ　346
ショイグ、セルゲイ　151, 173, 197, 213, 240, 285, 326, 345, 353
ジリノフスキー、ウラジーミル　218
スースロフ、イリヤ　106
スースロフ、ミハイル　40, 80, 88, 106, 137
ズーボフ、アンドレイ　11, 107, 111, 243
スコウクロフト、ブレント　91
スココフ、ユーリー　247
スターリン、ヨシフ　5, 24, 45, 57, 75, 76, 80, 82, 83, 88, 90, 96, 104, 110, 120, 123, 133, 147, 169, 170, 209, 238, 263, 311, 352
スティグリッツ、ジョセフ　369

オバマ（大統領） 284, 285, 300, 303, 316, 319

【か】

カーバー・ジョージタウン 231
カーメネフ、レフ 172
カガノビッチ、ラーザリ・M 121, 123
カシヤノフ、ミハイル 259, 342
カチャノフスキー、イワン 230
カディロフ、ラムザン 159, 161, 196, 290
カラガノフ、セルゲイ 250, 271, 343
カラムジン、ニコライ 72
カラムルザ、セルゲイ 54
ガリ、ブトロス 47, 48
カリーニン、ミハイル 40, 79, 81, 116, 172, 181, 227, 372
ガルシカ、アレクサンドル 345
カルダー、ケント 306
カントール、ビャチェスラフ 171
岸田文雄 353
キセリョフ、エフゲニー 274
ギゼリ、イノケンチー 71, 242
キッシンジャー、ヘンリー 44, 50, 53, 223, 275, 280, 304
君塚直隆 366
金敬姫 355
金正日 355
金正恩 355
ギャディ、クリフォード 192, 193
ギャディス、ジョン・ルイス 58
キリエンコ、セルゲイ 191
キリル（総主教） 6, 12, 64, 103, 125, 142, 143, 263, 284, 312, 314, 315
キリルとメフォディ 66
キンチェフ、コンスタンチン 147
クジミノフ・ヤワスラフ 343
グシンスキー、ウラジーミル 123, 166, 171, 197, 259
グチコフ、アレクサンドル 113, 182
クチマ、レオニード 252, 258, 280
クトゥゾフ、ミハイル 165
グドコフ、レフ 140
クドリン、アレクセイ 287
グバリョフ、パーベル 270
グミリョフ、レフ 101, 153, 248
クラーシン、レオニード 177, 183
グラジェフ、セルゲイ 269
クラフチューク、レオニード 92, 93, 246, 247, 249, 251, 253, 258
グラムシ、アントニオ 68
グリズロフ、ボリス 292
クリチェフスキー、ワシリー 244
クリブシナ 150
クリム・ハン 56
クリャムキン、イーゴリ 273
クリャンスキー 81
クリューエフ、ニコライ 209
クリュチェフスキー、バシリー 72, 100
グリンチコバ、アノーラ 78
グリンベルグ、ルスラン 273
クルギニャン、セルゲイ 208, 233
グレンコ、スタニスラフ 92, 246
グロムイコ、アンドレイ 40, 86, 92, 110, 169, 246, 372
グンジャエフ、ウラジーミル（キリル総主教） 142
ゲヴォルクヤン、ナタリア 176
ケーガン、ロバート 302

人名索引

【あ】

アクサコフ、コンスタンチン　154
アクシュシッツ、ビクトル　149
アサド、ハーフィズ　325, 303
アサド、バシャール　325
アッバス、マフムード　166
アデリゲイム、パーベル　125
アバクーム（長司祭）　30, 69, 74, 108, 110
アファナシエフ、ビクトル　84
アファンダ、サイード　159
アブドゥラー（国王）　290, 322
アブドゥラチーポフ、ラマザン　154
アフメトフ、リナト　259, 264
アプルバウム、アン　276
安倍晋三　353, 364
アミロフ、サイード　195
アヤツコフ、ドミトリー　106
アリエフ、ヘイタル　330
アリバツ、エフゲニヤ　171, 274
アリムピー（府主教）　256
アルバートフ、ゲオルギー　193, 271
アレクシー2世（総主教）　123, 130, 136, 141, 142, 311
アンドロポフ、ユーリー　40, 80, 86, 92, 137, 177, 193, 246, 372
アントン、ワイノ　285
イシャーエフ、ビクトル　334, 344
イゼトベゴビッチ、バキル　52
イノゼムツェフ、ウラジスラフ　274, 343
イラリオノフ、アンドレイ　273
イラリオン（府主教）　136, 315
イリーン、ミハイル　210
イリヤ2世（総主教）　311
イワノフ、セルゲイ　240, 285, 291, 301, 326, 346
イワノブナ、マリア　187
イワン（雷帝）　8, 162
ウィートクロフト、スティーブン　223
ウイッテ、セルゲイ　352
ウェア、ティモシー　35, 65
ウェーバー、マックス　14, 40, 75, 114
ウォーカー、エドワード　58
ウシャコフ、ユーリ—　325
ウスチノフ、ドミトリー　80, 86, 246, 372
ウマロフ、ドク　161, 195
ウラジーミル（大公）　24, 25, 66, 77
エイゼンシュテイン、セルゲイ　8, 28
エカテリーナ（女帝）　32, 99, 330, 368
エフトシェンコフ、ウラジーミル　288
エリツィン、ボリス　41, 50, 59, 80, 90, 102, 122, 123, 128, 130, 191, 197, 204, 372
エルドアン（大統領）　43, 166, 268, 320, 321, 330, 331
オーランド、フランソワ　290
オゴロドニコフ、A　85
オシポフ、ウラジーミル　85
オスランド、アンダース　276, 292
小野寺五典　353

著者紹介

下斗米伸夫（しもとまい・のぶお）
法政大学法学部国際学科教授。
1948年生まれ。東京大学法学部卒業、同大学法学博士。成蹊大学教授をへて1989年より現職。専門：ロシア政治。
主な著書：『ソビエト政治と労働組合――ネップ期政治史序説』（東京大学出版会、1982年）『ソ連現代政治』（東京大学出版会、1987年／第2版、1990年）『ゴルバチョフの時代』（岩波新書、1988年）『「ペレストロイカ」を越えて――ゴルバチョフの革命』（朝日新聞社、1991年）*Moscow under Stalinist Rule, 1931-34*（Macmillan, 1991）『独立国家共同体への道――ゴルバチョフ時代の終わり』（時事通信社、1992年）『スターリンと都市モスクワ――1931-34年』（岩波書店、1994年）『ロシア現代政治』（東京大学出版会、1997年）『ロシア世界』（筑摩書房、1999年）『北方領土Q&A80』（小学館文庫、1999年）『ソ連＝党が所有した国家――1917-1991』（講談社、2002年）『アジア冷戦史』（中公新書、2004年）『モスクワと金日成――冷戦の中の北朝鮮1945-1961年』（岩波書店、2006年／ロシア語版、2010年）『図説　ソ連の歴史』（河出書房新社、2011年）『日本冷戦史――帝国の崩壊から55年体制へ』（岩波書店、2011年）『ロシアとソ連　歴史に消された者たち――古儀式派が変えた超大国の歴史』（河出書房新社、2013年）『プーチンはアジアをめざす――激変する国際政治』（NHK出版新書、2014年）『日ロ関係史―パラレル・ヒストリーの挑戦』（編著、東京大学出版会、2015年）『ロシア史を知る50章』（編著、明石書店、2016年近刊）

宗教・地政学から読むロシア

「第三のローマ」をめざすプーチン

2016年9月21日　　　1版1刷

著　者　　下 斗 米 伸 夫

発行者　　斎　藤　修　一

発行所　　日本経済新聞出版社

http://www.nikkeibook.com/

東京都千代田区大手町1－3－7　〒100-8066

電　話　(03)3270-0251(代)

印刷・製本　シナノ印刷

ISBN 978-4-532-17603-7